U0625953

中国信息通信业发展指导

ZHONGGUO XINXI
TONGXINYE
FAZHANZHIDAO

2018

中华人民共和国工业和信息化部办公厅 编

人民邮电出版社

北 京

图书在版编目（ＣＩＰ）数据

中国信息通信业发展指导. 2018 / 中华人民共和国
工业和信息化部办公厅编. —— 北京：人民邮电出版社，
2018.8
ISBN 978-7-115-48808-4

Ⅰ．①中… Ⅱ．①中… Ⅲ．①电信－邮电经济－经济
发展战略－中国－2018 Ⅳ．①F632.1

中国版本图书馆CIP数据核字(2018)第153942号

内 容 提 要

本书在分析中国信息通信行业 2017 年发展状况以及 2018 年发展形势和挑战的基础上，提出了 2018 年中国信息通信行业的发展目标、主要任务和重点工作举措。本书重点阐述了互联网产业发展趋势、数字经济发展、5G 推进重大问题、物联网发展趋势、车联网无线通信技术等 9 个反映中国信息通信行业发展重点的专题。

本书适合基础和增值电信运营商、电信设备制造商、金融投资机构、科研机构和其他有关机构的管理和研究人员以及关注中国信息通信业发展的人士阅读。

◆ 编　　　　中华人民共和国工业和信息化部办公厅
责任编辑　李　静
责任印制　彭志环

◆ 人民邮电出版社出版发行　北京市丰台区成寿寺路 11 号
邮编　100164　电子邮件　315@ptpress.com.cn
网址　http://www.ptpress.com.cn
大厂聚鑫印刷有限责任公司印刷

◆ 开本：880×1230　1/16
印张：16.25　　　　　　　　2018 年 8 月第 1 版
字数：291 千字　　　　　　2018 年 8 月河北第 1 次印刷

定价：168.00 元

读者服务热线：(010)81055488　印装质量热线：(010)81055316
反盗版热线：(010)81055315

编 委 会

主　任：

陈肇雄　工业和信息化部党组成员、副部长

副 主 任：

张　峰　工业和信息化部党组成员、总工程师

主编单位：

工业和信息化部信息通信发展司

编委会成员单位：

工业和信息化部办公厅

工业和信息化部信息通信管理局

工业和信息化部网络安全管理局

序　言

2017 年，信息通信行业深入贯彻党的十九大精神，落实党中央、国务院决策部署，积极推进实施网络强国战略，加强信息网络建设，深入落实提速降费，加快发展移动互联网、IPTV、物联网等新型业务，全行业保持健康发展，为国民经济和社会发展提供了有力支撑。2017 年，电信业务总量同比增长 76.4%，电信业务收入完成 1.3 万亿元，同比增长 6.4%；4G 用户达到 10 亿户，在移动电话用户中的渗透率达到 70.3%；固定宽带用户达到 3.5 亿户，其中 FTTH 用户接近 3 亿户；移动互联网接入流量消费达 246 亿 GB，同比增长 162.7%；物联网业务收入同比增长 86%；IPTV 业务收入同比增长 32.1%，突破百亿元。

2018 年是贯彻落实党的十九大精神的开局之年，信息通信行业应坚持以新时代中国特色社会主义思想为指导，深刻领会习近平总书记网络强国战略思想的科学内涵和根本要求，牢牢把握好网络强国建设新机遇，深入贯彻新发展理念，共同朝着网络基础设施基本普及、自主创新能力显著增强、信息经济全面发展、网络安全保障有力的目标不断前进。

2018 年，信息通信行业发展要做好四方面工作：**一是持续推进网络基础设施升级。**积极部署安全、移动、泛在的新一代信息通信基础设施，加快全光网络建设，完善 4G 网络，深入推进网络提速降费；进一步扩大电信普遍服务试点范围，不断缩小城乡数字鸿沟；加快 5G 发展的进程，实施 IPv6 规模部署行动计划；推进基础设施智能化改造，建设万物互联、人机交互、天地一体的网络空间。**二是大力发展数字经济。**深入实施工业互联网创新发展战略，制定出台工业互联网平台建设及推广指南；加快发展人工智能、云计算、大数据；以信息化培育新动能，用新动能推动新发展，打造网络化、智能化、服务化、协同化的数字经济新形态。**三是提升网络与信息安全保障能力和服务水平。**全面落实《网络安全法》，健全网络安全法律制度标准体系；加强网络与信息安全技术能力建设；强化网络基础设施和数据安全保护，提升工业互联网安全保障能力；深入开展网络环境综合治理，纵深推进防范打击通讯信息诈骗；加快推进我国网络安全产业创新发展，强化网络安全人才培养。**四是继续加强和改进行业管理。**深化"放管服"改革，为新业态发展提供更加宽容的发展环境；加快重点领域改革，实现移动通信转售业务正式商用，做好电信企业混合所有制改革；积极落实"一带一路"倡议，推进信息通信领域国际交流合作。

目　录

第一篇 总体篇

一、2017 年中国信息通信业发展回顾

2017 年，我国信息通信业规模增长稳中有进：基础电信业加速回暖，全年完成电信业务收入 1.26 万亿元，增速回升至 6.4%；电信业务总量同比增长 76.4%，比 2016 年增幅提升 22 个百分点；互联网行业收入预计超过 1.7 万亿元[1]，继续保持 40%左右的快速增长。

（一）基础网络加快发展创新

信息通信网络建设扎实推进。2017 年，我国光纤化进程基本完成，FTTH/O 端口占比已超过五分之四，光网城市全面建成。电信普遍服务试点全面完成第三批 3.2 万个行政村通光纤任务部署，累计投入中央财政补助资金 33 亿元，带动基础电信企业投资超过 70 亿元。前两批试点完工率达 95%，22 个省提前实现 2020 年贫困村宽带普及率目标。4G 网络建设进入平稳发展期，全国城区及人口密度较大的中东部农村地区已实现较好覆盖。4G 基站总规模超过 328 万个，继续保持全球最大 4G 网络的地位。国际互联网出入口高速扩容，总带宽达到 6.5Tbit/s，年增幅超过 100%。国际通信网络不断优化建设，开封、兰州等多城市建设国际互联网数据专用通道，中国移动建设 4 个国际光缆信道口以及昆明区域性国际通信业务出入口局。海外 POP 点达到 92 个。

网络提速降费力度加大。2017 年年底，50Mbit/s 以上固定宽带用户占比、4G 用户占比双双达到七成。固定宽带家庭普及率提前完成国家"十三五"规划目标，移动用户月户均流量 2.69Gbit/s，同比增长 2.5 倍。3 个新增互联网骨干直联点全部投入运行，网间互联带宽新扩容 1 588Gbit/s，超额完成扩容目标。网间通信时延平均值同比降低 9.6%。互联网网间结算价格从

---

1 数据来源：中国信息通信研究院，根据互联网上市公司数据测算。

18 万元/（Gbit/s·月）下降到 12 万元/（Gbit/s·月）。固定宽带和移动宽带 4G 网络平均下载速率[2]比 2016 年同期分别增长 60%和 53%。手机国内长途和漫游费全面取消，国际长途电话费降幅最高超过 90%，手机上网流量平均资费降至 23 元/GB，中小企业专线资费大幅下降。

核心技术创新步伐加快。2017 年，我国构建了全球最大的 5G 试验外场，已建成 15 个 5G 外场试验基站。顺利完成 5G 第二阶段试验，测试结果全面满足 ITU 性能指标，启动第三阶段试验。我国率先发布 5G 中频段频率规划，网络架构等技术成为国际标准。4G 对经济社会发展的支撑效应凸显，TD-LTE 项目获得国家科技进步特等奖。

（二）电信领域改革开放持续深化

市场供给主体趋向多元。2017 年，移动通信转售 42 家试点企业用户总数超过 6 000 万，占全国移动用户比重突破 4%。13 家企业实现当年累计盈利，行业发展从用户扩张转向价值增长阶段。宽带接入网业务试点范围进一步扩大，吉林、贵州全省以及保定等 7 个城市新增纳入试点，吸引民间资本投资，带动上下游新增就业岗位超过 5 万个。截至 12 月底，民资企业宽带接入用户总数达 4 565 万，比 2016 年增长 39.9%。三网融合全国推广稳步推进，全年新增 IPTV 用户超 3 500 万户，总数达 1.2 亿户，27 个省的用户规模超过百万。

混改试点实现重大突破。2017 年，中国联通混改方案落地，通过"非公开发行+老股转让+股权激励"的资本运作手段引入 BATJ（百度、阿里巴巴、腾讯、京东）等战略投资者，形成国有股权混合多元化结构，推动行业供给侧转型，激发产业创新活力，开启我国电信业改革深化新模式。基础电信企业与互联网公司等产业链主体深化跨行业平台开放合作，共同打造"大小王卡"等移动互联网流量运营新模式，构筑融合线上线下渠道的新零售模式，探索云计算、大数据、物联网、人工智能等领域融合业务的创新。

（三）互联网多领域创新全球领先

行业规模保持快速增长。截至 2017 年 12 月底，我国网民规模达 7.72 亿，普及率达到 55.8%，超过全球平均水平 4.1 个百分点，超过亚洲平均水平 9.1 个百分点。规模以上互联网企业全年

---

2 数据来源：宽带发展联盟《中国宽带速率状况报告第 18 期（2017Q4）》。

完成业务收入 7 101 亿元，同比增长 20.8%，对国民经济影响进一步增强。国内外上市互联网企业总市值[3]2017 年年底达到 9.07 万亿元，比 2016 年同期大幅提升 71.5%，多家企业市值规模位居全球前列。移动互联网应用进入稳定增长阶段，截至 12 月底，我国市场上监测到的移动互联网应用数量达到 403 万款，应用下载量超过千亿次。

业务创新高度活跃。 互联网向传统领域持续渗透，与实体经济加速融合，形成诸多引领全球的创新热点，其中电子商务、移动支付和共享单车入选"一带一路"沿线 20 国青年心中的中国"新四大发明"。2017 年，电子商务发展[4]注入新动力，前三季度服务网上零售额[5]增速高达 78.5%，农村网上零售额增速高于城市 5.6 个百分点，带动我国网络零售额整体增速回升至 34.2%，高于 2015 年和 2016 年的增速。共享单车由爆发期进入平稳增长期，行业景气持续提升，海外发展持续呈现良好势头，投放量增长强劲[6]。移动支付工具不断丰富，应用场景持续多样。以支付宝为例，2017 年 5.2 亿用户的移动支付笔数已占 82%，无现金社会正在形成。

企业成长步伐加快。 我国互联网行业保持较快的创新发展节奏，已是全球主要的独角兽企业诞生成长地。截至 2017 年年底，我国独角兽企业的数量达到 92 家，仅次于美国，占全球总数的三分之一，分布于 17 个细分行业领域[7]。全球排名前 10 的独角兽企业中，我国占 5 席。我国互联网企业成长为独角兽的步伐不断加快，1997—2007 年平均所需时长为 9.3 年，2008—2017 年已缩短为 3.5 年，成立 2 年内即成为独角兽的企业数量占三分之一[8]。

（四）与经济社会融合创新发展不断增强

电子政务加速公共服务普惠均等发展。 各级政府部门深入推进政务服务信息化，发展线上线下相融合的新模式。2017 年，全国各省直部门行政许可事项实现信息全面公开，56.47%的事项实现在线办理，10 个地区已有实现全程网办的事项[9]。微信公众号、微博和支付宝等互联网平台显著提升政务服务的入口和渠道。以支付宝城市服务为例，全年为 2 亿人口提供了社

---

3 数据来源：中国信息通信研究院《2017 年四季度互联网行业市场运行情况》。
4 数据来源：央视财经《2017 年中国电商年度发展报告》。
5 指网上零售额的非实物商品（如虚拟商品、服务类商品）部分。
6 数据来源：中国信息通信研究院《共享单车行业发展指数报告》。
7 数据来源：美国互联网产业投资媒体 TechCrunch。
8 数据来源：中国信息通信研究院《互联网发展趋势报告（2017—2018）》。
9 数据来源：国家行政学院《电子政务蓝皮书：中国电子政务发展报告（2017）》。

保、交通、民政等 12 大类 100 多种服务[10]。医疗健康信息化加快推进，全国 1870 家定点医疗机构实现"医保"跨省异地直接结算，互联网医院加快落地，为公众提供便捷普惠的医疗服务。

物联网助力城市管理模式创新。 在电信运营商的大力部署下，全国主要城市实现 NB-IoT 网络覆盖，面向城市管理的物联网规模应用条件正在形成。江西鹰潭、江苏无锡、山东潍坊等多个城市积极发展基于 NB-IoT 的智能设施，推进智能水表、智能井盖、智慧路灯、智能停车位、智慧电梯和智慧垃圾桶等一批试点应用，有效提升了城市治理的精细化水平。

工业互联网助推先进制造业发展。 国务院出台《关于深化"互联网+先进制造业"发展工业互联网的指导意见》，工业互联网标准体系框架 1.0 发布推行。工业互联网产业联盟汇聚正式会员单位 426 家，推动地方产业合作与政策落地。航天云网 INDICS、树根互连根云、海尔 COSMOPlat 等一批工业互联网平台发展壮大，平台运营能力持续提升。

云计算大数据引领产业转型升级。 云计算市场规模高速增长，云服务逐步从互联网向制造、金融、交通、医疗健康、广电等传统行业渗透和融合发展，促进了传统行业的转型升级。企业"上云"行动成效显现，一批新型行业 App 实现商业化应用。大数据提供支持智慧旅游、智能出行等服务，拓宽产业范围，催生新兴产业业态。

（五）信息通信市场监管力度加大

规范信息通信市场秩序。 2017 年，在全国范围内开展互联网网络接入服务市场清理规范、未备案网站清查工作，多元市场主体行为日趋规范。治理垃圾短信、屏蔽网上改号软件等成效显著，互联网金融风险分析技术平台在互联网金融风险整治中发挥了重要作用。

加强改进互联网基础管理。 完善域名和 IP 地址管理，修订出台了《互联网域名管理办法》，开展接入服务企业和域名服务企业自查自纠，着力提高网站备案率和备案信息准确率。加强技术手段建设，升级"ICP/IP/域名备案管理系统"，实现网站、IP 地址、域名三库合一。

（六）网信安全保障能力有效提升

健全法律制度标准体系。 全面落实《网络安全法》，加快推动制定关键信息基础设施保

---

10 数据来源：阿里巴巴。

护、网络产品和服务安全审查、数据跨境流动等管理办法，出台《公共互联网网络安全威胁监测与处置办法》和《公共互联网网络安全突发事件应急预案》，加快推动出台互联网新技术新业务安全评估有关管理办法，立项发布网络与信息安全相关标准90余项。

夯实网络基础设施安全防护体系。深化网络安全防护检查，并向工业互联网领域拓展，加强风险隐患督促整改。拓展深化网络安全试点示范，着力推进试点示范向互联网企业和网络安全企业延伸，遴选网络安全技术手段试点示范项目，切实发挥试点示范的引领作用，有效提升企业网络安全技术手段的保障能力。

防范打击通讯信息诈骗成效显著。全面推进防范打击通讯信息诈骗工作，组织开展重点电信业务清理整顿，强化专项检查，健全完善协同联动工作机制。持续强化行业源头治理，全国诈骗电话防范系统全面建成并上线使用，诈骗电话技术防范能力明显提升。

加快推进网络安全产业和人才培养。推动网络安全产业创新发展，强化网络安全基础支撑能力，推动签订《工业和信息化部　北京市人民政府关于建设国家网络安全产业园区战略合作协议》，举办首届中国网络安全产业高峰论坛，启动与北京市共建国家网络安全产业园区。加强网络安全人才培养，指导举办中国网络安全技术对抗赛、通信网络安全知识技能竞赛、地方性网络安全竞赛等，进一步发掘锻炼网络安全技术人才，强化行业人才队伍建设。

构筑强化协同高效保障体系。服务党和国家重大活动的安全保障，早谋划、早部署，建体系、抓落实，圆满完成党的十九大、"一带一路"国际合作高峰论坛、厦门金砖国家领导人会晤等重大活动网络与信息安全的保障任务，以及应急通信保障、党政专用通信保障等重点工作。

二、2018年中国信息通信业总体发展思路及目标

全面贯彻党的十九大精神，以习近平新时代中国特色社会主义思想为指导，牢固树立"四个意识"和"四个自信"，按照中央经济工作会议部署特别是高质量发展的根本要求，坚持稳中求进工作总基调，坚持新发展理念，紧扣我国社会主要矛盾变化，抓住网络信息技术革命的重大机遇，以供给侧结构性改革为主线，构建技术领先、基础设施先进、网络和信息安全的网络强国基础，推动互联网、大数据、人工智能等信息网络技术和实体经济深度融合，

在中高端消费、创新引领、绿色低碳、共享经济、现代供应链等领域培育新增长点，形成新动能，促进经济社会转型发展，打造数字时代国家竞争新优势。

主要预期目标：电信业务总量和互联网行业收入分别增长 50% 和 30%。

三、2018 年中国信息通信业主要任务

（一）夯实网络强国建设基础

开展网络强国建设三年行动，启动一批战略行动和重大工程。

进一步提升网络供给能力。加大网络提速降费力度，加快百兆宽带普及，推进千兆城市建设，实现高速光纤宽带网络城乡全面覆盖、4G 网络覆盖和速率进一步提升、移动流量平均资费进一步降低、中小企业宽带和专线使用成本进一步下降。完善国际通信网络出入口布局，完成互联网网间带宽扩容 1 500Gbit/s，平均时延下降 10%。推动三网融合全面展开。实施 IPv6 规模部署行动计划，促进 IPv6 产业发展。

扎实抓好电信普遍服务试点。全面完成 13 万个行政村光纤宽带建设和升级改造，提前实现"十三五"有关任务目标。深化和完善电信普遍服务补偿机制。

加快构建核心技术体系。抓好新一代宽带无线移动通信网络等科技重大专项。扎实推进 5G 研发应用、产业链成熟和安全配套保障，完成第三阶段测试，推动形成全球统一 5G 标准。

（二）强化信息通信市场监管

加强互联网基础资源管理，更大力度保护个人信息和网络数据安全，深入推进互联网网络接入服务市场清理规范。开展 VoLTE 号码携带技术试验，研究制定号码携带全国推广方案。

继续推进垃圾短信、骚扰电话、虚假号码治理，建立信息通信企业信用管理体系，加强互联网金融监管技术支撑。

（三）强化网络信息安全管理

夯实网络与信息安全制度基础。落实《网络安全法》，进一步完善行业关键信息基础设

施保护、网络安全审查、互联网新技术新业务安全评估等配套政策法规。

强化网络基础设施防护和数据安全管理。实施工业互联网安全保障能力提升行动，研究制定工业互联网安全相关文件，引导企业提升安全意识和防护水平。

深入推进网络环境综合治理。强化网络安全威胁监测和处置，纵深推进防范打击通讯信息诈骗。深化互联网新技术新业务安全评估，强化企业安全责任落实。全力以赴做好重大活动保障，以及特殊通信和党政专用通信保障工作。

加快推进网络安全产业创新发展，加强网络安全人才培养。

四、2018 年信息通信行业管理重点工作举措

（一）推动新一代信息通信基础设施建设

加快信息通信基础设施建设。进一步提升信息通信基础设施供给能力，实现高速光纤宽带网络城乡全面覆盖，加快百兆宽带普及，推进千兆城市建设，实现 4G 网络覆盖和速率进一步提升。加强与住房和城乡建设部的沟通合作，持续开展联合检查，巩固提升住宅小区光纤到户国标实施成效。做好《公共场所光纤宽带接入工程技术规范》及共用型光缆分纤箱等产品国家标准的编制工作，推进机场、火车站等公共场所宽带光纤网络的建设。

深化电信普遍服务试点。推动完善电信普遍服务补偿机制，重点推进行政村和陆地边境线 4G 覆盖，宽带网络向有条件的海岛和自然村延伸，支持宽带网络的使用和应用推广。加强成效宣传，围绕扶贫攻坚、缩小数字鸿沟等主题，积极宣传普遍服务成效。配合有关部门并引导基础电信企业推动农村电子商务、远程教育、远程医疗等宽带网络应用普及。

促进 NB-IoT 发展和 IPv6 规模部署。进一步推动完善标准体系，加强与产、学、研各界及有关部门的沟通衔接，充分发挥各方优势，加快完善国内 NB-IoT 标准体系。组织开展 NB-IoT 试点示范、优秀应用案例评选等项目，示范引领 NB-IoT 产业发展，带动行业整体发展水平持续提升。支持在物联网、车联网、工业互联网等领域开展 IPv6 应用创新和示范。指导相关机构做好 IPv6 监测平台建设工作，定期发布监测数据和相关发展指数。

加强基础设施建设管理。推进电信基础设施共建共享，加强对各地共建共享工作的指导。做好信息通信基础设施规划等工作，支持开展雄安新区信息通信基础设施规划工作，推进冬奥会信息通信基础设施建设。推进建立完善与铁路方面沟通合作机制。完善信息通信建设行业违法失约行为信息库，推进信息通信建设领域诚信体系建设。

（二）加快推进5G核心技术创新

推进5G研发、试验和标准制定。加快研发进度，重点突破5G核心关键技术，以技术试验为抓手，加快测试方案和测试规范的制定，使三阶段的目标通过规范落地；加快试验外场网络建设，使产业具备预商用能力；加快5G预商用产品研发，培育5G完整产业链。在3GPP和ITU国际标准化组织的统一框架下，协同国内外产业界制定5G国际标准，推动形成全球统一的5G标准。

（三）提升行业融合创新支撑能力

加快工业互联网建设发展。贯彻落实《关于深化"互联网+先进制造业"发展工业互联网的指导意见》精神，持续开展宣传和解读工作。加快推进标识解析管理和运营机构建设。制定发布《工业互联网发展行动计划（2018—2020年）》，实施创新发展工程，支持网络、平台、安全三大体系建设，开展集成创新应用，推动应用示范与推广。

推动信息通信网络架构优化升级。深入优化网络架构，继续促进网间带宽扩容，探索建立新型网络互联模式。落实"一带一路"倡议要求，提高网络的全球辐射能力，完善我国国际通信网络的总体架构和出入口布局。加强国际互联网数据专用通道建设和运行管理，服务地方对外开放合作和产业升级。

全面推进三网融合。持续深入贯彻落实《三网融合推广方案》，推动三网融合在全国范围内的展开。

（四）加快简政放权和市场开放步伐

深入推进"放管服"改革。进一步简化行政审批，强化许可审批管理系统建设，促进资源共享，提高审批效率。加强事中和事后监管。实施电信业务经营信息年报和公示制度，细化电信业务经营不良企业名单和失信名单管理细则。加强电信设备取得入网许可证后的监督检查，推动线上线下综合执法。

统筹对内对外开放。深化宽带接入网业务开放试点，进一步扩大试点范围，对宽带接入网业务试点开展评估。积极推动跨多国陆缆合作新模式，争取尽快形成国际标准，并加快推进"丝路光缆"等项目，通过实际案例，加快新模式的应用推广。利用中俄、中欧、中国—东盟等国际合作机制，与沿线相关国家信息通信主管部门加强沟通交流，推动双方企业深化合作。

（五）持续推进监管转型和能力提升

维护信息通信市场秩序。提升互联网网络接入服务市场清理规范水平，打击违法违规行为，规范管理带宽资源，推动市场规范发展。深入推进垃圾短信和骚扰电话的治理，开展多部门联合专项行动，提升骚扰电话防范和溯源的能力，疏堵结合综合治理。

强化互联网基础管理。开展内容分发网络 IP 地址、域名报备工作，重点提升接入信息和联系人信息准确率。实行网站、域名实名联动管理，确保境内使用域名由境内域名注册管理机构和服务机构管理。做好违法违规网站和 App 处置，强化基础企业、接入企业、域名注册管理机构等的主体责任。加强互联网金融监管技术支撑，完善国家平台新技术新业态监测功能，提升数据挖掘和分析预警能力，探索提高标准化水平，进一步提高支撑能力。

持续提升应急保障和网络运行安全管理水平。加强网络性能监测管理，开展网络运行安全检查，深入推进电信设施安全保护。深入清理网上改号软件，打击虚假号码诈骗电话。实现对境外虚假"86+移动号码"的全面拦截以及公检法号码的重点监测防范；严格规范主叫号码传送，加强用户提醒。推动四川、福建、海南应急通信示范工程建设，落实国家应急通信"十三五"规划，做好重大活动等的应急通信保障，强化人员技能培训和应急演练。推进新形势下"互联网+应急通信"全方位综合保障体系建设。

提升信息通信设备进网管理水平。督促进网检测机构提升和完善技术手段，强化移动智能终端操作系统和预置应用软件的安全监管，落实软件可卸载要求，保障用户安全和选择权。完善电信计费检测监督管理制度，指导基础电信企业开展电信设备计费系统性能检测，加强监督检查。

（六）加强服务质量监管和用户权益保障

加强用户个人信息保护。推动出台《电信和互联网网络数据管理暂行规定》，规范网络数据采集、使用等行为。继续开展手机应用软件的技术检测，加大对违规行为的处置和曝光力度。

强化服务质量监管。加强监督检查，严肃查处电信和互联网企业服务和收费违规行为。探索开展互联网用户争议处理工作。进一步优化流程，强化时限、实效管理，持续做好用户申诉处理工作。

加强行风建设。调整优化考核指标，督促企业坚持问题导向，解决好社会关注和用户反映强烈的热点和难点问题，切实维护用户合法权益。

（七）强化网络信息安全监管和技术能力

夯实网络与信息安全依法监管能力。运用法治思维和法治手段，统筹提升新时代谋划和解决网络与信息安全重大问题的能力。贯彻落实《网络安全法》《国家信息化发展战略纲要》等法律要求和战略部署，进一步完善网络安全防护、数据安全管理等配套政策法规。积极应对网络与信息安全领域的新形势和新使命，探索创新依法监管手段，开展执法监督检查实践。贯彻落实网络安全等工作责任制，强化责任落实和责任追究。

强化技术保障支撑能力。坚持抓建重用，统筹推进国家网络与信息安全重点工程项目的立项建设，加强对技术手段建设顶层设计和分类指导，加强相关系统协同联动和数据共享，提升网络技术手段体系化水平。制定出台行业网络安全技术手段建设指导意见，加快推进网络安全监测预警、威胁治理、公共服务、应急指挥等技术平台建设，提升信息通信行业网络安全手段建设水平和保障能力。

强化网络基础设施和数据安全管理。深入实施网络安全防护能力提升行动。加强对网络、域名、应用基础设施以及融合业务的安全监管。建立健全网络安全巡检、应急处置和通报机制。启动行业网络产品和服务安全审查试点。健全数据分级分类保护制度，加强行业个人信息保护监督执法。制定出台工业互联网安全指导意见，健全工业互联网安全标准体系，统筹推进国家级工业互联网安全技术研发和手段建设，引导鼓励企业提升安全意识和防护水平。

深入推进网络空间综合治理。全力做好维护网上政治安全和网络反恐维稳等工作。发挥全国诈骗电话防范系统联防联动作用，积极研究应对网上虚假信息诈骗等新问题，纵深推进防范打击通信信息诈骗工作，有效维护人民群众切身利益。加强和改进安全监管方式，完善安全责任考核体系，深化互联网新业务安全评估。推进电话用户实名登记环节人像比对技术试点应用，开展对物联网卡、行业应用卡等专项检查，提升用户登记信息准确率，推进网络空间信用体系建设。进一步健全重大活动的网络与信息安全保障工作机制，强化涉网突发事件监测预警、快速响应和有效处置能力，全力完成重大活动的网络与信息安全保障任务。

推进网络安全产业发展和人才队伍建设。加快推进网络安全产业创新发展，联合北京市积极推进国家网络安全产业园区建设，研究制定促进网络安全产业发展的指导意见。深入推动网络与信息安全领域军民的深度融合，大力推进网络安全军民融合重大工程的立项建设。加强网络安全人才培养，创新开展网络安全应急演练和攻防技能竞赛，制定实施行业网络安全人才队伍建设指导意见。

第二篇　专题篇（专家视点）

专题一　数字经济发展研究（2018 年）

中国特色社会主义进入新时代。以习近平同志为核心的党中央高度重视发展数字经济，党的十九大报告提出要推动互联网、大数据、人工智能与实体经济深度融合，建设网络强国、数字中国、智慧社会，发展数字经济、共享经济，培育新增长点、形成新动能。2017 年，中央政治局第二次集体学习时，习近平总书记强调，要构建以数据为关键要素的数字经济，加快发展数字经济，推动数字经济融合发展。发展数字经济，是紧跟时代步伐、顺应产业规律的客观路径，是着眼全球、提升综合国力的战略选择，是立足国情、推动高质量发展的内在要求。我国发展数字经济意义重大，机遇难得，潜力巨大。

数字经济是以数字化的知识和信息为关键生产要素，以数字技术创新为核心驱动力，以现代信息网络为重要载体，通过数字技术与实体经济深度融合，不断提高传统产业数字化、智能化水平，加速重构经济发展与政府治理模式的一系列经济活动。数字经济包括两大部分：**一是数字产业化部分**，即信息通信产业，具体包括电子信息制造业、电信业、软件和信息技术服务业、互联网行业等；**二是产业数字化部分**，即传统产业由于应用数字技术所带来的生产数量和生产效率提升，其新增产出构成数字经济的重要组成部分。

一、数字经济进入量质并重发展新阶段

数字经济高速发展，是带动经济增长的核心动力。测算表明，2017 年我国数字经济总量达到27.2 万亿元，同比名义增长超过 20.3%，显著高于当年 GDP 增速，占 GDP 比重达到 32.9%，同比

提升 2.6 个百分点，数字经济在国民经济中的地位不断提升。我国数字经济规模及占比如图 1 所示。

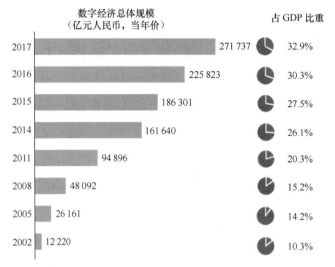

（数据来源：中国信息通信研究院）

图 1　我国数字经济规模及占比

产业数字化深入推进，是数字经济增长关键引擎。在数字经济总规模中，2017 年，数字产业化部分规模为 6.2 万亿元，同比名义增长 18.4%，占 GDP 比重为 7.4%；产业数字化部分规模为 21 万亿元，同比名义增长 20.9%，占 GDP 比重 25.4%，产业数字化部分占数字经济比重由 2005 年的 49% 提升至 2017 年的 77.4%，产业数字化对数字经济增长的贡献度高达 79.2%。我国数字经济构成及增长如图 2 所示。

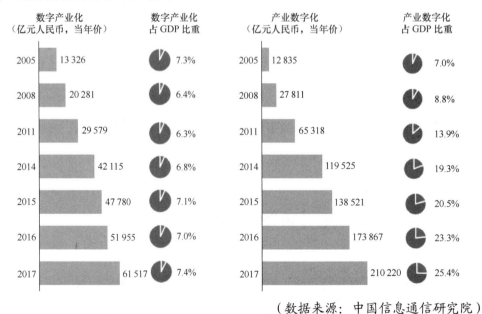

（数据来源：中国信息通信研究院）

图 2　我国数字经济构成及增长

　　各省市数字经济发展自东向西梯次分布。从规模上看，2017 年，广东、江苏、山东、浙江和上海等 10 省市数字经济规模超过 1 万亿元；从占比上看，2017 年，北京、上海、广东、天津和浙江等 10 省市数字经济占 GDP 比重超过 30%；从增速看，贵州、江西、广西和四川等中西部省市数字经济高速发展，增速均超过 25%。2017 年我国分省数字经济总量排名（前 15 位）如图 3 所示。

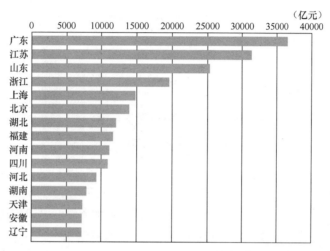

（数据来源：中国信息通信研究院）

图 3　2017 年我国分省数字经济总量排名（前 15 位）

　　重点区域引领带动作用明显。"长江经济带""京津冀""东北老工业基地""珠三角"以及西北地区等重点区域数字经济蓬勃发展。从规模上看，长江经济带数字经济规模最大，达到 12.2 万亿元，珠三角地区次之，为 3.7 万亿元；从占比上看，珠三角地区数字经济占 GDP 比重最高，为 40.8%，京津冀数字经济占比为 36.7%；从增速上看，珠三角地区数字经济增长最快，同比增长 21.7%，西北地区紧随其后，同比增长 21.6%。2017 年重点区域数字经济发展情况如图 4 所示。

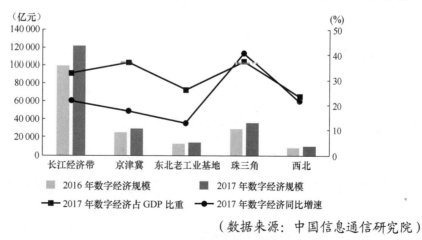

（数据来源：中国信息通信研究院）

图 4　2017 年重点区域数字经济发展情况

　　各行业数字经济发展三产、二产、一产逆向渗透。数字经济在各行业中的发展出现较大差异，数字经济占本行业增加值比重呈现出三产高于二产、二产高于一产的典型特征。2017年，服务业中数字经济占行业比重平均值为 32.6%[1]，工业中数字经济占行业比重平均值为17.2%[2]，农业中数字经济占行业比重平均值为 6.5%。我国数字经济各行业渗透情况如图5所示。

数字经济在各行业渗透程度不断加深

（数据来源：中国信息通信研究院）

图 5　我国数字经济各行业渗透情况

二、数字经济给我国就业带来深刻影响

　　数字经济成为拉动我国就业增长的重要动力。初步测算表明，2017年，我国数字经济领域就业人数达到1.71亿人，占当年总就业人数的比重已达到22.1%，同比提升2.5个百分点。我国数字经济领域就业人数如图6所示。

　　数字经济发展既推动就业升级，也带来新增就业。初步计量结果显示，数字经济每100就业人口，72个是升级原有就业，28个是新增就业岗位。数字经济新增就业作用正在不断加强：2012年，数字经济新增就业人数是215万人，占当年新增就业人数的17.0%；2017年，数字经济新增就业人数是552万人，占当年新增就业人数的40.9%。

　　数字经济就业吸纳能力自东向西梯次分布。经初步测算，2017年，上海、北京、天津、福建、浙江、山东和广东等东部省区市，数字经济领域就业占地区总就业人数比重均在29%以上，东部省区市数字经济就业吸纳能力最高。从增长来看，中西部地区增长更快，2017年，

---

1 不包含信息通信服务业、软件和信息技术服务业。
2 不包含电子信息制造业。

数字经济领域就业增速排名靠前的贵州、江西、四川、江苏、宁夏和新疆等，几乎都是中西部省区市。2017 年各省区市数字经济吸纳就业规模（前 15 位）如图 7 所示。

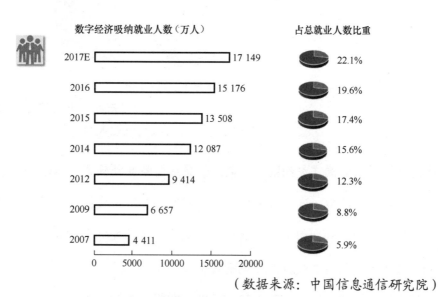

（数据来源：中国信息通信研究院）

图 6　我国数字经济领域就业人数

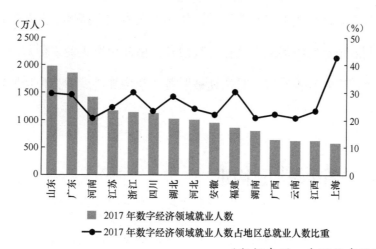

■ 2017 年数字经济领域就业人数
—●— 2017 年数字经济领域就业人数占地区总就业人数比重

（数据来源：中国信息通信研究院）

图 7　2017 年各省区市数字经济吸纳就业规模（前 15 位）

当前，第三产业数字经济发展是吸纳就业的主要力量。未来，第二产业数字经济发展吸纳就业的潜力巨大。 2017 年，从事第二产业数字化转型的人数是 5 054 万人，占第二产业总就业人数的 22.4%，第二产业数字化转型吸纳劳动力的潜力尚未被充分挖掘。而第三产业数字化转型吸纳的劳动力约是 12 016 万人，占第三产业总就业人数的 34.3%，成为当前数字经济吸纳就业的主动力。三次产业数字经济吸纳就业人数如图 8 所示。

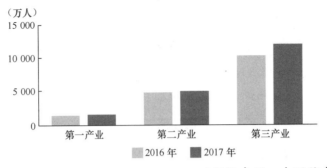

（数据来源：中国信息通信研究院）

图 8　三次产业数字经济吸纳就业人数

数字经济引发就业模式深刻变革，催生了灵活型就业新模式。网络信息技术、互联网平台等打破了传统组织边界，向个体提供市场、研发和生产等资源，降低个体参与经济活动的壁垒。相应地，就业形式变得更加灵活多样，除了传统的雇佣型就业外，自主创业、自由职业、兼职就业等新型灵活就业新模式快速兴起。

数字技术引发的技术性失业风险初步显现。在服务领域，数字技术的深度融合让部分岗位"过剩""过时"而被替代。在制造领域，伴随着人力成本持续上升和智能制造等的深入推进，沿海地区制造企业纷纷加入自动化升级浪潮，由此引发失业。但从总体上看，当前技术性失业规模不大，影响范围有限，且快速被服务业新增加的就业岗位所吸纳，失业风险被有效化解。

三、数字经济新生态加速构建

新一轮科技革命和产业变革孕育兴起，数字化浪潮席卷全球，数字经济生态日益完善。数字经济创新体系加快形成，产业体系持续升级，治理体系逐步优化。

数字技术创新引领经济发展。近年来，我国数字技术创新取得跨越式进步，创新成果加速向经济社会各领域普及渗透，产品创新、服务创新和模式创新等层出不穷。数字技术创新主引擎作用日渐凸显，创新投入由数量追赶转向量质齐升，原始创新能力由跟跑为主转向更多领域并跑、领跑，创新边界由封闭式向开放式转变，创新组织方式由价值链向价值网络转变。

制造业数字经济快速推进。发展制造业数字经济已成为全球各国抢占未来竞争制高点的重要选择。近年来，我国加快推动数字经济向制造领域渗透，制造业数字经济蓬勃发展，制造业领军企业和信息技术服务企业相互协作，共同推动生产系统数字化、网络化和智能化，涌现出工业互联网、物联网和车联网等新型网络形态，智能制造取得明显成效，企业数字化能力显著提高。

多方共治格局基本形成。长期以来，我国已逐渐形成了集政府统筹、平台自治、第三方参与、公众监督为一体的多方共治格局。在制度环境、协同监管、企业自治、行业组织和社会监督等方面都取得了积极进展。但同时，互联网平台的快速发展，又引发新的治理问题，如平台垄断与竞争行为的治理、数据安全及合规利用的治理、平台型就业的劳动关系治理等成为互联网平台治理的主要议题。

四、推进数字经济持续健康发展

我国数字经济蓬勃发展的同时仍面临一些挑战，如数据开放共享程度依然较低，企业数字化转型面临多重困难，数字经济发展不平衡加剧，数字化治理面临新挑战，数字技术广泛应用引发潜在就业压力等。推动数字经济发展，要全面贯彻落实党的十九大精神，以习近平新时代中国特色社会主义思想为指导，以推动互联网、大数据、人工智能与实体经济深度融合为主线，坚持目标引领、突出问题导向，推动数据资源开放共享，加快企业数字化转型，促进数字经济协调发展，提升数字经济治理能力，化解技术性失业风险，实现数字经济的持续健康发展。

（撰稿人：中国信息通信研究院　孙克）

专题二　天地一体化信息网络研究

一、天地一体化背景介绍

（一）卫星通信近期成为信息通信领域关注的热点，我国政府高度重视卫星通信网络的建设

太空域和信息域是国家经济发展和军事斗争的两个重要战略制高点，空间信息资源已成为各个国家的重要战略资源。天地一体化信息网络的建设是确保海洋安全、太空安全和网络安全，支撑"一带一路"和"走出去"倡议的重要基石；是应对挑战，实现"国家利益到哪里，信息网络覆盖到哪里"目标的战略选择；是保障公民基本通信需要，完成"普遍服务"任务的重要手段。考虑到天地一体化在经济和军事上的重要意义，我国政府高度重视天地一体化信息网络建设与实践，颁布了多项规划和意见：

- 2015年10月，国家发展和改革委员会、财政部、国防科工局印发《国家民用空间基础设施中长期发展规划》；

- 2016年10月，国防科工局、国家发展和改革委员会正式印发《关于加快推进"一带一路"空间信息走廊建设与应用的指导意见》；

- 2016年12月，国务院关于印发《"十三五"国家信息化规划》。

上述文件明确阐述了我国民用和商用卫星通信的发展规划，指出了发展天地一体化网络、提升卫星天地一体化应用能力对增强我国航天实力，实现中国航天国际化的重要性。

（二）卫星通信与国家战略密切相关，应用领域广泛

天地一体化应用包括卫星移动通信和卫星宽带通信两部分，能在诸多领域发挥作用。卫星移动通信面向2020年后应用，可满足境内外的突发事件应急通信、通信基础设施薄弱地区通信和各行业等场景应用需求，以及我国政府、企业在海外执行相关任务的需求，同时具备为国外各类用户提供卫星移动通信服务的能力；卫星宽带通信面向2020年后政府和行业等多

个应用领域的多类用户，为其提供所需的通信服务，需要针对网络覆盖、业务保障、用户规模和组网应用等需求进行系统的设计和建设。服务领域包括政府应用、电信应用、广电应用、交通运输、文教卫应用、企业用户、遥感传送等。

二、天地一体化发展现状分析

（一）国外卫星通信基础雄厚，呈现政府支持与技术双轮驱动的发展势态

天地一体化通信以其日益凸显的国家战略地位、潜在的市场经济价值以及空间频轨资源的稀缺成为全球各国关注的焦点，国外商用和军用领域均在大力开展天地一体化信息网络的建设和实践。

国外卫星通信发展具备三个突出的特点：一是天地多网系逐渐融合——国外卫星系统陆续开展天网地网一体化设计与融合实践，地面网络高性能、大数据量、高处理能力与天基网络广域覆盖等优势相结合，三网形成有机整体；二是中高低轨卫星混合组网——国际上高、中、低轨组网方案不断涌现，立足于通过混合组网实现各轨道的优势互补，促进通信调度和业务便捷化，提升系统的差异化、个性化服务能力；三是利用新技术提升卫星性能，加速卫星研发——卫星公司积极发展新兴技术，单星容量大幅提高，3D打印、模块化设计等技术的应用大大缩短低轨宽带卫星的研制成本和周期。

在政府驱动方面，各国出台了不同的政策来支撑其天地一体化信息网络的建设和实践。美国在"先进无线通信研究计划"中提出促进地面移动通信系统与卫星通信系统的无缝融合；英国发布了卫星和空间科学领域的空间频谱战略，计划放宽非同步轨道卫星的频谱使用，引入新业务，提高卫星通信的频谱利用率；澳大利亚发布了"超高速宽带基础设施"立法草案，为国家卫星宽带网络提供长期资金支持；其他国家，如俄罗斯、巴西、新西兰、缅甸和智利等也相继启动向边远地区、农村、岛屿提供卫星宽带覆盖的计划。

（二）我国已实现移动卫星和宽带卫星的重要突破，天地融合的卫星互联网系统建设时机成熟

2016年8月，静止轨道S波段"天通一号"发射成功，标志着我国自主移动通信卫星系

统正式建立。由国土点波束和海洋波束覆盖我国及周边区域，以及西太平洋和印度洋，实现了我国领土、领海、一岛链以内区域覆盖。"天星二号"和"天星三号"将进一步扩大覆盖范围，满足"一带一路"的业务需求。

2017 年 4 月，中星 16 号卫星由"长征三号"乙运载火箭发射，是我国首次采用电推进技术的高轨卫星，首次使用了电推进完成卫星全寿命期间的南北位置保持，该星采用 Ka 频段多波束宽带通信载荷，通信总量达 20Gbit/s，标志着我国卫星通信进入高通量时代。

与此同时，2017 年，长城公司将低轨卫星纳入搭载发射规划，标志着我国低轨小卫星星座进入快速发展期。我国低轨卫星互联网系统的发展规划已基本明确，技术研发与产业推进正在积极展开。中国航天科技集团计划在 2018 年全面启动全球移动宽带卫星互联网系统工程，建设超过 300 颗卫星的空间信息网络基础设施，实现全球无缝覆盖。航天科工、信威集团、上海小卫星研究中心、九天微星和天仪研究院等传统卫星企业及新兴互联网公司也都积极开展了低轨卫星星座计划的研究工作。

三、发展建议

（一）技术发展层面：频率轨位、卫星制造、无线组网及业务应用是天地一体化的研究重点

加强卫星频率和轨道资源的可行性论证。频率和轨道资源是各卫星通信企业竞争的焦点。由于卫星频率轨位资源有限且不可再生，各国争相抢占有效频率轨位，我国卫星频率轨位资源需进一步扩展，频率和轨道申请与协调工作需提前布局规划。

发展新技术，加速卫星生产能力。各卫星公司积极发展新兴技术，通过提升单星容量，3D 打印、模块化设计等技术的应用，大大缩短了低轨宽带卫星的研制成本和周期。但我国卫星的自动化制造还处于发展阶段，单星研发成本相对较高，组网速度较慢。

设计高、中、低轨卫星组网，提升系统性能。多层卫星节点共同运行实现了不同轨位卫星的优势互补和轨道互补，具备网络容量大、覆盖能力强、稳定性高的特点，因此空间异构组网技术在天地一体化网络的天基网络建设中具有重要意义。除了卫星通信企业，国内多家高校也对星座设计、SDN 及 NFV 等技术在空间异构组网中的应用开展了研究，但目前还需提

升我国卫星系统容量及通信效率，还需加强研究无线/网络技术。

通过通信体制融合促进网络应用发展。天基系统与地基系统在多址方式、调制方式、频带划分等方面具有较大差异，需要探索终端侧、芯片侧、基带侧、系统侧及应用侧的融合方案。现有的"天通一号"实现了星地双模终端的融合，但融合程度较为薄弱，应用面较窄，大众消费服务领域渗透度还有待提升，需要进一步攻关。

（二）政府支撑层面：多元化投资方式和政策支持民用卫星通信系统发展，加强军民融合，完善管控政策

采用多手段并行的建设投资方式。在工程规划建设层面应加强顶层设计、统筹部门需求，系统的建设资金筹措以企业筹措、社会融资等多种手段进行。由电信运营商、卫星制造企业、终端制造企业和多种社会资本等采用 PPP 模式组成联合体，共同承担天地一体信息网络的建设运营工作，建立适应创新发展的商业模式。

采用多种方式支持民用卫星通信系统发展：一是进一步推动民营企业积极参与卫星产业，注入新活力；二是开展产业创新，缩短研发周期，降低小型公司参与门槛；三是破除商业卫星产业资本困局，通过新技术的突破和新市场的培育，缩短投资人的回报时间；四是卫星运营引入竞争，积极转型变革，激发商业活力。

适度放宽民用航天管控权限，设立多样化军民融合方式。目前国内所有卫星测运控较为集中，其测运控费用和及时性不适应当前商业航天发展的环境，应放开测运控管理权限，采取军民共建、公私合营、商业卫星容量采购等多种军民融合方式，实现对地面设施、轨位频率和卫星载荷等天地一体化资源的共享。

完善空间领域发展与监管体系建设。目前尚未出台法律对空间卫星发射、卫星通信经营服务等方面进行明确约束与管理，政策体系尚不完备，对新技术新应用支持力度不够。应研究出台空间领域法律法规，加快卫星发射、通信卫星方面的法律法规建设，规范卫星业务应用市场行为；完善卫星研制、终端设备和信息服务领域相关技术标准体系，加强小微卫星应用与服务研究。

（撰稿人：中国信息通信研究院　何异舟）

专题三　5G 推进重大问题研究

5G 网络作为未来国家关键网络的基础设施，将成为推动国民经济发展、提升信息化水平的重要引擎。本专题围绕我国"5G 引领"的战略目标，总结国内外 5G 的发展现状与趋势，分析我国 5G 推进工作面临的形势、机遇与挑战，对 5G 技术标准、产业研发及试验和行业应用等重大关键问题开展研究，为我国 5G 战略目标的实现奠定了基础。

一、5G 发展总体情况

全球主要国家高度重视 5G 战略地位，纷纷发布国家战略，加大资金投入，积极支持 5G 的发展。

欧盟：从 2012 年开始陆续启动 METIS 和 5G PPP 等多个重大项目，总研发经费达到 42 亿欧元；2016 年，欧盟发布了 5G 行动计划，明确了 2016 年至 2025 年欧盟在 5G 频率、标准、试验、商用、行业应用、资金投入及国际合作等方面推进计划。

美国：于 2016 年 7 月在全球率先发布 10.85GHz 的 5G 高频频谱，并将投入 4 亿美元用于支持 5G 相关的研发和测试，以实现美国在 5G 的领导地位。

日本：成立 5G 移动通信推进论坛（5GMF），并部署了 5G 科研项目，加快推进 5G 技术产业发展，日本计划于 2017 年启动 5G 技术试验，2020 年东京奥运会正式实现 5G 商用。

韩国：发布 5G 创新战略，成立 5G 论坛，启动重大项目，计划投入 1.6 万亿韩元（约 14.3 亿美元）研发资金，并将在 2018 年平昌冬奥会开展 5G 预商用试验。

中国：2013 年，我国成立 IMT-2020（5G）推进组，全方位推进 5G 研发，并通过重大专项及"863"计划部署 5G 研发课题支持 5G 技术创新。我国明确将在 2020 年启动 5G 商用服务，为实现上述目标，我国于 2016 年年初启动 5G 技术研发试验，推动 5G 技术研发和国际标准研制，并为后续 5G 产业和商用提供支撑。

二、5G 重大问题研究

（一）技术标准

3GPP 将分阶段制定 5G 国际标准满足 ITU 5G 需求。5G 研究和标准化将包含 R14、R15 和 R16 三个版本：

- R14 包含 5G 整体研究和技术点预研，这些技术点将可能在 R15 进行标准化；

- R15 将是 5G 第一个标准版本，2017 年年底完成了基于非独立组网的 5G 标准版本，2018 年 6 月完成基于独立组网的 5G 标准版本。

- R16 将是 5G 完整标准版本，可满足移动互联网业务、低时延高可靠业务和低功耗大连接业务的需求。

（二）产业研发与试验

1. 我国 5G 技术研发试验总体规划

根据 5G 技术研发试验总体规划，我国 5G 技术研发试验分关键技术验证、技术方案验证和系统验证三个阶段实施：第一阶段（2016 年 1 月—2016 年 9 月）为 5G 关键技术验证阶段，目标是针对 5G 潜在关键技术开展技术验证，推动 5G 关键技术的研发，促进 5G 关键技术标准共识形成；第二阶段（2016 年 6 月—2017 年 9 月）为 5G 技术方案验证阶段，目标是针对 5G 技术方案，开展单基站性能测试，验证 5G 技术方案的性能，支撑 5G 国际标准的制定；第三阶段（2017 年 6 月—2018 年 10 月）为 5G 系统验证阶段，目标是验证 5G 系统的组网技术性能，同时开展 5G 典型业务演示，为后续 5G 试商用奠定基础。

2. 我国 5G 技术研发试验总体进展

2016 年 9 月，我国顺利完成 5G 技术研发试验第一阶段测试，大规模天线、新型多址、新型多载波、高频段通信以及先进编码等 5G 无线关键技术和移动边缘计算、控制面与用户面分离、网络切片等网络关键技术性能和功能得到验证，为 3GPP 标准化以及 5G 技术研发试验第二阶段工作的开展奠定了基础。截至 2017 年 12 月，已经完成了 5G 技术研发试验第二阶段测试。

（1）我国 5G 技术研发试验第一阶段测试情况

为推动 5G 核心技术研发，支撑全球统一 5G 国际标准的制定，工业和信息化部于 2016 年 1 月启动了 5G 技术研发试验，由推进组负责组织实施。到 2016 年 9 月，5G 技术研发试验第一阶段关键技术测试顺利完成，华为、爱立信、中兴、大唐、诺基亚上海贝尔、三星和英特尔七家企业完成测试。测试内容涵盖大规模天线、新型多址、新型多载波和高频段通信等无线技术，以及网络切片、控制承载分离等网络技术。

（2）5G 技术研发试验第二阶段测试情况

5G 技术研发试验的第二阶段测试重点面向 5G 典型场景开展技术方案功能、性能和射频测试。

在 IMT-2020（5G）推进组的组织下，电信运营商、通信设备制造企业、芯片/仪表企业以及科研机构通力合作，顺利完成了面向 5G 新空口的无线技术测试任务。华为、爱立信、中兴、大唐和上海诺基亚贝尔五家系统设备厂商参加测试，联发科、展讯和英特尔等芯片企业，是德科技、罗德与施瓦茨和大唐联仪等仪表企业参与了功能对接测试。通过测试，面向 5G 典型场景的各厂商技术方案性能得到初步验证，可全面满足 ITU 性能指标需求，同时，推动了芯片/仪表企业的研发进展，促进了 5G 国际标准共识的形成。

（三）行业应用

垂直行业应用是 5G 的重要应用领域之一。5G 行业应用的目标是以业务创新为核心，通过垂直行业的跨行业跨领域深度合作，培育面向垂直行业的 5G 应用新商业模式和新产业生态。

1. 行业应用主要进展

行业应用的发展整体落后于个人应用。5G 与 4G 是互补关系，主要满足 4G 不能满足的应用，如超低时延、高可靠的业务。

（1）车联网应用——LTE-V2X 开始应用，5G V2X 定位更高需求场景

车联网的发展可以大致分为三个阶段：第一个阶段是以基于 2G、3G 蜂窝通信网络的汽

车娱乐和以 eCall 为代表的远程信息处理业务；第二个阶段是通过 4G LTE 等通信系统将汽车互联，提供包括 V2V（Vehicle to Vehicle，车到车）、V2P（Vehicle to Pedestrian，车到人）、V2I（Vehicle to Infrastructure，车到基础设施）和 V2N（Vehicle to Network，车到网络）的智能交通业务；第三个阶段是将汽车与云端连接，结合精确的位置信息，提供自动驾驶、编队行驶等业务，预计届时会出现出行业务提供商，提供 TaaS（Transportation as a Service，运输即服务）。目前，产业正处于第二阶段向第三阶段过渡时期。

（2）工业互联网应用——4G 满足工业互联网大连接应用，5G 针对 uRLLC 场景

工业互联网的发展主要体现在连接、数据和智能三个方面：在连接方面，需要打通工厂内和工厂外各类工业设备、产品以及与 ERP 等 IT 系统的连接；在数据方面，需要支持工业大数据的采集、互通、分析和应用；在智能方面，需要利用人工智能等技术，支持虚拟仿真、智能分析决策、控制和优化等功能。5G 主要应用在连接层面，工业互联网的工厂外网络要求广域覆盖和低功耗，适宜采用 NB-IoT 等技术；工厂内网络包括现场级、车间级和工厂级，要求高可靠低时延，支持工业控制，适宜采用。

（3）医疗应用——4G 满足部分应用，5G 解决远程手术远景需求

工业互联网的应用场景主要为 eMBB 和 uRLLC 类：4G 可以基本满足 eMBB 类业务，主要用于医疗设备的联网，支持移动查房、移动护理，用于远程医疗诊断数据传输，将体征数据采集传到远端，以及院外救护车、院外健康监测远程诊断等业务；uRLLC 类业务，如远程手术等，对时延和可靠性要求非常高，是 4G 不能满足，需要 5G 技术来支持的。

2. 行业应用存在的问题

5G 行业应用存在的问题主要包括 ICT 与行业应用融合共性问题、5G 应用需求和业务创新两大方面。

ICT 与行业应用融合共性问题，包括行业壁垒、法律法规融合监管等问题。垂直行业对于未来网络能力缺乏认识，无法做到前瞻性和全局性把握未来应用发展，并且缺乏明确的信息通信技术与企业业务结合发展的整体规划，因而无法与通信信息企业形成产业合力。

5G 应用需求和业务创新问题，缺乏合作渠道和平台。5G 作为一种通用技术，希望通过网络切片等技术适应多种行业需求，但其精准融合还需要有个磨合、创新探索的过程。目前

缺乏合作渠道和平台，通信产业与垂直行业的直接对话较少，通信体系和垂直行业体系存在较大差异，业务需求和通信技术方案较难直接对接。

（撰稿人：中国信息通信研究院　魏克军）

专题四　互联网产业发展趋势研究

一、全球互联网持续规模扩张

互联网已成为全球经济增长的主要驱动力，全球互联网用户持续规模增长。在互联网用户方面，2017 年 6 月，全球互联网用户渗透率由 2016 年年底的 47.1%[3]快速升至 48%[4]，增至 35.8[5]亿。全球互联网流量持续高速扩张，半数来自于非 PC 设备并承载于内容分发网络。2017 年，全球年 IP 流量达到 1.4ZB，其中 PC 流量占总互联网流量的 51%，Wi-Fi 和移动联网设备生成的流量占到了互联网流量的 68%。

技术红利、海外/农村市场成为中国互联网产业的着力方向。中国互联网领军企业大力推进全球化进程，众多中小创新互联网企业基于自身差异化定位，凭借本土经验优势，面向发展环境类似、设施欠完善的发展中国家新兴市场布局，瞄准海外市场用户痛点并取得成功。中国互联网企业正积极进军本土三、四线城市以及潜力巨大的农村市场。我国互联网发展呈现较为明显的不均衡状态，农村地区在网络覆盖、互联网应用等方面均落后于城镇地区。多家企业着眼农村地区市场，在电商、金融服务和物流等方面提升用户体验。

二、中美互联网产业创新发展图景各异

中美成为全球独角兽企业的聚集地，领先独角兽企业的估值门槛被不断提高。截至 2017 年 9 月 25 日，全球独角兽企业达到 267 家，分布于 22 个国家，总估值达到 9 208 亿美元，中美两国成为独角兽企业的主要诞生地，独角兽企业数量之和占全球独角兽企业的比例超过

---

3 ITU 2016 年统计数据。
4 ICT Facts Figures 2017-ITU。
5 The State Of Broadband 2017-UN。

80%。中美完全垄断 TOP10 独角兽企业。在排名前 10 名的独角兽企业中，美国和中国企业各占一半。

中美互联网企业成长步伐加快，中国独角兽企业数量增速超过美国。全球互联网产业创新竞争日趋激烈，企业成长为独角兽企业的步伐不断加快。在全球互联网技术变革和创新浪潮的推动下，中美互联网企业成长步伐正在不断加快。从增长趋势来看，中美独角兽企业数量差距正在不断缩小，2018 年，中国新增独角兽企业数量有望超过美国。

三、移动互联网进入稳定增长阶段

移动互联网产业发展进入稳定增长周期。根据 G-K 产业生命周期模型，移动互联网产业已跨过"大量进入期"进入"稳定增长期"。**在整体规模上，我国移动互联网应用生态规模优势显著。**根据中国信息通信研究院移动互联网应用监测平台数据，截至 2017 年第二季度，我国市场中的活跃移动应用数量超过 402 万款，移动应用整体规模保持平稳快速增长。

移动应用生态持续创新、全面变革传统行业。移动互联网应用服务产业格局远未固化，创新应用快速进入 TOP100。相比桌面互联网时代，移动互联网领军企业对传统行业具有极为强大的重塑能量。移动互联网企业大举进军交通、医疗、餐饮、服装、旅游等传统领域，将互联网与线下实体服务对接，全面变革传统行业图景。在教育、生活等领域，创新移动应用层出不穷，互联网正在深入变革社会的方方面面，影响力正快速超过过去一切技术产业革命的总和。

四、资本力量催化互联网不断创新拓展

全球互联网投融资市场回调，中后期项目受到追捧。在 2017 年第三季度，全球互联网风险投资市场中初创项目融资仍然处于低位，但发展已具规模的中后期项目估值有所回升，融资金额增长较快，交易数量逐渐增加，投资方规避风险的意愿较为明显。

新出行和人工智能成为全球资本布局的两大方向。汽车交通领域投融资较为活跃，自动驾驶、汽车服务等领域获得投资的数量和金额均保持高位。同时，随着神经网络、深度学习

等技术的高速发展，人工智能应用迎来新的发展高峰，大量相关的初创企业出现，人工智能迅速成为市场新兴投资的热点，初创企业数量与企业融资额连年攀升。

五、全球互联网加速迈入智能融合新时代

在消费者需求升级的驱动下，互联网基础业务逻辑持续演化，不断重新定义互联网业务的发展阶段周期。实现从内容功能、业务获取、业务发现、叠加映射用户要素到以真实世界中真实人为中心定义融合服务的历史跨越，而下一阶段智能融合时代正在来临，虚拟和现实边界将全面消失，精准的智能融合服务成为关键。**在技术进步的驱动下，虚拟与现实的感知、交互、服务边界正在快速消失。**

新型智能硬件与"智能互联网+"成为总体战略方向。"智能"与"融合"演化为新时期互联网发展的核心特征，全球互联网加速迈入智能融合的新时代，精准满足真实世界中真实个体的需求、实现虚拟与现实无缝融合的智能化服务，成为新的基础业务逻辑。具备全维感知、自然交互和智能服务等特征的"新型智能硬件"，与具备自然交互、融合线下、智能服务等特征的"智能互联网+"，成为智能融合时代引领发展竞争的战略业务平台，原有互联网业务面向智能融合要素特征全面升级演进。

六、新型智能硬件：智能家居、车联网、虚拟现实成为竞逐焦点

智能家居围绕语音交互技术展开入口争夺。随着语音交互技术的成熟，智能家居硬件正由环境感知类设备向自动控制、语音交互类设备发展。围绕语音交互技术，国内外智能家居入口之争日趋白热化。人工智能技术发展水平不足仍然是智能家居产业爆发的主要制约因素，硬件成本成为衡量智能家居产品市场接受度的重要特征。

车联网产业生态即将迎来爆发。车联网已成为国内外科技创新和产业发展的争夺焦点，正快速进入产业全面爆发前夜：在汽车智能化方面，高性能新型汽车电子、车载操作系统、自动驾驶技术成为焦点；在网络连接方面，LTE-V2X 和 5G 技术为汽车联网提供更优的选择；在产业结构方面，跨汽车、通信、交通等多个行业的服务业和制造业跨界融合特征突出；在

新业态方面，服务能力将分阶段逐步开启，构建全新业态尚需时日。

虚拟（增强）现实走出炒作期，核心技术仍待突破。虚拟（增强）现实技术与产业发展轨道尚未完全定型，未来发展呈现终端由单一迈向多元、产业由硬件转向内容的趋势。当前，VR/AR 终端以盒子式为主导，未来三类 VR 终端持续并存，2～3 年一体机将成为主流产品。感知交互和内容生产将成为下一阶段的发展重点。

七、抢占智能高地：人工智能成为全球竞争战略制高点

三大关键能力助推人工智能革命性进步。海量的数据资源、机器学习创新算法以及高性能计算三大技术领域突破，助力人工智能技术实现革命性突破，引领互联网产业全面进入智能时代。

人工智能广泛应用，各个行业价值回报日益凸显。人工智能在各个行业的应用，开始部分逼近甚至超过人类的自然能力，正迅速、全面、深刻地创新变革所有的互联网业务服务领域。人工智能技术率先应用于科技、数据、资金密集型的高端行业。人工智能逐步内化为基础能力，并面向众多传统领域渗透变革。在技术方面，机器人、自然语音处理、机器学习、计算机视觉等基础技术商用化进展迅速。

美国、中国和欧洲领先发展，中国技术产业生态仍有差距。人工智能在美国、中国和欧洲较为活跃，技术研发与企业投资位列全球前列。中国人工智能产业兴起，但技术与生态方面仍与国际领军存在一定差距。在融资规模、技术影响力与企业生态完整性方面，中国与美国仍存在一定的差距：一是在融资规模和投资频次方面，美国优势明显；二是在论文影响力方面，与英美存在一定的差距；三是中国人工智能产业由 BAT 主导，生态相对集中，而美国人工智能生态由研究机构、大学及私营企业等参与方共同组成，优秀初创公司涉及领域包括广告、营销、客户管理、网络安全、视觉、互联网金融、文本分析和生成、机器人、物联网、汽车科技等众多方面，整体生态系统庞大，创新活跃且呈现多元化发展。

（撰稿人：中国信息通信研究院　王琼、方诗旭）

专题五　物联网发展趋势研究

一、全球物联网发展进入 2.0 新阶段

自 2005 年以来，全球物联网历经"概念探索、政府主导、应用示范"的 **1.0 市场培育期**。随着技术加快突破和需求扩大升级，物联网发展条件和技术构成等方面已发生重大的变化，目前进入"跨界融合、集成创新、规模应用、生态加速"的 **2.0 产业爆发期**，呈现"万物互联、泛在智能、平台服务、数据变现"的新特点，可以说，物联网进入全新的发展轨道，转折点已经到来。

从国际来看，全球经济复苏曲折，国际竞争态势加剧，各国的制造业、能源、农业、交通等基础性行业均进入重塑发展理念、调整失衡结构、重构竞争优势的关键时期。2016 年以来，发达国家积极布局物联网 2.0 阶段发展战略，既体现了其对传统发展理念的深刻反思，也反映了其抢占新一轮国际竞争制高点、调整失衡的产业结构的战略意图和决心。**美国重审物联网战略布局，加强顶层设计和具体部署。** 在政策方面，2016 年年初，美国参议院商业委员会批准成立物联网工作委员会，专门为美国政府推动物联网创新提供顶层框架设计、创新建议和物联网相关的频谱规划。2017 年年初，NTIA（国家电信和信息管理局）又重磅推出《加快物联网发展绿皮书》，高度评价物联网发展的重要意义，深刻认识物联网对于美国的机遇和挑战，提出政府在物联网发展中不仅是政策制定者和监管者，也是物联网技术的推动者和采用者；认为美国应建立一个长期的国家战略，并从发展环境营造、基础设施建设、频率资源配套、市场推广、安全防护、法律法规等各个层面提出措施和行动，使物联网的机会最大化，从而带来巨大的社会和经济效益，同时使美国能够在物联网领域领导世界。在资金方面，美国物联网支出将从 2016 年的 2 320 亿美元增长到 2019 年的 3 570 亿美元，复合年增长率达到 16.1%，制造业和交通行业成为 2016 年物联网支出最大的部分。在应用方面，**美国聚焦以工业互联网为基础的先进制造体系**，于 2016 年提交了首份国家制造创新网络年度报告和战略

计划，借助先进的网络技术基础重塑美国在制造业的领先优势。同时，美国能源部和加州大学洛杉矶分校共同牵头成立"智能制造创新中心"，投资 7 000 万美元用于重点推动智能传感器、数据分析和系统控制的研发、部署和应用。

欧盟"由外及内"打造开环物联网，加强创新统筹。欧盟在 2015 年成立了横跨欧盟及产业界的物联网创新联盟（AIOTI），统领新的"四横七纵"体系架构，将原有的 11 个工作组纳入旗下，统筹原本散落在不同部门和组织的能力资源，协同推进欧盟物联网整体跨越式发展。其中"四横"指项目设置、价值链重塑、标准化和政策导向四大横向基础支撑，"七纵"指家居、农业、可穿戴、智慧城市、交通、环保和制造七大行业纵深领域。创新联盟的建立是欧盟落实物联网发展战略的又一重要举措，对欧盟物联网发展和创新起到强有力的驱动作用。欧盟在 2016 年又组建物联网创新平台（IOT-EPI），希望构建一个蓬勃发展的、可持续的欧洲物联网生态系统，最大化发挥平台开发、互操作、信息共享等"水平化"共性技术和能力的作用。同时，欧盟通过"地平线 2020"研发计划在物联网领域投入近 2 亿欧元，建设连接智能对象的物联网平台，开展物联网水平行动，推动物联网集成和平台研究创新，特别是重点选取自动网联汽车、智慧城市、智能可穿戴设备、智能农业和食品安全、智能养老五个方面开展大规模示范应用，希望构建大规模开环的物联网生态体系。

物联网应用形成三大主线，并正呈现三大转变。受各国战略引领和市场推动的作用，全球物联网应用三大主线呈现加速发展态势。**一是面向需求侧的消费性物联网**，即物联网与移动互联网相融合的移动物联网，自 2010 年以来创新高度活跃，孕育出可穿戴设备、智能硬件、智能家居、车联网、健康养老等规模化的消费类应用。各类消费类应用正在加快普及，2015 年智能硬件出货量已达 14 亿台，且增长速度不断加快。**二是面向供给侧的生产性物联网**，即物联网与工业、农业、能源等传统行业深度融合形成产业物联网，2013 年以后发展提速，技术能力在传统行业技术体系中的位置不断"下沉"，成为转型升级所需的基础设施和关键要素。当前，产业物联网已是美国工业互联网、德国"工业 4.0"等战略布局的重点，成为全球新工业革命的重要驱动力。**三是智慧城市发展进入新阶段**，基于物联网的城市立体化信息采集系统正加快构建，智慧城市成为物联网应用集成创新的综合平台，物联网应用成为所有智慧应用的内涵，如物联网和地理信息、大数据、人工智能等技术的融合，成就智慧交通、智慧城管、智慧环保等应用。预计到 2020 年，智慧城市领域联网设备数量将突破 97 亿台，物联网在各领域的应用显著提升城市管理和服务的精细化水平，成为城市的新基础设施。随着万物互联时代的开启，数据蕴含价值的发掘将进一步推动物联网应用的爆发性增长。**从总体来看，物联网正从小范围局部性应用向较大范围规模化应用转变，从垂直应用和闭环应用向跨界融合、水平化和开环应用转变，政府和产业重心正从消费物联网向与新工业革命紧密结合的产业物联网转变。**

物联网产业生态构建进入关键期，物联网平台成为核心要素。当前，伴随着信息通信技术溢出和业态创新能力的不断增强，以平台为核心的产业竞争正从消费领域向各个行业拓展。物联网平台是面向行业数字化、网络化、智能化的发展需求，构建的支持海量数据采集、汇聚、分析和服务的开放式云平台。在全球范围内，物联网领军企业围绕"智能感知+泛在网络+云平台"的功能架构，整合"平台提供商+应用开发者+行业用户"的各类资源，抢占物联网大数据入口，培养开发者构建产业生态。物联网平台作为产业生态构建的核心要素，其发展呈现两大鲜明特征，**一是物联网平台正步入规模化扩张的战略窗口期。**通用电气、西门子等全球知名企业均将未来 2～3 年视为平台规模化扩张的关键时期。据统计，全球知名物联网平台数量已超过 450 个，近 70%于 2013 年后出现。物联网平台的营收规模也保持高速增长，2015 年已达近 3 亿美元，预计 2020 年将超过 16 亿美元，增速达到 33%[6]。**二是物联网平台正成为知名企业抢占物联网发展主导权的必争之地。**当前，IT 服务商、行业企业、互联网企业和电信运营商四大阵营均围绕物联网平台，依托各自的优势，从不同切入点展开产业生态建设。亚马逊、苹果、Intel、高通、SAP、IBM、阿里巴巴、腾讯、百度、GE 和 AT&T 等全球知名企业均从不同优势布局物联网平台，产业大规模发展的条件快速形成。

技术突破为物联网发展注入新动力。一方面，物联网平台、网络等关键要素相关技术加速变革。平台的设备管理、连接管理、应用使能和业务分析的多功能一体化发展极大丰富了平台对产业应用的端到端支撑能力。新的网络技术不断出现，新一代的 Wi-Fi、蓝牙等短距离技术改进了原有技术在为物联网设备提供连接能力的缺陷，同时以窄带物联网（NB-IoT）为代表的低功耗广域蜂窝网技术成熟并持续开展试商用，为低功耗、低成本、广覆盖、大链接

---

6 数据来源：研究机构 IOT ANALYTICS。

业务开展奠定了网络基础。另一方面，支撑自感知、自决策、自优化、自执行的边缘计算/雾计算技术，支持多方可信数据存储交换能力的区块链技术，支撑立体直观显示的虚拟现实/虚拟增强技术等不断出现并与物联网加速融合，为物联网感知、数据处理、呈现等关键要素提供创新手段，更好地服务工业自治控制及维护、智能交通、智能建筑等行业应用，带来新的产业机遇。

二、我国物联网进入关键成长期

自从 2013 年发布《国务院关于推进物联网有序健康发展的指导意见》（国发〔2013〕7号）以来，我们正按照"创新、协调、绿色、开放、共享"五大发展理念要求，着力推动物联网在制造业、能源、交通、医疗、农业和物流等领域的应用和发展，培育传统行业发展的新动能。我国物联网发展也正在经历单点发力向生态体系转变、简单应用向高端应用转变、政府投入向市场主导转变的关键时期，物联网产业集聚区初步形成，窄带物联网等部分技术全球领先，在交通、环保、产业等方面的应用不断深化，总体发展态势强劲。

物联网产业生态布局加快。近年来，我国物联网产业不断发展壮大：一是产业链逐步完善，多个环节涌现出一批具备较强实力的领军企业；二是规模保持高速增长，"十二五"期间产业规模超过 7 500 亿元，复合增长率为 25%，2017 年规模突破万亿元；三是空间布局多点开花，环渤海、长三角、泛珠三角以及中西部地区四大区域集聚发展的空间格局形成，无锡、重庆、杭州和福州等国家级物联网产业基地建设初见成效。"十三五"规划以来，我国积极把握物联网产业生态构建的关键期：在政府层面，国家"十三五"规划纲要和战略性新兴产业、信息化、科技创新等国家重点专项规划对物联网产业发展进行重点部署，多个省市将物联网产业作为发展重点并加大政策支持；在企业层面，制造业等传统行业巨头、电信运营商、互联网企业纷纷实施物联网战略，利用自身优势打造开放平台，聚合资源构建产业生态，并依托 NB-IoT 建网和示范应用的先发优势抢得全球移动物联网产业生态布局的先机。

技术标准自主创新能力不断增强。在核心技术方面，我国在传感器与数据融合集成的智能终端、低功耗芯片、轻量级操作系统、低功耗广域网等关键环节不断取得突破。我国 NB-IoT

技术产业链正在加速形成，华为、中兴和大唐等企业正在逐步形成包括芯片、模组、终端和核心网在内的各环节的设备生产和网络建设能力。在标准化方面，截至 2016 年 3 月，在 OneM2M、3GPP、ITU、IEEE 等主要标准化组织物联网相关领域，我国获得 30 多项物联网相关标准组织相关领导席位。我国在物联网无线广域通信网、基于 Web 技术的物联网服务能力、可穿戴设备、车联网、物联网语义、物联网大数据、物联网网关等重要领域相关标准的制定工作中发挥重要作用。

物联网正在与行业深度融合发展。在工业领域，结合《中国制造 2025》战略的实施，智能制造试点示范项目加快推进，骨干企业全面发力工业互联网平台建设，工业互联网产业联盟对产学研用协作发挥积极作用，推动物联网向企业研发、制造、管理和服务等业务全流程融合渗透，促进制造业供给结构的适应性和灵活性提升。农业、物流、能源、医疗等行业领域，物联网对提质增效、转型升级作用日益突出。在智慧城市领域，全国由分批试点步入全面建设阶段，公共安全、城市交通、管网监测等领域物联网应用成为各地建设的重点。随着各地加快全域 NB-IoT 网络建设和数据开放共享，物联网的前端智能感知能力和后端数据融通水平不断提升，物联网开环应用红利逐步被释放，为建成以人为本、绿色协调、数据驱动、统筹融合的新型智慧城市提供关键支撑。在消费领域，物联网带动终端产品智能化趋势加速，初步形成智能穿戴设备、智能服务机器人、智能车载设备等规模化产品体系。

（撰稿人：中国信息通信研究院　罗松）

专题六 车联网无线通信技术发展进入快车道

一、车联网安全及效率类服务成为热点

随着车联网（Vehicle to Everything，V2X）无线通信技术的不断演进，从支持实现信息娱乐服务，向着更高级别、更智能化方向发展，以实现安全、效率以及协同式等车联网服务。在信息娱乐服务方面，目前很多车辆已经加装了 3G、4G 等车联网无线通信模块，用户可以体验到在线导航、多媒体下载等服务，结合定位、支付等技术，还衍生出了打车、拼车以及车辆远程运维和车联网保险等服务。按照《中国制造 2025》重点领域技术路线图的测算，通信互联终端整车装备率将在 2025 年达到 80%以上。在安全与效率服务方面，随着 V2X 技术在低时延、高可靠方面能力的增强，可以支持实现紧急刹车、逆向超车等安全预警，以及道路限速、危险施工等提示，为驾驶员提早预判、避免事故提供保障。在协同式服务方面，5G 等技术将支持实现高级别的自动驾驶服务，包括车辆编队行驶、完全自动驾驶、远程遥控驾驶、人车路协同感知和控制等服务，支持构建高度协同的智能交通体系。当前技术发展主要面向车联网安全与效率类服务。

二、国际社会面临 V2X 技术路径选择

目前，国际上 V2X 无线通信技术有 802.11p 和 C-V2X 两条技术路线。802.11p 技术由美国电气和电子工程师协会（IEEE）于 2004 年启动研究，于 2010 年完成标准化工作，该技术支持车辆在 5.9GHz 专用频段进行 V2V、V2I 的直连通信。LTE-V2X 技术由 3GPP 于 2015 年年初启动研究，于 2017 年 3 月完成标准化工作，该技术不仅可以支持车辆在 5.9GHz 专用频段进行 V2V、V2I、V2P 的直连通信，还可以支持利用公众蜂窝移动通信网络的核心网、基站等基础设施在 1.8GHz、2.6GHz 等公网频段进行 V2N 和 V2I 的蜂窝通信，从而可提供广覆盖、大带宽的通信能力和更丰富的车联网应用。

美国、日本和欧洲主要国家高度重视车联网无线通信技术发展，先后出台相关规划和法规，明确推进 V2X 技术发展，发放了商用频谱，并通过应用示范等方式培育市场成熟。在技术选择上，由于 802.11p 启动相对较早，美国、日本和欧洲主要国家都做了相应的试验和测试评估：美国在 2016 年年底发布立法提案通知（NPRM），希望车载终端强制安装 802.11p 的 V2X 模块，在纽约市、怀俄明州、坦帕市、哥伦布和安娜堡等地开展测试示范，并且汽车厂商通用在 2017 款凯迪拉克 CTS 前装了 802.11p 车联网无线通信模块；在日本，政府出台《自动驾驶系统研发计划》，包含 V2X、自动驾驶、安全道路等核心内容，并且汽车厂商丰田开始 "ITS Connect" 的商业化应用；在欧洲，荷兰、德国和奥地利建立 C-ITS 走廊，探索 ITS-G5 V2X 技术测试验证和应用推广。

随着 LTE-V2X 技术的成熟，美国、日本和欧洲主要国家的相应组织和企业也广泛关注，并进行相应的测试验证，对技术进行选择：日本在原有 760MHz 频谱基础上增加 5.8GHz 用于智能交通应用，并且由 ITS-forum 组织开展了 LTE-V2X 的测试评估；欧洲于 2016 年组织成立了 5GAA 产业联盟，组织开展 LTE-V2X 技术研发和测试，雪铁龙、奥迪、捷豹、路虎等主流车企计划 2018 年安装 LTE-V2X 芯片进行验证测试；2017 年，美国 SAE（Society of Automotive Engineers，机动车工程师协会）专门成立了 C-V2X 技术委员会，旨在推动相关标准和产业化工作，计划制定针对 C-V2X 的车载 V2V 安全通信技术要求标准（J3161），预计在 2018 年年底将完成所有标准化工作。此外，为了进一步推动 C-V2X 在美国的成熟，展示 C-V2X 的能力，AT&T、福特、Nokia 和高通联合宣布在 San Diego 开展 C-V2X 技术试验。

三、我国推进 LTE-V2X 发展的重要工作进展

我国大唐电信、华为等企业作为主要报告人积极参与 3GPPLTE-V2X 的标准化工作。与此同时，在工业和信息化部、交通运输部等主管部门积极指导，以及相关研究机构、企业和行业组织的紧密配合下，国内也将于 2018 年中完成 LTE-V2X 标准体系建设、标准规范制定等工作，包括制定完成《基于 LTE 的车联网无线通信技术　总体技术要求》《基于 LTE 的车联网无线通信技术　空中接口技术要求》《基于 LTE 的车联网无线通信技术　安全总体技术

要求》等中国通信标准化协会行业标准，以及《合作式智能交通运输系统　专用短程通信　网络层与应用层技术要求》等国家标准。

我国政府通过批复试验频段和组织开展测试示范等工作积极推动 LTE-V2X 技术研发和产业化。一是工业和信息化部于 2016 年 11 月批复 IMT-2020（5G）推进组和车载信息服务产业应用联盟在 5.9GHz 试验频段开展 LTE-V2X 直接通信技术的测试。二是工业和信息化部通过与北京—河北、重庆、浙江、吉林、湖北地方签署"基于宽带移动互联网的智能汽车、智慧交通应用示范"的示范合作框架，与公安部、江苏省政府开展无锡"国家智能交通综合测试基地共建合作"项目，支持上海国际汽车城建立"国家智能网联汽车（上海）试点示范项目"等方式，促进形成了"5+2"车联网示范区格局。三是通过行业组织、联盟协会等推进产业和应用，指导 IMT-2020（5G）推进组成立蜂窝车联（C-V2X）工作组开展 LTE-V2X 的技术研究、试验验证和产业与应用推广，以及 5G-V2X 的业务需求及关键技术研究；指导成立了中国智能网联汽车产业创新联盟，培育智能网联汽车创新中心。

我国企业和科研单位跨行业合作，推进 LTE-V2X 应用推广。一是大唐电信和华为等通信企业积极开展 LTE-V2X 终端产品研发。大唐电信于 2017 年年底发布 LTE-V2X 测试模组，华为于 2018 年第一季度发布了 LTE-V2X 测试模组、车载单元和路侧单元的路标。二是汽车厂商、零部件厂商和科研机构布局 V2X 上层应用开发与实现。一汽、上汽、长安汽车、北汽和长城等国内自主品牌汽车厂商设计开发了覆盖多种路况、工况的 V2X 应用场景，东软、北京星云互联、清华大学和同济大学等零部件及科研机构加快软件协议栈和接口的开发与实现，基于底层 LTE-V2X 技术开展研发测试工作。三是跨行业企业合作开展应用示范。中国移动、上汽和华为等在杭州云栖小镇、上海嘉定开展 LTE-V2X 安全预警应用示范；中国汽研、大唐电信和长安汽车等在重庆 I-VISTA（智能汽车集成系统试验区）开展 LTE-V2X 技术测试及示范，支持车与车安全告警、道路施工预警、交叉路口行人检测等应用；公安部交通管理科学研究所、中国移动、华为和一汽等在无锡开展红绿灯诱导通行、路口交通冲突预警等应用示范；交通部公路科学研究院和华为在北京通州测试场开展 LTE-V2X 应用示范等。四是测试验证公共服务平台，促进 LTE-V2X 技术成熟。中国信息通信研究院联合跨行业企业初步构建了 V2X 实验室仿真测试环境，开展 LTE-V2X 的应用功能、性能、互联互通和互操作测试。

四、我国加快 LTE-V2X 产业发展的重要意义

我国在 LTE-V2X 技术研发和产业发展方面具有优势，并可借力 LTE 产业及网络部署规模加速发展。就技术性能而言，LTE-V2X 相比于当前可选的其他 V2X 无线通信技术，在覆盖、可靠性、容量等方面都有比较明显的优势；此外，LTE-V2X 技术体系将不断向前演进，包括 LTE-V2X 增强和基于 5G 新空口（NR）的 V2X 无线通信技术标准化工作，以进一步支持更丰富和更高级的车联网应用。就产业发展而言，我国具有良好的 LTE 产业基础：一方面可以"一芯双模"助力提升 LTE-V2X 终端模块的渗透率；另一方面，依靠我国拥有的全球最大 LTE 商用网络，可以降低交通运输和管理等部门在路侧基础设施上的部署投资，快速推广安全预警、交通效率等应用。就国家安全而言，为确保道路通行安全和事故责任认定，V2X 信息交互时，应当进行完备的消息合法性和完整性验证，LTE-V2X 可直接依托 LTE 商用网络实现设备证书的定期更新，充分保障关键环节的信息和网络安全。

我国应抓住 LTE-V2X 发展的关键机遇期，充分发挥制度和体制的优势，做好顶层设计和统筹规划，加强跨部门协调和会商，合力推动 LTE-V2X 产业发展，并积极布局 5G 和车联网融合应用。

（撰稿人：中国信息通信研究院　葛雨明）

专题七 工业互联网发展综述

一、工业互联网的内涵

工业互联网是满足工业智能化发展需求，具有低时延、高可靠、广覆盖特点的关键网络基础设施，是新一代信息通信技术与先进制造业深度融合所形成的新兴业态与应用模式。

工业互联网包含网络、平台、安全三大功能体系：网络是基础，通过物联网、互联网等技术实现工业全系统泛在互联与数据流通，形成工业智能化的"血液循环系统"；平台是核心，工业互联网平台实现海量数据的采集、汇聚和分析，承担着工业操作系统的关键角色，是支撑工业智能化发展的核心载体；安全是保障，通过构建涵盖工业全系统的安全防护体系，为工业智能化发展保驾护航。工业互联网的体系构架如图1所示。

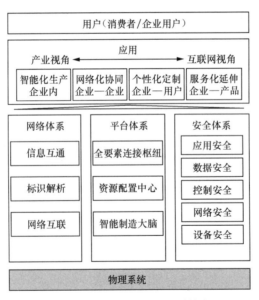

图 1 工业互联网的体系构架

党的十九大指出，建设现代化经济体系，必须把发展经济的着力点放在实体经济上。制造业是实体经济的脊梁，工业互联网作为新一代信息技术与制造业深度融合的产物，对推动互联网由消费领域向生产领域快速延伸、工业经济由数字化向网络化智能化深度拓展，加快制造强国和网络强国建设，深化供给侧结构性改革，推动质量变革、效率变革、动力变革，助力全要素生产率提升，建设现代化经济体系具有重要意义。

二、工业互联网发展情况

（一）国际工业互联网发展

工业互联网已成为全球战略布局的重点。美国将工业互联网作为国家发展先进制造的重要基础，德国将工业互联网作为实现"工业4.0"的关键支撑，通过政策安排、政府资金投入等方式，围绕技术、标准、平台等加速布局，并推动其在全球范围内重点工业领域和大型工业企业生产全过程的应用。英国、日本、印度、法国和韩国等国家也纷纷开展战略部署，将工业互联网作为未来5~10年促进科技创新、推进工业智能化、实现产业流程整合再造的国家发展战略。

全球加速工业互联网技术创新和产业应用。随着互联需求的增加，工厂内外部网络正在产生变革，时间敏感网络（TSN）、低功耗工业无线网络、5G和IPv6等新型网络互联技术逐步在工业领域展开，标识解析开始在工业互联网领域开展应用。工业互联网平台成为竞争焦点。以通用电气（GE）、西门子为代表的工业巨头和以思爱普（SAP）、IBM为代表的ICT巨头纷纷推出工业互联网平台产品，依托平台实现资源聚集与产业生态构建。工业互联网安全保障能力获得同步发展。美国IIC、德国"工业4.0"分别发布了安全框架和安全实施导则，产业界正在加紧布局工业互联网安全防护产品及服务。全球范围内工业互联网探索与实践不断深化。围绕生产管理优化、物流仓储优化、网络化协同、个性化定制和产品服务化延伸等涌现出大量先导应用。

（二）国内工业互联网发展

我国工业互联网起步较早，在参考架构设计、技术创新与产业化、生态体系建设、应用模式创新和国际合作等方面都取得了一系列进展。

在网络方面，国内工业企业开始探索研究和应用部署工业 PON、IPv6、软件定义网络（SDN）、NB-IoT 和 5G 等新型网络技术，并已在装备制造、石油化工等领域取得良好应用成效。Handle、OID 和 Ecode 等主要标识解析方案已经在产品追溯、供应链管理等个别领域进行了初步探索，中国信息通信研究院正在上海对标识解析节点的功能、性能和安全管控等进行试验验证，并逐步建设起分层分级的工业互联网标识解析体系。

在平台方面，我国工业互联网平台创新活跃，装备制造、自动化、工业软件、信息技术和制造企业从不同领域积极推动平台发展，**目前已经形成 30 多个工业互联网平台**。部分平台企业深耕航空航天、装备制造、信息电子、冶金、石化等细分行业，在质量优化、工艺优化、设备预测性维护和供应链协同等方面实施了一系列创新应用，逐步培育工业应用的创新生态。

在安全方面，工业企业安全意识逐步提升，专业安全企业正积极开展相关安全监测和态势感知等技术研究，以及漏洞挖掘、攻击防护和安全审计等产品研发，不断深入细分行业推动安全产品及解决方案的应用。此外，我国相关科研机构正在积极建设工业互联网安全试验验证、安全监测预警、安全评测评估和安全公共服务等平台，不断夯实工业互联网安全防护基础。

在生态方面，工业互联网产业联盟成为产业合作和生态培育的主要平台，成员已达 507 家，发布了 14 份研究报告，制定了 10 项标准，建设了 34 个工业互联网测试床。已与多个国际工业互联网产业组织达成合作。

三、我国工业互联网面临的挑战

与发达国家相比，我国工业互联网面临系统性差距。一是关键基础能力不足。网络、标识解析和平台等难以满足发展需求，关键标准缺失，高端工业传感器、工业控制系统和关键工业软件等环节短板突出。二是生态构建能力不足。我国缺乏类似 GE、西门子等具备综合解决方案和全领域覆盖能力的龙头企业，企业长远布局能力薄弱，前瞻性、系统性和技术含量亟待提升，难以构建自主可控、并引领国际发展的新生态。三是保障支撑能力不足。工业互联网的安全监测预警、态势感知和主动防御能力尚未形成；缺乏既懂工业又懂互联网的复合型人才、高端人才、高级技术人才。

四、未来工业互联网发展的重点

我国高度重视工业互联网发展，2017 年 11 月，国务院印发《关于深化"互联网+先进制造业"发展工业互联网的指导意见》（以下简称《指导意见》），明确了指导意见、发展目标、重点行动和保障支撑，提出了工业互联网发展"323 行动"，包括打造网络、平台和安全三大体系，推进大型企业集成创新和中小企业应用普及两类应用，构筑产业、生态和国际化三大支撑。

2018 年是落实《指导意见》、深化工业互联网发展的开局之年。在组织实施方面，专项工作组已经成立，还将设立战略咨询专家委员会，强化统筹协调、督导检查和咨询评估等工作。在政策细化方面，2018 年将制定实施工业互联网三年行动计划，出台工业互联网平台建设及推广指南、工业互联网安全指导意见等落地文件。在重点任务推进方面，将启动工业互联网创新发展一期工程，开展网络化改造、平台体系、安全体系和 IPv6 等集成创新应用。建设一批面向重点行业和区域的工业互联网平台测试床，培育 5 家左右跨行业、跨领域工业互联网平台。开展百万工业企业"上云"行动，培育一批面向特定行业、特定场景的工业 App。加快建设工业信息安全态势感知和信息通报平台，引导鼓励企业提升安全意识和防护水平。

（撰稿人：中国信息通信研究院　肖荣美　王峰　李海花　刘阳

张恒升　刘默　蒋欣昊　刘棣斐　刘钊　田慧荣　杜霖）

专题八 区块链

一、区块链的内涵

"区块链是一种由多方共同维护，使用密码学保证传输和访问安全，能够实现数据一致存储、无法篡改、无法抵赖的技术体系。"（摘自《可信区块链认证系列标准》）区块链的基础是 P2P 分布式网络、加密算法和共识机制。比特币是区块链技术的第一个成功的应用。

目前，很多人把比特币、各种数字加密货币和区块链混为一谈。我们认为分布式总账、区块链和比特币的关系如图 1 所示。

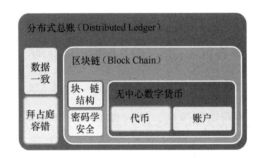

图 1　分布式总账、区块链和比特币的关系

区块链是实现无中心的分布式总账的一种技术。除了采用块、链结构的典型区块链以外，还有其他的方式能实现分布式总账这个需求。总账技术的基本单元是"交易"，整个账本是由一条条的交易构成的。"块"类似于账本中的"页"，每页都记录了若干条交易，把一页一页的账页按照时间顺序装订起来，就形成了一个完整的账本——"区块链"。"块"是交易的容器，"块"通过密码学算法相连接，形成了按照时间序列的"链"。这种组织账本的好处是由密码学算法保证了无法篡改链上的单独交易，除非整体性的篡改。因此，区块链相比于分布式总账技术，多出了"密码学安全"这一特性。而数字加密货币只是建立在区块链技术上的一种应用。

从技术的角度来看，区块链很像是一个不可更改的分布式数据库，但是从业务的角度来看，正是由于其不可篡改和必须执行的特点，区块链技术对业务的影响要远远超数据库技术：区块链已经深入到了业务的内部，而数据库对于业务而言只是一个工具。因此，传统分布式系统是为了解决单机性能不足而诞生的，而区块链技术则是为了解决合作者之间的不信任关系问题而诞生的。区块链技术是一种高度可信的无中心的数据库技术，提供了一种在不可信网络中进行信息与价值，特别是价值传递交换的可信机制。

区块链主要由 P2P 网络、密码学和共识机制等技术组合而成，其中共识机制是区块链技术的核心。根据共识机制中的参与共识节点的开放程度，区块链大致可以分为公有链和许可链两类：公有链（Public Blockchains），又称非许可型区块链（Permissionless-Bockchain），指任何用户都可读取区块链中的数据，任何节点都能参与共识过程的区块链；非公有链（Private Blockchain），又称许可型区块链（Permission-Blockchain），指参与节点数量有限，被控制在一定范围内，并且节点的加入和退出都受控的区块链系统。

由于公有链技术的开放性特点，为了吸引更多的人加入其区块链的运维工作，代币激励机制一直是一种有效的方式。截至 2017 年年底，尚未找到有效的能够替代代币激励机制的方式来促进公有链的稳定运维。

由于代币的引入，除了拜占庭容错特性外，防止双花也成了公有链必需的属性。因此，公有链的性能很难被提升，交易速度和交易容量受到明显的限制。在公有链中，"交易性能""去中心化""系统安全"只能同时满足其中两条。

与公有链相比，许可链由于引入了节点准入机制，可以不需要代币激励，也可以在去中心化方面做出一定的让步，因此，联盟链可以达到非常高的性能和安全性。通过采用混合结构，即采用多链、子链和跨链等技术，构建企业级应用变得相对容易。

二、区块链的主要技术方向和应用领域

区块链目前主要发展的技术方向包括以下 3 个方面：

（1）共识机制

不同的公有链和许可链都尝试在共识机制上进行优化和创新：对于公有链，主要改进的

方向包括抵抗 Asic 矿机、提升公平性和提升交易性能等；对于许可链，主要改进的方向包括提升交易性能、子链和分区的共识等。

（2）加密算法

在区块链技术中不断引入新的密码学算法，已解决未来可能面临的量子计算机的超强算力攻击，以及通过最新密码学算法解决隐私保护、防交易追踪等问题。

（3）智能合约

很多新的公有链和许可链都开始引入了不同的虚拟机技术，以改进以太坊中 EVM 虚拟机的一些问题，包括对已有编程语言的友好性、对 DApp 等更多支持、增加一些系统 API 以提升智能合约的可用性等。

而随着区块链技术在企业级应用中威力开始显现，很多"区块链+"的利好政策也开始不断出现。在这种环境下，大批的"区块链+"应用出现了。

区块链可能会在以下 4 个方面首先落地实用化：

（1）去中介化交易

区块链一直在说去中介化，去中介化最后的实质是区块链这个平台成为一个新的中介。在某些行业中，过去由于缺少中介，无法进行交易，现在有区块链平台之后，不需要第三方就可以在区块链平台上进行相关交易。其中，虚拟化资源的交易是最可能首先落地的，包括能源交易、带宽交易、知识产权交易和共享资源使用权交易等。

（2）跨国金融

在金融领域中，由于其抽象程度最高，因此它是最容易使用区块链技术对其体系进行改造的。尤其是在跨境支付的时候，每个国家、每个银行的账号系统不一样，整个账务系统也不一样，每次需要直接托收或支付的时候，可能需要把逻辑上一个点对点支付拆成了多个环节、前后依赖的支付和清结算流程。对于环球同业银行金融电讯协会（Society for Worldwide Interbank Financial Telecommunications，SWIFT）的中间银行，必须等对方把钱付清，在钱款两清的情况下，才能发起交易给下一个银行。而且 SWIFT 有很严格的监管要求，就是你必须找你之前有过跨境交易、有对方账号的情况下，才能付钱给对方。每笔跨境支付款项，需要各个银行的人去审批、对账、清算和结算，因此整个跨境支付的周期长、对账成本高，经常是按天来计算，一般是 3～7 天。使用区块链技术，可以避免记账误差；另外用智能合约来代替人工审批，可以大大加速整个资金的流通速度。

（3）信息融合

信息社会时代，海量的信息都存储在不同单位的服务器中。尤其是政务数据，不同的信息存储在不同单位的信息中心。当需要信息交换时，尤其是涉及公民办理自身相关业务时，有时还需要使用纸质证明来进行信息交换。利用区块链技术，可以将各部门的信息打通，避免出现"信息孤岛"。使用区块链进行信息交换有以下优势：数据自身可以存储在原单位的数据中心，其他单位需要使用时，利用区块链发出请求，交易记录在链上，信息签名并加密传递。如果提供的数据出了问题，可以溯源到原单位，利用信息签名可以避免出现抵赖。

（4）溯源存证

区块链具有数据难以被篡改的特性，同时区块链还具有多方维护和可以信用叠加的特性。因此，利用区块链进行溯源数据的存储和一些关键数据的存储，可以获得很高的信用背书。需要注意的一点是，溯源不等于防伪。仅仅在数据存储方面进行数据保护，并不能解决数据在上链时就产生了伪造的问题，也无法避免链上数据和实体产品对应时采用的赋码技术被伪造的问题。

我们认为，应该积极鼓励国内从事企业级应用的区块链企业发展底层技术，研究落地应用，协助区块链企业开始在各种非金融应用和金融企业传统业务中寻找区块链的应用模式，开展有效的"区块链+"的探索。

（撰稿人：中国信息通信研究院　敖萌　卿苏德）

专题九　全球视角看人工智能之发展

从技术和产业的发展来看，2016年3月，谷歌的AlphaGo人—机大战引爆了人工智能产业的第三次崛起。虽然人工智能已经存在了60年，期间已经经历了两起两落。但这次第三次崛起的背景已经与过往不可同日而语了，深度学习算法的发展、大数据的积累和计算能力的提升使得人工智能技术有机会能够融入很多行业之中，成为推动这一轮数字经济发展的核心技术。

一、各国政府加速布局人工智能

美国政府一直拥有对科技创新的敏锐嗅觉，这次对人工智能带来的变革依然如此。2015年10月底，美国国家经济委员会和科技政策办公室联合发布了新版《美国国家创新战略》，2016年，美国白宫两份重磅报告《国家人工智能研究与发展策略规划》《为未来人工智能做好准备》正式发布，人工智能作为美国国家重要战略的路线已经逐渐明晰。英国政府随后也发布了一份名为《人工智能：未来决策制定的机遇与影响》的报告，阐述了人工智能的未来发展对英国社会和政府的一些影响，论述了如何利用英国的独特人工智能优势，增强英国国力。2016年6月，日本政府通过新版《日本再兴战略》，将人工智能技术视为第四次产业革命的核心尖端技术，计划到2020年创造出30万亿日元的经济附加值。此后，日本政府出台《下一代人工智能推进战略》，为人工智能的技术重点、突破路径、产业布局和人才培养制定蓝图。

我国政府也在不断加大对人工智能发展的重视程度。党的十九大报告和近两年的政府工作报告都将"人工智能"写入其中。2017年7月20日，国务院出台《新一代人工智能发展规划》，提出了面向2030年我国新一代人工智能发展的指导思想、战略目标、重点任务和保障措施；11月15日，中国新一代人工智能发展规划暨重大科技项目启动会在京召开，公布了第一批国家人工智能开放创新平台。

各国政府纷纷出台人工智能发展战略的背后是看到这一轮以人工智能为核心的技术革命

将给社会经济带来巨大的影响，如何为之做好准备是大家都要面对的问题，我们需要从基础研究、人才、技术、资金和产业等多个层面进行布局，提升国家的综合竞争力。

《华盛顿邮报》2016 年发表文章称，中美两国已经成为人工智能子概念"深度学习"的早期领导者，并且中国每年在该学科上发表的论文已经超过了美国。美国白宫在 2016 年 10 月 14 日发布的报告中称，中国的人工智能研究已经走在了美国前面，提及"深度学习"或"深度神经网络"的期刊论文数量，其实中国早在 2013 年就实现了对美国的超越，居世界第一。值得一提的是，中国的相关论文不仅数量上远远超过其他国家，质量上的表现也毫不逊色，被引用超过一次的、提及"深度学习"或"深度神经网络"的论文数量中也远超美国。

那么，中国的人工智能研究实力真的超过美国了吗？期刊论文只是反映人工智能发展的一个方面，深度学习或深度神经网络也只是影响人工智能产业发展的一类技术，真正影响人工智能产业发展的还有其他很多交叉学科。从人工智能研究的角度断定中国已经超越美国还为时过早，我们需要清晰地认识到我们与美国之间在学术研究与产业发展方面依然存在不小的差距。

在产业发展方面，美国领先的互联网科技企业在人工智能方面的布局和进展值得关注。比如，谷歌迅速把公司战略从"移动优先"转向"人工智能优先"，它在人工智能领域的布局不是单点切入，而是软硬兼施，并且结合了大量的应用场景。2015 年，开源的 TensorFlow 深度学习框架，吸引了大量开发者，最新数据显示，TensorFlow 目前全球下载量已超过 1 000 万次，遍及 180 个国家和地区，尤其是在中国，下载量非常高。在硬件方面，谷歌自 2016 年首次公布了专为加速深层神经网络运算能力而研发的芯片 TPU，该芯片在计算性能和能耗指标的表现都远远优于传统 CPU、GPU 组合；2017 年，谷歌正式发布了第二代 TPU，并且通过谷歌云提供 AI 服务。在应用方面，从 Google 助手、YouTube 到 Google 翻译、邮箱、地图等都融入了人工智能技术，使之有更好的用户体验。

二、AI 呈现 5 个发展趋势

不知不觉中，人工智能已经无处不在，渗透到了我们的生活和工作之中。Apple 的 Siri，亚马逊的 Echo 和 Alexa，阿里巴巴的 ET 大脑、天猫精灵和阿里小蜜，蚂蚁金服的刷脸支付，

Google 助手等这些耳熟能详的应用都有人工智能技术的身影。

投资界和产业界对 AI 的关注度更是前所未有的高涨，截至 2016 年 11 月，全球在 2016 年关于人工智能领域的投融资数量达到 1 485 笔，融资金额达到 89 亿美元。根据麦肯锡的报告，2016 年，美国公司占了所有 AI 投资的 66%。中国占了 17%，排在第二，增长迅速。

从"互联网+""大数据+"到今天的"AI+"，这三者也是相辅相成的，如今 AI 成为各行业数字化转型的重要方向，融合趋势势不可当。

根据 Gartner 2016 年 7 月最新的新兴技术成熟度曲线可以看出，感知智能机器时代正在来临，33 项技术之中，与人工智能相关的技术占到一半的比例，其中最值得关注的是机器学习技术已经到达炒作顶峰，预示着未来 2～5 年内会得到广泛应用。

总体来看，人工智能的发展呈现出以下 5 个趋势：

1）人工智能已经无处不在，但目前还是处在**弱人工智能**阶段，只能解决特定的具体任务类问题。

2）人工智能发展第三次热潮主要源于**计算能力、深度学习算法和大数据的发展**三个重要因素。

3）人工智能最可能替代**重复性高、规则相对标准化**的工作机会，比如客户服务人员、电话销售人员、速记员和驾驶员等，但同时也会产生新的工作。

4）"AI+"会成为各行各业数字化转型的重要方向。AI 会驱动人—机交互的变革，让机器看懂物和人，会深度影响零售、金融、交通和制造等行业，特定任务或垂直类应用驱动的 AI 而不是纯技术导向的 AI 更容易落地。

5）**AI 产业生态创新加速。**大型互联网平台在不断完善人工智能生态，在基于场景、算法、数据和计算能力等方面加速创新，对于 AI 新兴企业来说，创新方向既包括智能终端到云端的 AI 服务，还包括人工智能专用芯片的研发。

三、关于我国人工智能发展的 5 点政策建议

在这样的发展趋势下，关于未来中国 AI 发展有以下 5 点政策建议：

1）鼓励学者和研究机构着重研究人工智能可能带来的就业、伦理、法律、政策和规则等方面的前沿挑战和问题，探讨可能的解决方案。

2）对于人工智能前沿技术创新的企业给予政策、资金或税收上的激励，尤其是 AI 芯片的研发领域，但要认真评估这些企业的资质，现在有不少初创企业都在打人工智能的标签，但做的事情与人工智能相差甚远。

3）鼓励有人才、技术、数据储备和实践经验的领先企业将在 AI 领域的优秀实践经验、案例或解决方案进行落地推广，给予利用 AI 技术的用户以相应鼓励与优惠政策。

4）鼓励领先企业参与国内外人工智能相关政策、规则和标准的制定。

5）建议国家出台政策鼓励海外优秀 AI 高端人才回国，同时鼓励国内高等院校注重人工智能领域学术型人才和复合型人才的培养。虽然人工智能算法领域的高端人才比较缺少，但未来人工智能产业化领域同样需要跨界交叉学科的人才，这些人才是对人工智能技术与各种行业知识兼通的实战型人才。

（撰稿人：阿里研究院数据经济研究中心主任　潘永花）

附　录

附录一　领导重要讲话及文章

工业和信息化部部长苗圩在人民邮电报发表署名文章：
制造强国和网络强国建设迈出坚实步伐
——党的十八大以来我国工业和信息化发展新成就

（2017 年 10 月 17 日）

　　党的十八大以来的五年，是我国工业和信息化成果丰硕的五年。五年来，以习近平同志为核心的党中央立足治国理政全局和民族复兴大业，就大力振兴制造业、加快制造强国和网络强国建设提出一系列新论述，引领和推动工业和信息化发展取得了新的辉煌成就。特别是，面对新一轮科技革命和产业变革与我国加快转变经济发展方式形成的历史性交会，党中央、国务院审时度势，加强战略谋划和前瞻部署，瞄准"两个一百年"奋斗目标，开启制造强国和网络强国建设伟大征程，使我国工业和信息化事业迈入了新时代。工业和信息化系统深入贯彻习近平总书记系列重要讲话精神和治国理政的新理念、新思想、新战略，坚决落实党中央、国务院的决策部署，坚定不移地走中国特色新型工业化道路，以新理念引领新发展，全面实施《中国制造 2025》和"互联网+"行动，加快产业转型升级、提质增效、创新发展，加快制造强国和网络强国建设，为经济社会发展、综合国力稳步提升提供了重要支撑，为实现

"两个一百年"奋斗目标打下了坚实的基础。

一、多措并举稳增长，实现工业通信业平稳较快发展

习近平总书记强调，工业是立国之本。工业稳则经济稳，工业稳增长关乎国民经济平稳运行和社会稳定。面对一段时间内工业下行压力，我们坚持稳中求进工作总基调，按照产业政策要准的要求，狠抓工业稳增长调结构增效益各项政策措施落实，努力解决行业发展面临的突出问题，确保工业经济运行在合理区间，有力支撑了国民经济保持中高速增长。

（一）投资活力有效激发

稳定工业增长，投资具有关键作用。我们推动成立国家集成电路产业投资基金、国家中小企业发展基金和先进制造业产业投资基金，改善投资环境和改进投资服务，引导社会资金投资先进制造领域、传统产业改造提升和新兴产业创新发展。得益于一系列稳投资的综合性政策措施，我国工业固定资产投资从 2012 年的 15.46 万亿元增长到 2016 年的 22.78 万亿元。制造业投资占工业投资的比重从 2012 年的 80.8%提高到 2016 年的 82.4%。我们将技术改造作为稳定工业投资的重要抓手，鼓励、支持和引导企业实施了一批产业关联度大、技术水平高、市场前景好的技术改造项目。2013—2016 年，工业技术改造投资年均增长 13%，其中制造业技术改造投资年均增长 14.3%。2016 年技改投资占工业投资的比重为 40.6%，比 2012 年提高 7.7 个百分点，成为带动工业投资增长的主要力量。

（二）消费潜力不断释放

我们积极应对外需下降带来的不利影响，适应消费结构升级的需求，从供给和需求两端发力，在稳定扩大传统消费的同时，培育壮大信息消费、绿色消费等新兴消费热点，释放内需潜力。受益于小排量汽车购置税减征以及节能与新能源汽车推广应用政策，汽车消费持续增长。2016 年，中国汽车产销分别完成 2 811.9 万辆和 2 802.8 万辆，产销量稳居全球第一位。新能源汽车产业迅猛发展，产销量连续两年位居世界第一位，2017 年继续保持领先地位。我

们积极推动国务院两次出台促进和升级信息消费、持续扩大内需潜力的政策措施，促进信息消费蓬勃发展。信息产品供给水平不断提升，手机产量和市场规模居全球第一位，2016 年生产智能手机 15 亿部，占全部手机产量的 74.7%。家庭居住、个人穿戴、医疗健康等新型智能硬件层出不穷。线上线下融合业务创新活跃，在线医疗、在线教育等持续扩大，交通出行、旅游住宿、餐饮外卖等领域的新型消费迅速兴起。信息消费规模由 2013 年的 2.2 万亿元增长至 2016 年的 3.9 万亿元，年均增幅达 21%，间接带动经济增长 10 万亿元以上。

（三）开放合作日益扩大

我们积极贯彻对外开放战略，协调"一带一路"重大项目加快落地，搭建国际产能和装备制造合作平台，支持境外产业合作园区建设，加快推进与周边国家信息基础设施互联互通，推动工业通信业在更广领域、更深层次和更高水平上开放合作。2016 年，我国工业品出口达到 1.99 万亿美元，占全球的七分之一，是最大的工业品出口国。技术密集型的机电产品超越劳动密集型的轻纺工业品成为出口主力。2016 年，机电产品和高技术产品出口占货物出口的比重分别达到 57.7% 和 28.8%。制造业"走出去"步伐加快。2016 年我国在境外非金融类直接投资 1 701.1 亿美元，其中制造业对外投资 310.6 亿美元，占对外投资总额的比重从 2013 年的 9.6% 上升到 18.3%。"中国制造"的品牌美誉度和国际影响力显著提升。

通过各方面积极努力，我国工业通信业克服重重困难，顶住下行压力，呈现缓中趋稳、稳中有进、稳中向好的发展态势。2013—2016 年，我国全部工业增加值年均增长 6.7%，在世界主要经济体中名列前茅。全年全部工业增加值从 2012 年的 20 万亿元增长到 2016 年的 24.8 万亿元，稳居世界第一制造大国。2016 年，我国信息通信服务业收入规模超过 2.4 万亿元，比 2012 年增长 80%，其中互联网行业收入年均复合增长率超过 40%，成为全球互联网第二大力量，规模和应用优势明显。企业效益水平整体良好，单位劳动产出明显提高。2013—2016 年，全国规模以上工业企业主营业务收入年均增长 3.8%，利润总额年均增长 3.1%。轨道交通装备、通信装备、电力装备等领域形成了一批具有国际竞争力的企业群体。10 家企业进入全球互联网企业市值前 30 名。中小微企业活力不断迸发，大、中、小企业融通发展格局加速形成。

二、贯彻落实创新驱动发展战略，产业加速向中高端迈进

习近平总书记指出，创新是引领发展的第一动力。我们把创新摆在制造业发展全局的核心位置，深入实施《中国制造 2025》，突出抓重点、强基础、补短板，完善国家制造业创新体系，提升工业基础能力，加快突破关键核心技术，推动产业创新能力显著增强，为工业通信业提质增效升级提供强劲动力。

（一）制造业创新中心建设步伐不断加快

建设制造业创新中心作为《中国制造 2025》提出的五大工程之首，是弥补创新链条的断裂环节，特别是解决从实验室产品到产业化之间的"死亡之谷"问题的治本之策。在国家制造强国建设领导小组的领导下，我们出台《制造业创新中心建设工程实施指南（2016—2020年）》，印发《关于完善制造业创新体系 推进制造业创新中心建设的指导意见》，以产业化应用为导向，着力构建完善以国家制造业创新中心为核心节点、省级制造业创新中心为重要补充的国家制造业创新网络。2016 年 6 月，批复成立国家动力电池创新中心，同年 12 月批复筹建国家增材制造创新中心，制造业创新中心建设由顶层设计进入实施阶段。我们会同有关部门对国家制造业创新中心建设总体布局进行论证，确定了近期重点建设的 22 个领域，2017年 7 月公布了省级制造业创新中心升级为国家制造业创新中心的条件。至此，初步形成了创新中心布局、培育、遴选、运行、可持续发展等一整套工作措施，为稳步有序、高标准统筹推进国家和省级制造业创新中心建设工作提供了重要的依据。目前，各地正在培育建设的省级制造业创新中心已有 35 家。

（二）工业基础能力不断夯实

工业基础直接决定着产品的性能和质量，是制造强国建设的重要基础和支撑条件。我们实施工业强基工程，通过重点项目带动，突破核心基础零部件（元器件）、关键基础材料、先进基础工艺的工程化和产业化瓶颈问题，构建产业技术基础服务，加快补齐制约制造业创新发展和质量提升的突出短板。2013 年以来，累计支持 314 个工业强基示范项目，已经取得

30 多项突破性成果,确立了 19 家产业技术基础公共服务平台,有力支撑了重点行业整体升级。为推动工业强基示范项目产品成功走向市场,我们制定工业强基工程重点产品和工艺"一条龙"应用计划实施方案,推进重点应用近 50 项,涵盖动力电池隔膜材料、微电机系统传感器、新型城市轨道交通轴承、发动机电喷系统、石墨烯等基础产品,打破了国外垄断,解决了一批核心基础零部件、关键基础材料和先进基础工艺的"卡脖子"问题。

(三)高端装备创新发展取得重要突破

高端装备作为制造业的高端领域,体现了一国制造业的核心竞争能力。我们把装备升级作为《中国制造 2025》的重点,启动高端装备创新工程,加快实施高档数控机床、"两机"、大飞机等国家科技重大专项,积极推动重大装备产业化,大国重器技术水平重大突破捷报频传。世界首颗地球同步轨道高分辨率对地观测遥感卫星"高分四号"发射入轨交付使用,北斗卫星导航区域系统全面建成投入运营,神舟十一号飞船与天宫二号成功交会对接,全球首颗量子卫星发射成功,C919 大型客机两次试飞均获成功,ARJ21 支线客机投入商业运营。载人深潜器(蛟龙号)、海底金属矿产勘探开发装备(蓝鲸 1 号)等进入世界第一梯队,自主研制的"海斗"号无人潜水器使我国成为继日本、美国之后第三个拥有研制万米级无人潜水器能力的国家,长江三峡升船机刷新世界纪录。多轴精密重型机床、400 马力无级变速拖拉机等产品跻身世界先进行列。拥有自主知识产权的高速动车机组,成为我国制造业发展的世界名片。语音识别、图像识别等技术已达到国际先进水平,机器人本体优化设计及性能评估、高速高精度控制等技术取得积极进展,工业机器人产量约占全球的 1/4。

(四)军民融合发展向纵深推进

实施军民融合发展战略,是以习近平同志为核心的党中央立足时代发展要求,从国家安全和发展战略全局出发作出的重大部署。我们充分发挥军民结合、寓军于民武器装备科研生产部际协调小组的作用,推动军地相关部门在投资、税收、军品市场准入等方面出台一系列推进军民深度融合发展的政策措施。联合举办三届军民融合高技术成果展览会,一批军民融合高技术项目结出了丰硕成果。持续扩大军工开放,放宽市场准入,目前已获得武器装备科研生产许可证的单位中，民营单位已占军品科研生产许可证单位总数的三分之二，民营企业数量由 2012 年不足 500 家增长到 1 169 家，增长幅度超过 130%。国家军民融合公共服务平台功能不断优化，国家新型工业化产业示范基地（军民结合）的区域示范和带动作用进一步增强，"军转民""民参军"目录推动军民技术成果双向转化应用和产业化发展的作用日益显现，全要素、多领域、高效益的军民融合深度发展格局正在形成。

三、深化供给侧结构性改革，结构调整取得积极成效

习近平总书记强调，推进供给侧结构性改革是经济发展新常态下我国宏观经济管理必须确立的战略思路，是一场关系全局、关系长远的攻坚战。工业是实现发展升级的"国之重器"，是推进供给侧结构性改革的主战场。我们突出抓好工业领域去产能、降成本、补短板等工作，着力减少无效和低端供给，扩大有效和高端供给，推动供给体系质量和效率不断提升。

（一）去产能任务超额完成

下大力气坚决打好去产能这场硬仗，配合制定奖补资金、职工安置、环保和金融等方面 8 个配套政策，会同相关部门组织开展淘汰落后、违法违规建设项目清理和联合执法三个专项行动，推动建立上下联动、行之有效的工作机制和较为完善的政策体系。2013—2015 年，全国共计淘汰落后炼铁产能 4 800 万吨、炼钢 5 700 万吨、电解铝 110 万吨、水泥（熟料和粉磨能力）2.4 亿吨、平板玻璃 8 000 万重量箱。2016 年全年钢铁行业去产能超过 6 500 万吨，超额完成年度目标任务。2017 年 6 月底，全面取缔了"地条钢"，1—7 月提前完成全年化解钢铁产能预定目标任务，电解铝、水泥、平板玻璃等行业过剩产能化解工作稳步推进。紧紧抓住"僵尸企业"处置这个"牛鼻子"，推动出台产业重组和处置僵尸企业的指导性文件。宝钢、武钢联合成立宝武钢铁集团。随着淘汰落后和化解过剩产能深入推进，钢铁等行业生产经营状况整体好转。

（二）企业成本负担进一步降低

我们持续深化"放管服"改革，先后取消下放调整行政审批事项 30 项，占原有行政审批

事项的 53.6%，全部取消了非行政审批事项，开展"双随机一公开"监管工作，推进行政许可网上"一个窗口"办理。充分发挥国务院减轻企业负担部际协调联席会议机制的作用，推动各地区、各部门公布涉企行政事业性收费、政府性基金目录清单，建立常态化公示制度。开展涉企收费清理规范专项行动，为企业减负超过 1 000 亿元，取消涉企保证金项目 150 项以上。推动出台关于金融支持制造强国建设的指导意见，稳妥推进产融合作，开展产融合作城市（区）试点，疏通金融进入实体企业的渠道，降低企业融资成本。继续推进融资担保体系建设，开展小微企业应收账款融资专项行动，推动金融机构和供应链核心企业对小微企业供应商提供应收账款融资。2016 年，规模以上工业企业每百元主营业务收入中的成本为 85.52 元，比 2015 年下降 0.1 元。2017 年 1～8 月，成本降幅进一步加大，同比又下降了 0.12 元。

（三）质量品牌稳步提升

全面提高产品和服务质量是供给侧结构性改革的主攻方向。我们连续 6 年开展工业质量品牌建设专项行动，形成了质量标杆、质量控制和技术评价实验室建设、企业品牌培育、产业集群区域品牌建设等一批有影响力的标志性活动。针对量大面广的日用消费品，深入实施"增品种、提品质、创品牌"的专项行动，推动中高端消费品供给能力、消费品品质、品牌竞争力的进一步提升。在增品种方面，电饭煲、吸油烟机、智能坐便器和智能电视等高端产品的供给能力不断提升，境外消费回流趋势明显。中水性、中油圆珠笔墨水实现突破，并开始出口海外市场。推动保障了 17 个小品种药品的生产供应，3 个一类创新药和 45 件创新医药器械获批上市。在提品质方面，2016 年，我国十类重点消费品总体抽查合格率为 90.3%，同比提升 5.2 个百分点，5 000 余种产品实现内外销"同线同标同质"。在创品牌方面，全国近万家企业开展品牌培育试点，99 家消费品企业入选亚洲品牌 500 强；推动从 2017 年开始设立 5 月 10 日"中国品牌日"。

（四）工业绿色转型步伐加快

绿色制造是制造业发展的重要趋势，也是解决我国工业化过程中资源环境约束的必由之路。我们先后发布实施《工业绿色发展规划（2016—2020 年）》和《绿色制造工程实施指南

（2016—2020 年）》，加快推动形成绿色生产方式和生活方式。一方面，深入推进绿色制造发展。组织绿色制造工程专项，利用财政资金支持 225 个重大绿色制造项目，打造以绿色标准、绿色工厂、绿色产品、绿色园区和绿色供应链为核心的绿色制造体系，带动重点行业资源能源利用效率的不断提高。另一方面，充分利用国家和地方节能减排、技术改造、绿色信贷等政策措施，加快对传统产业绿色化改造。发布《工业节能管理办法》，开展国家重大工业节能监察行动。制定实施《工业清洁生产推行"十二五"规划》，引导行业实施清洁生产技术改造。发布加强长江经济带工业绿色发展的指导意见，制定大气和水污染防治重点行业清洁化改造方案。大力推进工业固体废物和再生资源综合利用，推动京津冀及周边地区实施 44 个工业资源综合利用产业协同发展示范项目。2012—2016 年，全国规模以上企业单位工业增加值能耗累计下降约 29.5%，万元工业增加值用水量累计下降约 26.6%。2017 年 1～8 月，全国规模以上工业企业单位增加值能耗又同比下降了 3.19%。

（五）区域协调发展进一步增强

我们统筹推进"三大战略"和"四大板块"发展，充分发挥中央和地方两方面积极性，推动区域协调发展水平进一步提升。发布产业转移指导目录，支持建设产业转移合作示范园区，引导产业向中西部地区有序转移。会同有关部门和京津冀三省市制定《京津冀协同发展产业升级转移规划》和《京津冀产业转移指南》，明确京津冀地区产业发展定位，支持河北雄安新区规划建设，推动北京非首都功能疏解。制定长江经济带创新驱动产业转型升级方案，组织编制《长江经济带产业转移指南》和《长江经济带产业发展市场准入负面清单》，推动产业沿江有序转移，实现差异化发展。持续推进新型工业化产业示范基地建设，已授牌的 333 家国家级示范基地实现工业增加值、利润占全国规模以上工业企业的三分之一。加大精准扶贫精准脱贫推进力度，支持革命老区以及新疆、西藏等重点地区发展，因地制宜、区域联动的产业发展新格局基本形成。

四、推进两化深度融合发展，新业态新模式大量涌现

习近平总书记强调，世界经济加速向以网络信息技术产业为重要内容的经济活动转变，

要做好信息化与工业化深度融合这篇大文章。我们紧紧围绕推动新一代信息技术与制造技术深度融合发展这一主线，制定并组织实施一系列规划及专项行动计划，推动制造业数字化、网络化和智能化水平的不断提升。

（一）智能制造发展取得积极成效

我们认真研判产业变革新趋势，将智能制造作为两化融合的主攻方向，联合相关部门发布《智能制造工程实施指南》《国家智能制造标准体系建设指南（2015年版）》和《智能制造发展规划（2016—2020年）》，形成了以智能制造工程、试点示范和标准体系建设为抓手，各部门、各地方协同配合，产、学、研、用联合实施，各方面共同推进的工作格局。自2015年以来，遴选了智能制造207个试点示范项目，初步建成一批数字化车间和智能工厂，探索形成了一批比较成熟、可复制、可推广的智能制造新模式。研究制定了数字化工厂参考模型等一批关键标准，初步建立了智能制造标准体系架构，积极推进标准体系架构、标准路线图和标准制定等国际合作和互认。发布工业互联网体系架构，推动建设了一批面向航天、家电、机械重工等细分领域的工业互联网平台。经过持续努力，我国制造企业生产设备智能化改造步伐加快，综合集成水平持续提高，智能机器人、增材制造、可穿戴智能产品、移动智能终端等产业快速发展，大规模个性化定制在服装、家具等行业加快推广，协同研发制造在汽车、航空、航天等高端制造领域日益兴起。2016年，工业企业关键工序数控化率达到45.4%，比2013年提高6.3个百分点（可比口径），数字化生产设备联网率达到38.2%。智能化改造后的制造企业在供应链协同、精益管理、精准制造和市场快速响应等方面的竞争优势不断扩大。

（二）"双创"平台建设加快推进

搭建"双创"平台，集众智、汇众力，是推进"大众创业、万众创新"的重要发力点。我们推动出台深化制造业与互联网融合发展的指导意见，加快构建基于互联网的大型制造企业"双创"平台和为中小企业服务的第三方"双创"服务平台，着力形成制造业与互联网深度融合发展的叠加效应、聚合效应和倍增效应。大企业"双创"普及率持续提升，制造业重点行业骨干企业互联网"双创"平台普及率超过60%，为大、中、小企业从浅层次协同协作向深层次融合、融通演进提供了重要载体。鼓励各地利用闲置的厂房和土地，以及现有工业园区等建立小企业创业基地，发展虚拟孵化器、众创空间等创新创业载体。2015—2017 年，共公告三批 297 家国家小型微型企业创业创新示范基地。强化动态管理和示范引导，支持约 500 家国家中小企业公共服务示范平台，为中小企业提供找得着、用得起和有保障的创业创新服务。

（三）两化融合管理体系日益完善

我们将两化融合管理体系建设作为推进两化深度融合的重要举措和有力抓手，通过企业示范、行业评估和试验区建设等多方面探索，推动社会各界实现了对两化融合从不理解到理解、再到积极推进的重要转变。2013 年，《工业企业信息化和工业化融合评估规范》正式发布，成为首个两化融合国家标准，并于 2017 年年初进入 ISO 国际标准立项程序。2014 年出台《信息化和工业化融合管理体系评定管理办法》，明确评定工作要求、管理和监督方式，全面启动贯标试点。借鉴 ISO9000 等管理体系标准，完成两化融合管理体系 4 项基础标准的国家标准立项工作。以此为推动，6 160 家企业开展两化融合贯标、1 149 家企业通过贯标评定，7.7 万余家企业开展自评估、自诊断、自对标，通过实施两化融合管理标准体系提升了市场竞争力。

（四）服务型制造稳步推进

作为制造与服务融合发展的新型产业形态，服务型制造成为重构全球制造业价值链的重要途径。我们印发发展服务型制造专项行动指南，聚焦供应链管理、产品全生命周期管理、总集成总承包服务、信息增值服务等重点模式，遴选服务型制造示范企业、示范项目和示范平台，组织开展"服务型制造万里行"系列活动，加快示范经验总结和案例推广，引导制造企业做强制造主业、延伸服务链条、促进服务增值。支持相关单位成立中国服务型制造联盟，搭建服务型制造公共服务平台。工业设计、融资租赁、节能服务、信息技术服务等生产性服务业逐步壮大。工程机械、电力设备、风机制造等行业服务型制造业务快速发展，全生命周期管理、融资租赁等业务日益成为企业利润的重要来源，部分企业服务业务收入超过总收入的 50%。

五、统筹发展、管理与安全，推动信息通信业加快转型

习近平总书记强调，建设网络强国的战略部署要与"两个一百年"奋斗目标同步推进，向着网络基础设施基本普及、自主创新能力显著增强、信息经济全面发展、网络安全保障有力的目标不断前进。我们坚持以人民为中心的发展思想，加强信息基础设施建设，扎实推进网络提速降费，加强关键核心技术攻关，健全网络安全保障体系，推动信息技术与经济社会各领域深度融合，为发展数字经济、建设网络强国发挥了基础性、关键性的支撑作用。

（一）加快构建新一代信息基础设施

信息通信网络是重要基础设施，是网络强国的"基石"。我们深入实施宽带中国战略，持续推进网络提速降费，加快构建高速、移动、安全和泛在的新一代信息基础设施。鼓励企业积极筹措资金，2015—2017 年累计投资超过 1.2 万亿元用于光纤建设改造和 4G 网络建设。到 2016 年年底，仅用两年时间，建成全球规模最大的 4G 网络，全国地市基本建成光网城市，光缆线路长度比 2012 年年底翻了一番还多，实现了移动宽带从 3G 到 4G 的跨越发展。截至 2017 年 8 月底，我国 4G 用户总数达到 9.3 亿户，在移动电话用户中的渗透率为 67.2%。在互联网网间扩容方面，从 2012 年年底的网间带宽 984Gbit/s 扩容至 2017 年 9 月底的 5 220Gbit/s，使我国互联网的互联互通不畅问题成为历史。在互联网国际出入口方面，从 2014 年年底的 1.7Tbit/s 扩容至 2017 年 9 月底的 5.4Tbit/s，缓解了国际出入口访问压力。2015 年以来，三家基础电信运营企业相继实行固定宽带提速不提价，全面取消国内手机长途和漫游费，降低中小企业专线资费和国际长途电话费等举措，网络资费水平大幅下降。2015—2016 年，固定宽带平均资费水平降幅达 86.2%，移动宽带资费水平下降 64.7%。2017 年上半年，移动流量资费进一步降低了 33%，中小企业专线资费标准降低了 15%～20%，用户获得感持续增强。为缩小城乡数字鸿沟，组织实施三批电信普遍服务试点，中央财政累计下达补助资金约 121 亿元，支持全国 27 个省（区、市）约 13 万个行政村开展光纤宽带建设和升级改造。三批试点

建设完工后，将提前实现国家"十三五"规划纲要提出的全国98%行政村光纤通达和90%以上贫困村覆盖宽带网络的目标。

（二）现代互联网经济加速崛起

随着网络提速降费和"互联网+"行动的深入推进，互联网与经济社会各领域跨界融合和深度应用，云计算、大数据、移动互联网、物联网以及电子商务、移动支付、分享经济等新业态新模式快速发展。我国移动应用累计数量超过800万款，累计下载量超过1.5万亿次，应用数量和分发规模在全球领先。物联网产业链日益完善，已部署的机器到机器（M2M）终端数量突破1亿，成为全球最大的M2M市场。2016年，我国电子商务交易额达到26.1万亿元，交易额约占全球电子商务零售市场的39.2%。三网融合进入全面推广阶段，融合业务蓬勃发展，截至2017年5月，IPTV用户规模突破1亿户。移动支付交易规模超过81万亿元，位居全球之首；分享经济爆发式增长，网约车日均订单数达2 500万单，共享单车用户规模过亿。

（三）新一代信息技术产业体系不断完善

建设网络强国，要有自己的技术，有过硬的技术。我们按照中央的部署要求，积极研究编制核心信息技术的发展路线图，重点突破高端芯片、基础软件、网络体系结构和关键设备等领域，集中优势力量构建技术先进、安全可靠和自主可控的产业体系。具有自主知识产权的时分同步码分多址长期演进技术（TD-LTE Advanced）成为4G国际主流标准之一，获得2016年国家科技进步奖特等奖。我国于2013年率先启动5G研发推进工作，目前已基本完成第二阶段技术方案试验，5G网络架构、灵活系统设计、编码方案等技术被国际标准采纳，有望形成全球领先优势。量子通信技术处于全球领先地位。"神威·太湖之光"成为世界上首台峰值运算速度超过十亿亿次的超级计算机。集成电路系统级芯片（SoC）设计能力接近国际先进水平，16/14纳米工艺研发取得重要进展，32/28纳米制造工艺实现规模量产。高世代液晶面板生产迈向10.5代线。量子点电视、OLED电视、激光电视等新技术新产品加速涌现。国产YunOS系统开始从手机操作系统向万物互联操作系统转变，完成了大到汽车、家居，小到手机、手表的产品覆盖。

（四）网络信息安全保障体系逐步健全

没有网络安全就没有国家安全。我们坚持安全与发展并重，以安全保发展、以发展促安全。一方面，不断完善以互联网为核心的行业监管体系。全力配合做好《网络安全法》立法和实施工作，制定出台《电信和互联网用户个人信息保护规定》《电信和互联网行业网络安全工作指导意见》《工业控制系统信息安全防护指南》等部门规章和规范性文件。修订出台《电信业务分类目录》，将云服务、内容分发网络（CDN）等新业务纳入监管范畴。狠抓互联网基础资源、网站备案、用户个人信息保护等管理。对"互联网+"领域的违法违规网站展开联合监管，五年来累计关停违法违规网站1.2万余个。另一方面，持续推进技术支撑能力建设。初步建成国家互联网金融风险分析技术平台；全面实现了电话用户实名登记；建设完成全国31个省（区、市）诈骗电话防范系统，基本实现对境内外诈骗电话的检测拦截全覆盖。网络安全试点示范覆盖全行业，新技术新业务跨部门安全评估体系进一步健全。无线电管理条例修订施行，打击治理"黑广播"、伪基站专项行动深入开展。出色完成重大活动通信、网络信息安全和无线电安全保障任务，以及洪涝、台风、地震等抢险救灾通信和应急通信保障任务。

五年来，工业和信息化发展实践充分证明，加快推动新型工业化，必须坚持以习近平同志为核心的党中央的集中统一领导，必须坚持以习近平总书记系列重要讲话精神和治国理政的新理念、新思想、新战略为指引。面向未来，我们将更加紧密地团结在以习近平同志为核心的党中央周围，高举中国特色社会主义伟大旗帜，牢固树立"四个意识"，坚定"四个自信"，不折不扣地贯彻落实党中央、国务院的决策部署，全面实施《中国制造2025》，深化创新驱动，着力推动制造业从数量扩张向质量提高的战略性转变，加快制造强国和网络强国的建设进程，为实现"两个一百年"奋斗目标和中华民族伟大复兴的中国梦作出新的更大贡献。

工业和信息化部副部长陈肇雄在《人民日报》发表署名文章：
加快推进新时代网络强国建设

（2017 年 11 月 17 日）

党的十九大报告指出，加强应用基础研究，拓展实施国家重大科技项目，突出关键共性技术、前沿引领技术、现代工程技术、颠覆性技术创新，为建设科技强国、质量强国、航天强国、网络强国、交通强国、数字中国和智慧社会提供有力支撑。我们要以习近平新时代中国特色社会主义思想为指导，加快推进新时代网络强国建设，为决胜全面建成小康社会、夺取新时代中国特色社会主义伟大胜利、实现中华民族伟大复兴的中国梦而努力奋斗。

一、坚定不移走中国特色网络发展道路

党的十八大以来，以习近平同志为核心的党中央准确把握时代潮流，立足我国互联网发展与治理实践，围绕什么是网络强国、怎样建设网络强国提出一系列新思想、新观点、新要求，指导我国网络安全和信息化工作取得重大成就。加快推进新时代网络强国建设，必须坚定不移走中国特色网络发展道路，增强维护国家网络安全的思想自觉和行动自觉。

坚持以习近平新时代中国特色社会主义思想为指导。 习近平新时代中国特色社会主义思想是全党全国人民为实现中华民族伟大复兴而奋斗的行动指南。党的十八大以来，我们党之所以能够带领全国人民取得改革开放和社会主义现代化建设的历史性成就，根本在于有习近平同志这个坚强核心的引领，有习近平新时代中国特色社会主义思想的引领。坚定不移走中国特色网络发展道路，必须坚持以习近平新时代中国特色社会主义思想为指导，科学把握习近平同志网络强国战略思想的科学内涵和根本要求，加快推进网络信息技术自主创新，加快数字经济对经济社会发展的推动，加快提高网络管理水平，加快增强网络空间安全防御能力，加快用网络信息技术推进社会治理，加快提升我国对网络空间的国际话语权和规则制定权。

坚持中国特色社会主义道路。中国特色社会主义是改革开放以来党的全部理论和实践的主题。当前，网络信息技术对经济、政治、文化、社会、生态和军事等各领域的影响不断加深，日益成为全面建设社会主义现代化国家不可或缺的关键支撑。坚定不移走中国特色网络发展道路，必须坚持中国特色社会主义道路，紧紧围绕统筹推进"五位一体"总体布局、协调推进"四个全面"战略布局，贯彻落实新发展理念，朝着网络基础设施基本普及、自主创新能力显著增强、信息经济全面发展、网络安全保障有力的目标不断前进，为建成富强、民主、文明、和谐、美丽的社会主义现代化强国提供坚强支撑。

坚持以人民为中心的发展思想。目前，网络信息技术正以前所未有的速度、广度和深度融入人民群众生活，信息服务模式日益多样，信息产品形态快速更新，信息消费正从低水平的供需平衡向高水平的供需平衡快速提升，在社会民生改善、社会治理创新等方面的作用越来越突出。坚定不移走中国特色网络发展道路，必须坚持以人民为中心的发展思想，坚持让互联网更好造福人民，适应人民的新期待和新需求，切实解决我国网络设施建设、信息产业发展和网络应用普及等方面存在的发展不平衡、不充分问题，持续提升网络能力，不断降低应用成本，为老百姓提供用得上、用得起、用得好、用得放心的信息服务，让广大人民群众在数字经济和信息社会发展中拥有更多获得感。

二、把握好网络强国建设新机遇

现在，以网络信息技术为主要驱动力的新一轮科技革命和产业变革加速推进，全球技术、产业和分工格局深刻调整，与我国加快转变经济发展方式形成历史性交会，网络强国建设面临难得历史机遇。我们要从新形势、新变化、新要求中把握好网络强国建设新机遇，加快推进新时代网络强国建设。

把握经济建设新要求。我国经济已由高速增长阶段转向高质量发展阶段，正处在转变发展方式、优化经济结构、转换增长动力的攻关期，建设现代化经济体系是跨越关口的迫切要求和我国发展的战略目标。互联网作为创新创业的新空间、经济发展的新动力，对新时代经济发展具有重要引领带动作用和基础支撑作用。我们要坚持以供给侧结构性改革为主线，加强自主创新，促使互联网与实体经济全面融合，以新技术推动经济发展方式的转变，破解深层次的矛盾和问题，促进我国产业迈向全球价值链中高端，不断增强我国经济的创新力和竞争力。

顺应产业变革新趋势。自党的十八大以来的五年，我国网络强国建设取得一系列历史性突破。比如，网络支撑能力和应用普及程度全球领先，网络科技创新水平快速提升，数字经济实现跨越式发展，网络安全总体保障有力。当前，5G、下一代互联网、超高速大容量光传输技术、量子通信等前沿性技术研发和商用进程不断加快，移动互联网、云计算、大数据、工业互联网、人工智能等新一代网络信息技术加速推广应用，不断催生新模式、新业态、新产业，驱动新一轮技术变革和产业革命蓬勃兴起。要顺应技术和产业变革大势，不断提升网络基础支撑能力、技术创新驱动能力、产业融合引领能力、网络空间安全保障能力，在新起点上实现新发展。

抢抓国际竞合新机遇。网络空间作为人类共同活动的空间，使国际社会越来越成为你中有我、我中有你的命运共同体。同时也要看到，互联网发展对国家主权、安全、发展利益提出新的挑战，网络空间成为大国谋求发展的新赛场、维护国家安全的新领域。世界主要国家都把互联网作为未来竞争的战略方向，加强新一代网络信息技术的战略布局和推广应用，争夺网络空间发展国际主导权。面对日益深化的国际合作和日益激烈的国际竞争，我们要以时不我待的紧迫感和舍我其谁的责任感，把握好新时代的新机遇，加快构筑数字化时代国际竞争合作的新优势。

三、努力实现网络强国建设新突破

网络强国建设是一项长期、复杂的系统性战略工程，涉及经济社会方方面面，需要统筹解决一系列重大发展问题。加快推进新时代网络强国建设，必须深入落实习近平同志网络强国战略思想，突出抓好六个方面工作。

构建高速、移动、安全、泛在的新一代信息基础设施。建设网络强国首先要有良好的信息基础设施。要瞄准全球领先目标，持续抓好网络演进升级。加快全光网络建设，部署 4G 及后续演进技术，大力发展工业互联网，深入推进网络提速降费，推进基础设施智能化改造，形成万物互联、人—机交互、天地一体的网络空间；全面提升网络服务水平，积极稳妥推进电信市场开放，促进各类资本平等竞争，激发市场主体活力；积极推动网络共享发展，进一步扩大电信普遍服务试点范围，不断缩小城乡数字鸿沟，助力打赢脱贫攻坚战。

抢占事关长远和全局的科技竞争制高点。发展互联网，核心技术是最大"命门"，受制于人是最大隐患。掌握我国互联网发展主动权，必须突破这个难题，紧紧牵住互联网核心技术自主创新这个"牛鼻子"，努力实现从跟跑并跑到并跑领跑的转变。强化基础技术研究，突出通用芯片、基础软件、智能传感器等关键共性技术创新，重点突破自主可控操作系统、高端工业和大型管理软件技术；超前布局网络前沿技术，推进高性能计算、人工智能、量子通信等研发和商用，实现前瞻性基础研究、引领性原创成果重大突破；加大非对称技术、"杀手锏"技术的研发和攻关力度，提升网络安全、系统安全、融合应用安全技术水平，增强安全保障能力。

打造网络化、智能化、服务化、协同化的数字经济新形态。我国经济发展进入新常态，新常态要有新动力，互联网在这方面大有可为。加快发展数字经济，以信息化培育新动能，用新动能推动新发展；持续强化网络服务产业，加快发展云计算、大数据，广泛开展应用和模式创新，丰富网络应用服务，夯实网络应用基础，不断完善网络生态体系；大力繁荣融合产业，支持制造业、农业、金融、能源和物流等传统产业利用网络信息技术实现优化升级，促进传统产业数字化、网络化和智能化；做大做强融合应用产业，在中高端消费、创新引领、绿色低碳、共享经济和现代供应链等领域培育新增长点，形成新动能。

提升网络空间安全防护能力。没有网络安全，就难以保障国家安全。要坚持总体国家安全观，树立正确的网络安全观，统筹发展和安全、自主和开放、管理和服务的关系，全面提升网络空间安全保障能力。健全网络安全治理体系，探索多方协同治理模式，充分调动各利益相关方的积极性，形成政府、行业、企业和社会协同共治新格局；统筹推进国家网络与信息安全技术手段建设，提升全天候全方位网络安全态势感知、防御和威慑能力；完善网络安全法律法规，持续提升依法治网水平，切实保障关键信息基础设施、重要信息系统、数据资源、用户个人信息安全，严密防范网络犯罪尤其是新型网络犯罪。

推进国家治理体系和治理能力现代化。互联网在国家治理和社会治理中具有重要作用。要着眼推进国家治理体系和治理能力现代化，更好利用互联网技术和信息化手段提升国家治理能力和效率。把握并顺应社会治理模式从单向治理转向双向互动、从线下转向线上线下结合、从单纯政府监管向更加注重社会协同治理转变的趋势，强化互联网思维，利用互联网扁平化、交互式和快捷性优势，推进政府决策科学化、社会治理精准化和公共服务高效化，打造共建、共治、共享的社会治理格局；推进电子政务建设，支持各地智慧城市建设，利用各类创新技术，完善公共服务体系，提升公共服务效率，提高社会治理社会化、法治化、智能化和专业化水平。

共建网络空间命运共同体。当前，全球治理体系和国际秩序变革加速推进，各国相互联系和相互依存日益加深，国际力量对比更趋平衡。要贯彻落实习近平同志提出的尊重网络主权、维护和平安全、促进开放合作、构建良好秩序"四项原则"；贯彻落实加快全球网络基础设施建设、促进互联互通，打造网上文化交流共享平台、促进交流互鉴，推动网络经济创新发展、促进共同繁荣，保障网络安全、促进有序发展，构建互联网治理体系、促进公平正义"五点主张"，积极开展各领域双边、多边国际交流合作，共建网络空间命运共同体。

工业和信息化部党组成员、总工程师张峰出席
2017年中国信息通信业发展高层论坛致辞

很高兴参加一年一度的"中国信息通信业发展高层论坛"。本次论坛以"大智慧、大连接、大融创"为主题，聚集全行业来共同关注和讨论信息通信业的新技术、新网络、新业态，对于推动行业不断持续健康发展具有重要意义。在此，我谨代表工业和信息化部对本次论坛的召开表示热烈的祝贺！对参会的行业各界朋友表示热烈的欢迎！

当前，信息通信技术已经成为全球研发投入最集中、应用最广泛、辐射带动作用最大的创新领域，正引领着新一轮的科技革命和产业变革。

从全球发展来看，一方面信息通信前沿技术创新活跃。人工智能、虚拟现实和增强现实等新技术快速演进迭代，云计算、大数据、物联网和工业互联网等加速融合创新，不断引发多领域、多维度、革命性的技术突破。另一方面，信息通信技术向经济社会各领域加速渗透，深刻推动生产方式和发展模式变革。尤其是互联网已成为一种重要的生产工具和创新手段，大大促进了生产力的进步，引发了生产关系的重大变革，深刻改变了人类社会的生产生活方式。

从国内看，当前，我国经济发展已经进入新常态，大力发展信息通信技术、推动数字经济与实体经济深度融合，应该成为我们认识、把握和引领新常态，推进供给侧结构性改革，为经济发展提供新动能的重要抓手。党中央和国务院高度重视信息通信业发展，习近平总书记在中共中央政治局第三十六次集体学习时强调，"要加大投入，加强信息基础设施建设，推动互联网和实体经济深度融合，加快传统产业数字化、智能化，做大做强数字经济，拓展经济发展新空间"。李克强总理在2017年7月底考察三家基础电信运营企业时指出，信息通信业是国民经济中最具成长性的产业，在新一轮科技革命和产业变革中，对我国经济转型升级发挥着关键性、基础性作用。我国《"十三五"规划纲要》明确要求，要实施网络强国战略，加快建设数字中国，推动信息技术与经济社会发展深度融合，加快推动信息经济发展壮大。近年来，中央又先后做了一系列重大战略部署，深入实施网络强国战略和制造强国战略，积极推进"互联网+"行动计划和国家大数据战略等，为推动信息通信业转型发展、实现两化深

度融合，营造了良好的政策空间。

从行业看，在全行业的共同努力下，2016 年，信息通信全行业保持了平稳较快发展的势头，行业支撑经济社会发展的作用进一步凸显，为适应经济发展新常态、培育经济新动能做出了积极贡献。截至 2017 年 8 月底，我国移动宽带用户总数达到 10.7 亿户，其中 4G 用户达到 9.3 亿户，占移动用户数量的 67.2%，首次超过三分之二。在固定宽带方面，光纤宽带加快普及，三家基础电信运营企业的固定宽带接入用户总数达 3.3 亿户，其中光纤接入用户总数达到 2.72 亿户，占固定互联网宽带接入用户总数的 82.3%，居全球首位，50Mbit/s 及以上固定宽带接入用户占比近六成。此外，提速降费工作取得显著成效，大幅下降固定宽带和移动流量资费，全面取消国内手机长途费和漫游费。下一步我们还将继续深挖潜力，推动电信流量资费和中小企业互联网专线接入资费的进一步降低，为"大众创业、万众创新"提供有力支撑。

信息通信不仅是创新驱动的先导力量，更是引领未来的战略高地。借此机会，我就行业下一步发展谈五点意见，供大家参考。

一是引领国际标准。加强 5G、NB-IoT 等全球重点信息通信技术国际和国内标准的研究制定工作。在已完成的国际标准基础上，结合国内网络部署规划、应用策略和行业需求，加快完成设备、模组等技术要求和测试方法标准制定，加快标准在国内的落地。

二是研究关键技术。针对不同行业领域的应用需求，对信息网络功能、管理、安全机制以及在不同应用环境和业务需求下的传输性能优化等关键技术进行研究，保障信息系统能够在不同环境下为不同业务提供可靠服务。加快 SDN/NFV 等新一代网络重构技术方案的研究。

三是推进网络部署。基础电信运营企业要加大网络部署力度，提供良好的网络覆盖和服务质量，全面增强接入支撑能力。加强物联网平台能力建设，支持海量终端接入，提升大数据运营能力。

四是探索新型应用。推动智能硬件等"双创"企业基于信息网络技术开展应用创新。基础电信运营企业在接入、安全、计费、业务 QoS 保证、云平台及大数据处理等方面做好能力开放和服务，降低中小企业和创业人员的使用成本，助力"互联网+"和"双创"发展。鼓励人工智能、虚拟现实等领域的应用探索。

五是促进产业发展。相关企业在专用芯片、模组、网络设备、物联应用产品和服务平台等方面要加快产品研发，加强各环节协同创新，突破薄弱环节，提供满足市场需求的多样化产品和应用系统，构建贯穿各环节的完整产业链，实现全产业的整体协同发展。

希望大家借这次论坛召开之际，集思广益、建言献策，认真谋划信息通信业网络、技术、应用、业态等方面创新的方向、思路及具体举措，共同推动我国网络强国和制造强国建设取得更大成就。

附录二　2017 年重要法规性、指导性文件

电信业务经营许可管理办法

中华人民共和国工业和信息化部令

第 42 号

《电信业务经营许可管理办法》已经 2017 年 6 月 21 日工业和信息化部第 31 次部务会议审议通过，现予公布，自 2017 年 9 月 1 日起施行。工业和信息化部 2009 年 3 月 5 日公布的《电信业务经营许可管理办法》（工业和信息化部令第 5 号）同时废止。

部长　苗圩

2017 年 7 月 3 日

电信业务经营许可管理办法

第一章　总则

第一条　为了加强电信业务经营许可管理，根据《中华人民共和国电信条例》及其他法律、行政法规的规定，制定本办法。

第二条　在中华人民共和国境内申请、审批、使用和管理电信业务经营许可证（以下简称经营许可证），适用本办法。

第三条　工业和信息化部和省、自治区、直辖市通信管理局（以下统称电信管理机构）是经营许可证的审批管理机构。

经营许可证审批管理应当遵循便民、高效、公开、公平、公正的原则。

工业和信息化部建立电信业务综合管理平台（以下简称管理平台），推进经营许可证的网上申请、审批和管理及相关信息公示、查询、共享，完善信用管理机制。

第四条 经营电信业务，应当依法取得电信管理机构颁发的经营许可证。

电信业务经营者在电信业务经营活动中，应当遵守经营许可证的规定，接受、配合电信管理机构的监督管理。

电信业务经营者按照经营许可证的规定经营电信业务受法律保护。

第二章 经营许可证的申请

第五条 经营基础电信业务，应当具备下列条件：

（一）经营者为依法设立的专门从事基础电信业务的公司，并且公司的国有股权或者股份不少于51%；

（二）有业务发展研究报告和组网技术方案；

（三）有与从事经营活动相适应的资金和专业人员；

（四）有从事经营活动的场地、设施及相应的资源；

（五）有为用户提供长期服务的信誉或者能力；

（六）在省、自治区、直辖市范围内经营的，注册资本最低限额为1亿元人民币；在全国或者跨省、自治区、直辖市范围经营的，注册资本最低限额为10亿元人民币；

（七）公司及其主要投资者和主要经营管理人员未被列入电信业务经营失信名单；

（八）国家规定的其他条件。

第六条 经营增值电信业务，应当具备下列条件：

（一）经营者为依法设立的公司；

（二）有与开展经营活动相适应的资金和专业人员；

（三）有为用户提供长期服务的信誉或者能力；

（四）在省、自治区、直辖市范围内经营的，注册资本最低限额为100万元人民币；在全国或者跨省、自治区、直辖市范围经营的，注册资本最低限额为1 000万元人民币；

（五）有必要的场地、设施及技术方案；

（六）公司及其主要投资者和主要经营管理人员未被列入电信业务经营失信名单；

（七）国家规定的其他条件。

第七条 申请办理基础电信业务经营许可证的，应当向工业和信息化部提交下列申请材料：

（一）公司法定代表人签署的经营基础电信业务的书面申请，内容包括：申请经营电信业务的种类、业务覆盖范围、公司名称和联系方式等；

（二）公司营业执照副本及复印件；

（三）公司概况，包括公司基本情况，拟从事电信业务的机构设置和管理情况、技术力量和经营管理人员情况，与从事经营活动相适应的场地、设施等情况；

（四）公司章程、公司股权结构及股东的有关情况；

（五）业务发展研究报告，包括经营电信业务的业务发展和实施计划、服务项目、业务覆盖范围、收费方案、预期服务质量、效益分析等；

（六）组网技术方案，包括网络结构、网络规模、网络建设计划、网络互联方案、技术标准、电信设备的配置、电信资源使用方案等；

（七）为用户提供长期服务和质量保障的措施；

（八）网络与信息安全保障措施；

（九）证明公司信誉的有关材料；

（十）公司法定代表人签署的公司依法经营电信业务的承诺书。

第八条 申请办理增值电信业务经营许可证的，应当向电信管理机构提交下列申请材料：

（一）公司法定代表人签署的经营增值电信业务的书面申请，内容包括申请经营电信业务的种类、业务覆盖范围、公司名称和联系方式等；

（二）公司营业执照副本及复印件；

（三）公司概况，包括公司基本情况，拟从事电信业务的人员、场地和设施等情况；

（四）公司章程、公司股权结构及股东的有关情况；

（五）经营电信业务的业务发展和实施计划及技术方案；

（六）为用户提供长期服务和质量保障的措施；

（七）网络与信息安全保障措施；

（八）证明公司信誉的有关材料；

（九）公司法定代表人签署的公司依法经营电信业务的承诺书。

申请经营的电信业务依照法律、行政法规及国家有关规定须经有关主管部门事先审核同意的，应当提交有关主管部门审核同意的文件。

第三章 经营许可证的审批

第九条 经营许可证分为《基础电信业务经营许可证》和《增值电信业务经营许可证》两类。其中，《增值电信业务经营许可证》分为《跨地区增值电信业务经营许可证》和省、自治区、直辖市范围内的《增值电信业务经营许可证》。

《基础电信业务经营许可证》和《跨地区增值电信业务经营许可证》由工业和信息化部审批。省、自治区、直辖市范围内的《增值电信业务经营许可证》由省、自治区、直辖市通信管理局审批。

外商投资电信企业的经营许可证，由工业和信息化部根据《外商投资电信企业管理规定》审批。

第十条 工业和信息化部应当对申请经营基础电信业务的申请材料进行审查。申请材料齐全、符合法定形式的，应当向申请人出具受理申请通知书。申请材料不齐全或者不符合法定形式的，应当当场或者在五日内一次告知申请人需要补正的全部内容。

工业和信息化部受理申请之后，应当组织专家对第七条第五项、第六项、第八项申请材料进行评审，形成评审意见。

工业和信息化部应当自受理申请之日起 180 日内审查完毕，作出批准或者不予批准的决定。予以批准的，颁发《基础电信业务经营许可证》。不予批准的，应当书面通知申请人并说明理由。

第十一条 电信管理机构应当对申请经营增值电信业务的申请材料进行审查。申请材料齐全、符合法定形式的，应当向申请人出具受理申请通知书。申请材料不齐全或者不符合法定形式的，应当当场或者在五日内一次告知申请人需要补正的全部内容。

电信管理机构根据管理需要，可以组织专家对第八条第五项、第六项和第七项申请材料进行评审，形成评审意见。

电信管理机构应当自收到全部申请材料之日起 60 日内审查完毕，作出批准或者不予批准的决定。予以批准的，颁发《跨地区增值电信业务经营许可证》或者省、自治区、直辖市范围内的《增值电信业务经营许可证》。不予批准的，应当书面通知申请人并说明理由。

第十二条　电信管理机构需要对申请材料实质内容进行核实的，可以自行或者委托其他机构对申请人实地查验，申请人应当配合。

电信管理机构组织专家评审的，专家评审时间不计算在本办法第十条第三款和第十一条第三款规定的审查期限内。

第十三条　经营许可证由正文和附件组成。

经营许可证正文应当载明公司名称、法定代表人、业务种类（服务项目）、业务覆盖范围、有效期限、发证机关、发证日期、经营许可证编号等内容。

经营许可证附件可以规定特别事项，由电信管理机构对电信业务经营行为、电信业务经营者权利义务等作出特别要求。

经营许可证应当加盖发证机关印章。

工业和信息化部可以根据实际情况，调整经营许可证的内容，重新公布。

第十四条　《基础电信业务经营许可证》的有效期，根据电信业务种类分为 5 年或 10 年。

《跨地区增值电信业务经营许可证》和省、自治区、直辖市范围内的《增值电信业务经营许可证》的有效期为 5 年。

第十五条　经营许可证由公司法定代表人领取，或者由其委托的公司其他人员凭委托书领取。

第四章　经营许可证的使用

第十六条　电信业务经营者应当按照经营许可证所载明的电信业务种类，在规定的业务覆盖范围内，按照经营许可证的规定经营电信业务。

电信业务经营者应当在公司主要经营场所、网站主页、业务宣传材料等显著位置标明其经营许可证编号。

第十七条　获准经营无线电通信业务的，应当按照国家无线电管理相关规定，持经营许可证向无线电管理机构申请取得无线电频率使用许可。

第十八条　电信业务经营者经发证机关批准，可以授权其持股比例（包括直接持有和间接持有）不少于 51%并符合经营电信业务条件的公司经营其获准经营的电信业务。发证机关应当在电信业务经营者的经营许可证中载明该被授权公司的名称、法定代表人、业务种类、业务覆盖范围等内容。

获准跨地区经营基础电信业务的公司在一个地区不能授权两家或者两家以上公司经营同一项基础电信业务。

第十九条 任何单位和个人不得伪造、涂改、冒用和以任何方式转让经营许可证。

第五章 经营行为的规范

第二十条 基础电信业务经营者应当按照公开、平等的原则为取得经营许可证的电信业务经营者提供经营相关电信业务所需的电信服务和电信资源，不得为无经营许可证的单位或者个人提供用于经营电信业务的电信资源或者提供网络接入、业务接入服务。

第二十一条 电信业务经营者不得以任何方式实施不正当竞争。

第二十二条 为增值电信业务经营者提供网络接入、代理收费和业务合作的基础电信业务经营者，应当对相应增值电信业务的内容、收费、合作行为等进行规范、管理，并建立相应的发现、监督和处置制度及措施。

第二十三条 基础电信业务经营者调整与增值电信业务经营者之间的合作条件的，应当事先征求相关增值电信业务经营者的意见。

有关意见征求情况及记录应当留存，并在电信管理机构监督检查时予以提供。

第二十四条 提供接入服务的增值电信业务经营者应当遵守下列规定：

（一）应当租用取得相应经营许可证的基础电信业务经营者提供的电信服务或者电信资源从事业务经营活动，不得向其他从事接入服务的增值电信业务经营者转租所获得的电信服务或者电信资源；

（二）为用户办理接入服务手续时，应当要求用户提供真实身份信息并予以查验；

（三）不得为未依法取得经营许可证或者履行非经营性互联网信息服务备案手续的单位或者个人提供接入或者代收费等服务；

（四）按照电信管理机构的规定，建立相应的业务管理系统，并按要求实现同电信管理机构相应系统对接，定期报送有关业务管理信息；

（五）对所接入网站传播违法信息的行为进行监督，发现传播明显属于《中华人民共和国电信条例》第五十六条规定的信息的，应当立即停止接入和代收费等服务，保存有关记录，并向国家有关机关报告；

（六）按照电信管理机构的要求终止或者暂停对违法网站的接入服务。

第二十五条 电信管理机构建立电信业务市场监测制度。相关电信业务经营者应当按照规定向电信管理机构报送相应的监测信息。

第二十六条 电信业务经营者应当按照国家和电信管理机构的规定，明确相应的网络与信息安全管理机构和专职网络与信息安全管理人员，建立网络与信息安全保障、网络安全防护、违法信息监测处置、新业务安全评估、网络安全监测预警、突发事件应急处置、用户信息安全保护等制度，并具备相应的技术保障措施。

第六章 经营许可证的变更、撤销、吊销和注销

第二十七条 经营许可证有效期届满需要继续经营的，应当提前 90 日向原发证机关提出延续经营许可证的申请；不再继续经营的，应当提前 90 日向原发证机关报告，并做好善后工作。

未在前款规定期限内提出延续经营许可证的申请，或者在经营许可证有效期内未开通电信业务的，有效期届满不予延续。

第二十八条 电信业务经营者或者其授权经营电信业务的公司，遇有因合并或者分立、股东变化等导致经营主体需要变更的情形，或者业务范围需要变化的，应当自公司作出决定之日起 30 日内向原发证机关提出申请。

电信业务经营者变更经营主体、股东的，应当符合本办法第五条、第六条、第九条第三款的有关规定。

第二十九条 在经营许可证的有效期内，变更公司名称、法定代表人、注册资本的，应当在完成公司的工商变更登记手续之日起 30 日内向原发证机关申请办理电信业务经营许可证变更手续。

第三十条 在经营许可证的有效期内，电信业务经营者需要终止经营的，应当符合下列条件：

（一）终止经营基础电信业务的，应当符合电信管理机构确定的电信行业管理总体布局；

（二）有可行的用户妥善处理方案并已妥善处理用户善后问题。

第三十一条 在经营许可证的有效期内，电信业务经营者需要终止经营的，应当向原发

证机关提交下列申请材料：

（一）公司法定代表人签署并加盖印章的终止经营电信业务书面申请，内容包括公司名称、联系方式、经营许可证编号、申请终止经营的电信业务种类、业务覆盖范围等；

（二）公司股东会或者股东大会关于同意终止经营电信业务的决定；

（三）公司法定代表人签署的做好用户善后处理工作的承诺书；

（四）公司关于解决用户善后问题的情况说明，内容包括用户处理方案、社会公示情况说明、用户意见汇总、实施计划等；

（五）公司的经营许可证原件、营业执照复印件。

原发证机关收到终止经营电信业务的申请后应当向社会公示，公示期为 30 日。自公示期结束 60 日内，原发证机关应当完成审查工作，作出予以批准或者不予批准的决定。对于符合终止经营电信业务条件的，原发证机关应当予以批准，收回并注销电信业务经营许可证或者注销相应的电信业务种类、业务覆盖范围；对于不符合终止经营电信业务条件的，原发证机关应当不予批准，书面通知申请人并说明理由。

第三十二条 有下列情形之一的，发证机关或者其上级机关可以撤销经营许可证：

（一）发证机关工作人员滥用职权、玩忽职守作出准予行政许可决定的；

（二）超越法定职权或者违反法定程序作出准予行政许可决定的；

（三）对不具备申请资格或者不符合申请条件的申请人准予行政许可的；

（四）依法可以撤销经营许可证的其他情形。

第三十三条 有下列情形之一的，发证机关应当注销经营许可证：

（一）电信业务经营者依法终止的；

（二）经营许可证有效期届满未延续的；

（三）电信业务经营者被有关机关依法处罚或者因不可抗力，导致电信业务经营许可事项无法实施的；

（四）经营许可证依法被撤销、吊销的；

（五）法律、法规规定应当注销经营许可证的其他情形。

第三十四条 发证机关吊销、撤销或者注销电信业务经营者的经营许可证后，应当向社会公布。

电信业务经营者被吊销、撤销或者注销经营许可证的，应当按照国家有关规定做好善后工作。

被吊销、撤销或者注销经营许可证的，应当将经营许可证交回原发证机关。

第七章　经营许可的监督检查

第三十五条　电信业务经营者应当在每年第一季度通过管理平台向发证机关报告下列信息：

（一）上一年度的电信业务经营情况；

（二）网络建设、业务发展、人员及机构变动情况；

（三）服务质量情况；

（四）网络与信息安全保障制度和措施执行情况；

（五）执行国家和电信管理机构有关规定及经营许可证特别事项的情况；

（六）发证机关要求报送的其他信息。

前款第一项至第三项规定的信息（涉及商业秘密的信息除外）应当向社会公示，第五项、第六项规定的信息由电信业务经营者选择是否向社会公示。

电信业务经营者应当对本条第一款规定的年报信息的真实性负责，不得弄虚作假或者隐瞒真实情况。

第三十六条　电信管理机构建立随机抽查机制，对电信业务经营者的年报信息、日常经营活动、执行国家和电信管理机构有关规定的情况等进行检查。

电信管理机构可以采取书面检查、实地核查、网络监测等方式，并可以委托第三方机构开展有关检查工作。

电信管理机构在抽查中发现电信业务经营者有违反电信管理规定的违法行为的，应当依法处理。

第三十七条　电信管理机构根据随机抽查、日常监督检查及行政处罚记录等情况，建立电信业务经营不良名单和电信业务经营失信名单。

电信业务经营不良名单和失信名单应当定期通过管理平台更新并向社会公示。

第三十八条　电信管理机构发现电信业务经营者未按照本办法第三十五条的规定报告年报信息的，应当要求其限期报告。电信业务经营者未按照电信管理机构要求的期限报告年报信息的，由电信管理机构列入电信业务经营不良名单。

依照前款规定列入电信业务经营不良名单的电信业务经营者，依照本办法规定履行报告年报信息义务的，经电信管理机构确认后移出。

第三十九条 获准跨地区经营电信业务的公司在有关省、自治区、直辖市设立、变更或者撤销分支机构的，应当自作出决定之日起 30 日内通过管理平台向原发证机关和当地电信管理机构报送有关信息。

省、自治区、直辖市通信管理局应当对跨地区电信业务经营者在当地开展电信业务的有关情况进行监督检查，并向工业和信息化部报告有关检查结果。

第四十条 电信管理机构开展监督检查，不得妨碍电信业务经营者正常的生产经营活动，不得收取任何费用。

电信管理机构开展监督检查时，应当记录监督检查的情况和处理结果，由监督检查人员签字后归档。

电信管理机构应当通过管理平台公示监督检查情况。

第四十一条 电信管理机构应当通过管理平台向社会公示电信业务经营者受到行政处罚的情况，并向相关基础电信业务经营者和提供接入服务的增值电信业务经营者通报。

第四十二条 电信业务经营者受到电信管理机构行政处罚的，由电信管理机构自作出行政处罚决定之日起 30 日内列入电信业务经营不良名单，但受到电信管理机构吊销经营许可证的处罚或者具有本办法规定直接列入电信业务经营失信名单情形的，直接列入失信名单。

列入电信业务经营不良名单的电信业务经营者，一年内未再次受到电信管理机构行政处罚的，由电信管理机构移出不良名单；三年内再次受到电信管理机构责令停业整顿、吊销经营许可证的处罚，或者具有工业和信息化部规定的其他情形的，由电信管理机构列入电信业务经营失信名单。

列入电信业务经营失信名单后，三年内未再次受到电信管理机构行政处罚的，由电信管理机构移出失信名单。

列入或者移出电信业务经营失信名单，应当同时将电信业务经营者的主要经营管理人员列入或者移出。

第四十三条 电信管理机构对列入电信业务经营不良名单和失信名单的电信业务经营者实施重点监管。

基础电信业务经营者和提供接入服务的增值电信业务经营者向其他增值电信业务经营者提供网络接入、代收费和业务合作时，应当把电信业务经营不良名单和失信名单作为重要考量因素。

第四十四条 任何单位或者个人发现电信业务经营者违反电信管理规定应当受到行政处罚的，可以向有关电信管理机构举报。

第八章 法律责任

第四十五条 隐瞒有关情况或者提供虚假材料申请电信业务经营许可的，电信管理机构不予受理或者不予行政许可，给予警告，申请人在一年内不得再次申请该行政许可。

以欺骗、贿赂等不正当手段取得电信业务经营许可的，电信管理机构撤销该行政许可，给予警告并直接列入电信业务经营失信名单，并视情节轻重处 5 000 元以上 3 万元以下的罚款，申请人在三年内不得再次申请该行政许可；构成犯罪的，依法追究刑事责任。

第四十六条 违反本办法第十六条第一款、第二十八条第一款规定，擅自经营电信业务或者超范围经营电信业务的，依照《中华人民共和国电信条例》第六十九条规定予以处罚，其中情节严重、给予责令停业整顿处罚的，直接列入电信业务经营失信名单。

第四十七条 违反本办法第十九条规定的，依照《中华人民共和国电信条例》第六十八条规定予以处罚。

第四十八条 违反本办法第四条第二款、第二十条、第二十二条、第二十三条、第二十四条、第二十九条、第三十一条或者第三十五条第三款规定的，由电信管理机构责令改正，给予警告，可以并处 5 000 元以上 3 万元以下的罚款。

《中华人民共和国网络安全法》《中华人民共和国电信条例》对前款规定的情形规定法律责任的，电信管理机构从其规定处理。

第四十九条 当事人对电信管理机构作出的行政许可、行政处罚决定不服的，可以依法申请行政复议或者提起行政诉讼。

当事人逾期不申请行政复议也不提起行政诉讼，又不履行行政处罚决定的，由作出行政处罚决定的电信管理机构申请人民法院强制执行，并列入电信业务经营失信名单。

第五十条　电信管理机构的工作人员在经营许可证管理工作中，玩忽职守、滥用职权、徇私舞弊，构成犯罪的，移交司法机关依法追究刑事责任；尚不构成犯罪的，由所在单位或者上级主管部门依法给予处分。

第九章　附则

第五十一条　经营许可证由工业和信息化部统一印制。

第五十二条　电信管理机构可以参照本办法组织开展电信业务商用试验活动。

第五十三条　本办法自 2017 年 9 月 1 日起施行。2009 年 3 月 5 日公布的《电信业务经营许可管理办法》（工业和信息化部令第 5 号）同时废止。

无线电频率使用许可管理办法

中华人民共和国工业和信息化部令

第 40 号

《无线电频率使用许可管理办法》已经 2017 年 6 月 21 日工业和信息化部第 31 次部务会议审议通过，现予公布，自 2017 年 9 月 1 日起施行。

部长　苗圩

2017 年 7 月 3 日

无线电频率使用许可管理办法

第一章　总则

第一条　为了加强无线电频率使用许可管理，规范无线电频率使用行为，有效利用无线电频谱资源，根据《中华人民共和国无线电管理条例》及其他法律、行政法规的规定，制定本办法。

第二条　向国家无线电管理机构和省、自治区、直辖市无线电管理机构（以下统称无线电管理机构）申请无线电频率使用许可，以及无线电管理机构实施无线电频率使用许可和监督管理，应当遵守本办法。

第三条　无线电频谱资源属于国家所有，实行有偿使用。

使用无线电频率应当按照国家有关规定缴纳无线电频率占用费。

第四条　使用无线电频率应当取得许可，但《中华人民共和国无线电管理条例》第十四条第一项至第三项所列的频率除外。

第二章　无线电频率使用许可的申请和审批

第五条　取得无线电频率使用许可，应当符合下列条件：

（一）所申请的无线电频率符合无线电频率划分和使用规定，有明确具体的用途；

（二）使用无线电频率的技术方案可行；

（三）有相应的专业技术人员；

（四）对依法使用的其他无线电频率不会产生有害干扰；

（五）法律、行政法规规定的其他条件。

使用卫星无线电频率，还应当符合空间无线电业务管理相关规定。

第六条 申请办理无线电频率使用许可，应当向无线电管理机构提交下列材料：

（一）使用无线电频率的书面申请及申请人身份证明材料；

（二）申请人基本情况，包括开展相关无线电业务的专业技术人员、技能和管理措施等；

（三）拟开展的无线电业务的情况说明，包括功能、用途、通信范围（距离）、服务对象和预测规模以及建设计划等；

（四）技术可行性研究报告，包括拟采用的通信技术体制和标准、系统配置情况、拟使用系统（设备）的频率特性、频率选用（组网）方案和使用率、主要使用区域的电波传播环境、干扰保护和控制措施，以及运行维护措施等；

（五）依法使用无线电频率的承诺书；

（六）法律、行政法规规定的其他材料。

无线电频率拟用于开展射电天文业务的，还应当提供具体的使用地点和有害干扰保护要求；用于开展空间无线电业务的，还应当提供拟使用的空间无线电台、卫星轨道位置、卫星覆盖范围、实际传输链路设计方案和计算等信息，以及关于可用的相关卫星无线电频率和完成国内协调并开展必要国际协调的证明材料。

无线电频率拟用于开展的无线电业务，依法需要取得有关部门批准的，还应当提供相应的批准文件。

第七条 国家无线电管理机构和省、自治区、直辖市无线电管理机构应当依据《中华人民共和国无线电管理条例》第十八条第一款规定的审批权限，实施无线电频率使用许可。

第八条 无线电管理机构应当对申请无线电频率使用许可的材料进行审查。申请材料齐全、符合法定形式的，应当予以受理，并向申请人出具受理申请通知书。申请材料不齐全或者不符合法定形式的，应当当场或者在 5 个工作日内一次性告知申请人需要补正的全部内容，逾期不告知的，自收到申请材料之日起即为受理。

第九条 无线电管理机构应当自受理申请之日起 20 个工作日内审查完毕，依照本办法第五条规定的条件，并综合考虑国家安全需要和可用频率的情况，作出准予许可或者不予许可的决定。20 个工作日内不能作出决定的，经无线电管理机构负责人批准可以延长 10 个工作日，并应当将延长期限的理由告知申请人。

无线电管理机构作出准予许可的决定的，应当自作出决定之日起 10 个工作日内向申请人颁发无线电频率使用许可证。不予许可的，应当出具不予许可决定书，向申请人说明理由，并告知申请人享有依法申请行政复议或者提起行政诉讼的权利。

无线电管理机构采取招标、拍卖的方式实施无线电频率使用许可的，应当遵守有关法律、行政法规规定的程序。

第十条 无线电管理机构对无线电频率使用许可申请进行审查时，可以组织专家评审、依法举行听证。专家评审和听证所需时间不计算在本办法第九条规定的许可期限内，但无线电管理机构应当将所需时间书面告知申请人。

实施无线电频率使用许可需要完成有关国内、国际协调或者履行国际规则规定程序的，进行协调以及履行程序的时间不计算在本办法第九条规定的许可期限内。

第十一条 无线电管理机构作出无线电频率使用许可的决定时，应当明确无线电频率使用许可的期限。

无线电频率使用许可的期限不得超过 10 年。临时使用无线电频率的，无线电频率使用许可的期限不超过 12 个月。

第十二条 无线电频率使用许可证由正文、特别规定事项、许可证使用须知、无线电频率使用人的权利义务等内容组成。

无线电频率使用许可证正文应当载明无线电频率使用人、使用频率、使用地域、业务用途、使用期限、使用率要求、许可证编号、发证机关及签发时间等事项。

无线电频率使用许可证的具体内容由国家无线电管理机构制定并公布。国家无线电管理机构可以根据实际情况调整无线电频率使用许可证的内容。

对于临时使用无线电频率、试验使用无线电频率和国家无线电管理机构确定的其他情形，无线电管理机构可以颁发无线电频率使用批准文件，并载明本条第二款规定的事项。无线电频率使用批准文件与无线电频率使用许可证具有同等效力。

第十三条 无线电频率使用许可证由无线电管理机构负责人签发，加盖发证机关印章。

第十四条 无线电频率使用许可证样式由国家无线电管理机构统一规定。

第三章 无线电频率的使用

第十五条 使用无线电频率，应当遵守国家无线电管理的有关规定和无线电频率使用许可证的要求，接受、配合无线电管理机构的监督管理。

第十六条 无线电频率使用许可证应当妥善保存。任何组织或者个人不得伪造、涂改、冒用无线电频率使用许可证。

第十七条 国家根据维护国家安全、保障国家重大任务、处置重大突发事件等需要依法实施无线电管制的，管制区域内的无线电频率使用人应当遵守有关管制规定。

第十八条 无线电频率使用人不得擅自转让无线电频率使用权，不得擅自扩大使用范围或者改变用途。

需要转让无线电频率使用权的，受让人应当符合本办法第五条规定的条件，提交双方转让协议和本办法第六条规定的材料，依照本办法第九条规定的程序报请无线电管理机构批准。

第十九条 依法使用的无线电频率受到有害干扰的，可以向无线电管理机构投诉，无线电管理机构应当及时协调处理，并将处理情况告知投诉人。

第二十条 无线电频率使用人拟变更无线电频率使用许可证所载事项的，应当向作出许可决定的无线电管理机构提出申请。符合法定条件的，无线电管理机构应当依法办理变更手续。

第二十一条 无线电频率使用期限届满需要继续使用的，应当在期限届满30个工作日前向作出许可决定的无线电管理机构提出延续申请。无线电管理机构应当依照本办法第五条、第九条的规定进行审查，作出是否准予延续的决定。

第四章 监督管理

第二十二条 无线电管理机构应当对无线电频率使用行为进行监督检查。

无线电管理机构根据需要可以组织开展无线电频率使用评估，对无线电频率使用情况、使用率等进行检查。

第二十三条　无线电频率使用人应当于每年第一季度末前，按照无线电频率使用许可证的要求，向作出许可决定的无线电管理机构报送上一年度的无线电频率使用报告，包括上一年度无线电频率使用情况、执行无线电管理规定的情况等。无线电频率使用人应当对报告的真实性负责。

第二十四条　任何组织或者个人对未经许可擅自使用无线电频率或者违法使用无线电频率的行为，有权向无线电管理机构举报，无线电管理机构应当及时核实、处理。

第二十五条　有下列情形之一的，作出许可决定的无线电管理机构或者国家无线电管理机构可以撤销无线电频率使用许可：

（一）无线电管理机构工作人员滥用职权、玩忽职守作出准予许可决定的；

（二）超越法定职权或者违反法定程序作出准予许可决定的；

（三）对不具备申请资格或者不符合法定条件的申请人作出准予许可决定的；

（四）除因不可抗力外，取得无线电频率使用许可后超过 2 年不使用或者使用率达不到无线电频率许可证规定要求的；

（五）依法可以撤销无线电频率使用许可的其他情形。

无线电频率使用人以欺骗、贿赂等不正当手段取得无线电频率使用许可的，应当予以撤销。

第二十六条　有下列情形之一的，无线电管理机构应当依法办理无线电频率使用许可的注销手续：

（一）无线电频率使用许可的期限届满未书面申请延续或者未准予延续的；

（二）无线电频率使用人在无线电频率使用期限内申请终止使用频率的；

（三）无线电频率使用许可被依法撤销、撤回，或者无线电频率使用许可证依法被吊销的；

（四）因不可抗力导致无线电频率使用许可事项无法实施的；

（五）取得无线电频率使用许可的自然人死亡、丧失行为能力或者法人、其他组织依法终止的；

（六）法律、法规规定的其他情形。

无线电管理机构注销无线电频率使用许可的，同时收回无线电频率。

第五章　法律责任

第二十七条　申请人隐瞒有关情况或者提供虚假材料申请无线电频率使用许可的，无线电管理机构不予受理或者不予许可，并给予警告，申请人在一年内不得再次申请该许可。

以欺骗、贿赂等不正当手段取得无线电频率使用许可的，无线电管理机构给予警告，并视情节轻重处五千元以上三万元以下的罚款，申请人在三年内不得再次申请该许可。

第二十八条　未经许可擅自使用无线电频率、擅自转让无线电频率、未按照国家有关规定缴纳无线电频率占用费的，无线电管理机构应当分别依照《中华人民共和国无线电管理条例》第七十条、第七十一条、第七十四条的规定处理。

第二十九条　无线电频率使用人违反无线电频率使用许可证的要求使用频率，或者拒不接受、配合无线电管理机构依法实施的监督管理的，无线电管理机构应当责令改正，给予警告，可以并处五千元以上三万元以下的罚款。

第三十条　伪造、涂改、冒用无线电频率使用许可证的，无线电管理机构应当责令改正，给予警告或者处三万元以下的罚款。

第三十一条　无线电频率使用人在无线电频率使用许可的期限内，降低其申请取得无线电频率使用许可时所应当符合的条件的，无线电管理机构应当责令改正；拒不改正的，处三万元以下的罚款并将上述情况向社会公告。

第三十二条　无线电频率使用人对无线电管理机构作出的行政许可或者行政处罚决定不服的，可以依法申请行政复议或者提起行政诉讼。

第三十三条　无线电管理机构工作人员在实施无线电频率使用许可和监督管理工作中，滥用职权、玩忽职守、徇私舞弊的，依法给予处分。

第三十四条　违反本办法规定，构成犯罪的，依法追究刑事责任。

第六章　附则

第三十五条　无线电频率使用许可的涉外事宜，依照《中华人民共和国无线电管理条例》和其他相关法律、行政法规规定办理。

无线电频率使用人取得的相应使用许可中未确定频率使用期限的，如频率使用时间已超过 10 年并且需要继续使用，应当自本办法施行之日起 6 个月内办理延续手续。

第三十六条　本办法自 2017 年 9 月 1 日起施行。本办法施行前颁布的有关规定与本办法不一致的，按照本办法执行。

互联网域名管理办法

中华人民共和国工业和信息化部令

第 43 号

《互联网域名管理办法》已经 2017 年 8 月 16 日工业和信息化部第 32 次部务会议审议通过，现予公布，自 2017 年 11 月 1 日起施行。原信息产业部 2004 年 11 月 5 日公布的《中国互联网络域名管理办法》（原信息产业部令第 30 号）同时废止。

部长 苗圩

2017 年 8 月 24 日

互联网域名管理办法

第一章 总则

第一条 为了规范互联网域名服务，保护用户合法权益，保障互联网域名系统安全、可靠运行，推动中文域名和国家顶级域名发展和应用，促进中国互联网健康发展，根据《中华人民共和国行政许可法》《国务院对确需保留的行政审批项目设定行政许可的决定》等规定，参照国际上互联网域名管理准则，制定本办法。

第二条 在中华人民共和国境内从事互联网域名服务及其运行维护、监督管理等相关活动，应当遵守本办法。

本办法所称互联网域名服务（以下简称域名服务），是指从事域名根服务器运行和管理、顶级域名运行和管理、域名注册、域名解析等活动。

第三条 工业和信息化部对全国的域名服务实施监督管理，主要职责是：

（一）制定互联网域名管理规章及政策；

（二）制定中国互联网域名体系、域名资源发展规划；

（三）管理境内的域名根服务器运行机构和域名注册管理机构；

（四）负责域名体系的网络与信息安全管理；

（五）依法保护用户个人信息和合法权益；

（六）负责与域名有关的国际协调；

（七）管理境内的域名解析服务；

（八）管理其他与域名服务相关的活动。

第四条 各省、自治区、直辖市通信管理局对本行政区域内的域名服务实施监督管理，主要职责是：

（一）贯彻执行域名管理法律、行政法规、规章和政策；

（二）管理本行政区域内的域名注册服务机构；

（三）协助工业和信息化部对本行政区域内的域名根服务器运行机构和域名注册管理机构进行管理；

（四）负责本行政区域内域名系统的网络与信息安全管理；

（五）依法保护用户个人信息和合法权益；

（六）管理本行政区域内的域名解析服务；

（七）管理本行政区域内其他与域名服务相关的活动。

第五条 中国互联网域名体系由工业和信息化部予以公告。根据域名发展的实际情况，工业和信息化部可以对中国互联网域名体系进行调整。

第六条 ".CN"和".中国"是中国的国家顶级域名。

中文域名是中国互联网域名体系的重要组成部分。国家鼓励和支持中文域名系统的技术研究和推广应用。

第七条 提供域名服务，应当遵守国家相关法律法规，符合相关技术规范和标准。

第八条 任何组织和个人不得妨碍互联网域名系统的安全和稳定运行。

第二章 域名管理

第九条 在境内设立域名根服务器及域名根服务器运行机构、域名注册管理机构和域名注册服务机构的，应当依据本办法取得工业和信息化部或者省、自治区、直辖市通信管理局

（以下统称电信管理机构）的相应许可。

第十条 申请设立域名根服务器及域名根服务器运行机构的，应当具备以下条件：

（一）域名根服务器设置在境内，并且符合互联网发展相关规划及域名系统安全稳定运行要求；

（二）是依法设立的法人，该法人及其主要出资者、主要经营管理人员具有良好的信用记录；

（三）具有保障域名根服务器安全可靠运行的场地、资金、环境、专业人员和技术能力以及符合电信管理机构要求的信息管理系统；

（四）具有健全的网络与信息安全保障措施，包括管理人员、网络与信息安全管理制度、应急处置预案和相关技术、管理措施等；

（五）具有用户个人信息保护能力、提供长期服务的能力及健全的服务退出机制；

（六）法律、行政法规规定的其他条件。

第十一条 申请设立域名注册管理机构的，应当具备以下条件：

（一）域名管理系统设置在境内，并且持有的顶级域名符合相关法律法规及域名系统安全稳定运行要求；

（二）是依法设立的法人，该法人及其主要出资者、主要经营管理人员具有良好的信用记录；

（三）具有完善的业务发展计划和技术方案以及与从事顶级域名运行管理相适应的场地、资金、专业人员以及符合电信管理机构要求的信息管理系统；

（四）具有健全的网络与信息安全保障措施，包括管理人员、网络与信息安全管理制度、应急处置预案和相关技术、管理措施等；

（五）具有进行真实身份信息核验和用户个人信息保护的能力、提供长期服务的能力及健全的服务退出机制；

（六）具有健全的域名注册服务管理制度和对域名注册服务机构的监督机制；

（七）法律、行政法规规定的其他条件。

第十二条 申请设立域名注册服务机构的，应当具备以下条件：

（一）在境内设置域名注册服务系统、注册数据库和相应的域名解析系统；

（二）是依法设立的法人，该法人及其主要出资者、主要经营管理人员具有良好的信用记录；

（三）具有与从事域名注册服务相适应的场地、资金和专业人员以及符合电信管理机构要求的信息管理系统；

（四）具有进行真实身份信息核验和用户个人信息保护的能力、提供长期服务的能力及健全的服务退出机制；

（五）具有健全的域名注册服务管理制度和对域名注册代理机构的监督机制；

（六）具有健全的网络与信息安全保障措施，包括管理人员、网络与信息安全管理制度、应急处置预案和相关技术、管理措施等；

（七）法律、行政法规规定的其他条件。

第十三条　申请设立域名根服务器及域名根服务器运行机构、域名注册管理机构的，应当向工业和信息化部提交申请材料。申请设立域名注册服务机构的，应当向住所地省、自治区、直辖市通信管理局提交申请材料。

申请材料应当包括：

（一）申请单位的基本情况及其法定代表人签署的依法诚信经营承诺书；

（二）对域名服务实施有效管理的证明材料，包括相关系统及场所、服务能力的证明材料、管理制度、与其他机构签订的协议等；

（三）网络与信息安全保障制度及措施；

（四）证明申请单位信誉的材料。

第十四条　申请材料齐全、符合法定形式的，电信管理机构应当向申请单位出具受理申请通知书；申请材料不齐全或者不符合法定形式的，电信管理机构应当场或者在 5 个工作日内一次性书面告知申请单位需要补正的全部内容；不予受理的，应当出具不予受理通知书并说明理由。

第十五条　电信管理机构应当自受理之日起 20 个工作日内完成审查，作出予以许可或者不予许可的决定。20 个工作日内不能作出决定的，经电信管理机构负责人批准，可以延长 10 个工作日，并将延长期限的理由告知申请单位。需要组织专家论证的，论证时间不计入审查期限。

予以许可的，应当颁发相应的许可文件；不予许可的，应当书面通知申请单位并说明理由。

第十六条　域名根服务器运行机构、域名注册管理机构和域名注册服务机构的许可有效期为 5 年。

第十七条　域名根服务器运行机构、域名注册管理机构和域名注册服务机构的名称、住所、法定代表人等信息发生变更的，应当自变更之日起 20 日内向原发证机关办理变更手续。

第十八条　在许可有效期内，域名根服务器运行机构、域名注册管理机构、域名注册服务机构拟终止相关服务的，应当提前 30 日书面通知用户，提出可行的善后处理方案，并向原发证机关提交书面申请。

原发证机关收到申请后，应当向社会公示 30 日。公示期结束 60 日内，原发证机关应当完成审查并做出决定。

第十九条　许可有效期届满需要继续从事域名服务的，应当提前 90 日向原发证机关申请延续；不再继续从事域名服务的，应当提前 90 日向原发证机关报告并做好善后工作。

第二十条　域名注册服务机构委托域名注册代理机构开展市场销售等工作的，应当对域名注册代理机构的工作进行监督和管理。

域名注册代理机构受委托开展市场销售等工作的过程中，应当主动表明代理关系，并在域名注册服务合同中明示相关域名注册服务机构名称及代理关系。

第二十一条　域名注册管理机构、域名注册服务机构应当在境内设立相应的应急备份系统并定期备份域名注册数据。

第二十二条　域名根服务器运行机构、域名注册管理机构、域名注册服务机构应当在其网站首页和经营场所显著位置标明其许可相关信息。域名注册管理机构还应当标明与其合作的域名注册服务机构名单。

域名注册代理机构应当在其网站首页和经营场所显著位置标明其代理的域名注册服务机构名称。

第三章　域名服务

第二十三条　域名根服务器运行机构、域名注册管理机构和域名注册服务机构应当向用户提供安全、方便、稳定的服务。

第二十四条　域名注册管理机构应当根据本办法制定域名注册实施细则并向社会公开。

第二十五条　域名注册管理机构应当通过电信管理机构许可的域名注册服务机构开展域名注册服务。

域名注册服务机构应当按照电信管理机构许可的域名注册服务项目提供服务，不得为未经电信管理机构许可的域名注册管理机构提供域名注册服务。

第二十六条　域名注册服务原则上实行"先申请先注册"，相应域名注册实施细则另有规定的，从其规定。

第二十七条　为维护国家利益和社会公众利益，域名注册管理机构应当建立域名注册保留字制度。

第二十八条　任何组织或者个人注册、使用的域名中，不得含有下列内容：

（一）反对宪法所确定的基本原则的；

（二）危害国家安全，泄露国家秘密，颠覆国家政权，破坏国家统一的；

（三）损害国家荣誉和利益的；

（四）煽动民族仇恨、民族歧视，破坏民族团结的；

（五）破坏国家宗教政策，宣扬邪教和封建迷信的；

（六）散布谣言，扰乱社会秩序，破坏社会稳定的；

（七）散布淫秽、色情、赌博、暴力、凶杀、恐怖或者教唆犯罪的；

（八）侮辱或者诽谤他人，侵害他人合法权益的；

（九）含有法律、行政法规禁止的其他内容的。

域名注册管理机构、域名注册服务机构不得为含有前款所列内容的域名提供服务。

第二十九条　域名注册服务机构不得采用欺诈、胁迫等不正当手段要求他人注册域名。

第三十条　域名注册服务机构提供域名注册服务，应当要求域名注册申请者提供域名持有者真实、准确、完整的身份信息等域名注册信息。

域名注册管理机构和域名注册服务机构应当对域名注册信息的真实性、完整性进行核验。

域名注册申请者提供的域名注册信息不准确、不完整的，域名注册服务机构应当要求其予以补正。申请者不补正或者提供不真实的域名注册信息的，域名注册服务机构不得为其提供域名注册服务。

第三十一条　域名注册服务机构应当公布域名注册服务的内容、时限、费用，保证服务质量，提供域名注册信息的公共查询服务。

第三十二条　域名注册管理机构、域名注册服务机构应当依法存储、保护用户个人信息。未经用户同意不得将用户个人信息提供给他人，但法律、行政法规另有规定的除外。

第三十三条　域名持有者的联系方式等信息发生变更的，应当在变更后 30 日内向域名注册服务机构办理域名注册信息变更手续。

域名持有者将域名转让给他人的，受让人应当遵守域名注册的相关要求。

第三十四条　域名持有者有权选择、变更域名注册服务机构。变更域名注册服务机构的，原域名注册服务机构应当配合域名持有者转移其域名注册相关信息。

无正当理由的，域名注册服务机构不得阻止域名持有者变更域名注册服务机构。

电信管理机构依法要求停止解析的域名，不得变更域名注册服务机构。

第三十五条　域名注册管理机构和域名注册服务机构应当设立投诉受理机制，并在其网站首页和经营场所显著位置公布投诉受理方式。

域名注册管理机构和域名注册服务机构应当及时处理投诉；不能及时处理的，应当说明理由和处理时限。

第三十六条　提供域名解析服务，应当遵守有关法律、法规、标准，具备相应的技术、服务和网络与信息安全保障能力，落实网络与信息安全保障措施，依法记录并留存域名解析日志、维护日志和变更记录，保障解析服务质量和解析系统安全。涉及经营电信业务的，应当依法取得电信业务经营许可。

第三十七条　提供域名解析服务，不得擅自篡改解析信息。

任何组织或者个人不得恶意将域名解析指向他人的 IP 地址。

第三十八条　提供域名解析服务，不得为含有本办法第二十八条第一款所列内容的域名提供域名跳转。

第三十九条　从事互联网信息服务的，其使用域名应当符合法律法规和电信管理机构的有关规定，不得将域名用于实施违法行为。

第四十条　域名注册管理机构、域名注册服务机构应当配合国家有关部门依法开展的检查工作，并按照电信管理机构的要求对存在违法行为的域名采取停止解析等处置措施。

域名注册管理机构、域名注册服务机构发现其提供服务的域名发布、传输法律和行政法规禁止发布或者传输的信息的，应当立即采取消除、停止解析等处置措施，防止信息扩散，保存有关记录，并向有关部门报告。

第四十一条 域名根服务器运行机构、域名注册管理机构和域名注册服务机构应当遵守国家相关法律、法规和标准，落实网络与信息安全保障措施，配置必要的网络通信应急设备，建立健全网络与信息安全监测技术手段和应急制度。域名系统出现网络与信息安全事件时，应当在 24 小时内向电信管理机构报告。

因国家安全和处置紧急事件的需要，域名根服务器运行机构、域名注册管理机构和域名注册服务机构应当服从电信管理机构的统一指挥与协调，遵守电信管理机构的管理要求。

第四十二条 任何组织或者个人认为他人注册或者使用的域名侵害其合法权益的，可以向域名争议解决机构申请裁决或者依法向人民法院提起诉讼。

第四十三条 已注册的域名有下列情形之一的，域名注册服务机构应当予以注销，并通知域名持有者：

（一）域名持有者申请注销域名的；

（二）域名持有者提交虚假域名注册信息的；

（三）依据人民法院的判决、域名争议解决机构的裁决，应当注销的；

（四）法律、行政法规规定予以注销的其他情形。

第四章 监督检查

第四十四条 电信管理机构应当加强对域名服务的监督检查。域名根服务器运行机构、域名注册管理机构、域名注册服务机构应当接受、配合电信管理机构的监督检查。

鼓励域名服务行业自律管理，鼓励公众监督域名服务。

第四十五条 域名根服务器运行机构、域名注册管理机构、域名注册服务机构应当按照电信管理机构的要求，定期报送业务开展情况、安全运行情况、网络与信息安全责任落实情况、投诉和争议处理情况等信息。

第四十六条 电信管理机构实施监督检查时，应当对域名根服务器运行机构、域名注册管理机构和域名注册服务机构报送的材料进行审核，并对其执行法律法规和电信管理机构有关规定的情况进行检查。

电信管理机构可以委托第三方专业机构开展有关监督检查活动。

第四十七条　电信管理机构应当建立域名根服务器运行机构、域名注册管理机构和域名注册服务机构的信用记录制度，将其违反本办法并受到行政处罚的行为记入信用档案。

第四十八条　电信管理机构开展监督检查，不得妨碍域名根服务器运行机构、域名注册管理机构和域名注册服务机构正常的经营和服务活动，不得收取任何费用，不得泄露所知悉的域名注册信息。

第五章　罚则

第四十九条　违反本办法第九条规定，未经许可擅自设立域名根服务器及域名根服务器运行机构、域名注册管理机构、域名注册服务机构的，电信管理机构应当根据《中华人民共和国行政许可法》第八十一条的规定，采取措施予以制止，并视情节轻重，予以警告或者处一万元以上三万元以下罚款。

第五十条　违反本办法规定，域名注册管理机构或者域名注册服务机构有下列行为之一的，由电信管理机构依据职权责令限期改正，并视情节轻重，处一万元以上三万元以下罚款，向社会公告：

（一）为未经许可的域名注册管理机构提供域名注册服务，或者通过未经许可的域名注册服务机构开展域名注册服务的；

（二）未按照许可的域名注册服务项目提供服务的；

（三）未对域名注册信息的真实性、完整性进行核验的；

（四）无正当理由阻止域名持有者变更域名注册服务机构的。

第五十一条　违反本办法规定，提供域名解析服务，有下列行为之一的，由电信管理机构责令限期改正，可以视情节轻重处一万元以上三万元以下罚款，向社会公告：

（一）擅自篡改域名解析信息或者恶意将域名解析指向他人 IP 地址的；

（二）为含有本办法第二十八条第一款所列内容的域名提供域名跳转的；

（三）未落实网络与信息安全保障措施的；

（四）未依法记录并留存域名解析日志、维护日志和变更记录的；

（五）未按照要求对存在违法行为的域名进行处置的。

第五十二条 违反本办法第十七条、第十八条第一款、第二十一条、第二十二条、第二十八条第二款、第二十九条、第三十一条、第三十二条、第三十五条第一款、第四十条第二款、第四十一条规定的，由电信管理机构依据职权责令限期改正，可以并处一万元以上三万元以下罚款，向社会公告。

第五十三条 法律、行政法规对有关违法行为的处罚另有规定的，依照有关法律、行政法规的规定执行。

第五十四条 任何组织或者个人违反本办法第二十八条第一款规定注册、使用域名，构成犯罪的，依法追究刑事责任；尚不构成犯罪的，由有关部门依法予以处罚。

第六章　附则

第五十五条 本办法下列用语的含义是：

（一）域名：指互联网上识别和定位计算机的层次结构式的字符标识，与该计算机的 IP 地址相对应。

（二）中文域名：指含有中文文字的域名。

（三）顶级域名：指域名体系中根节点下的第一级域的名称。

（四）域名根服务器：指承担域名体系中根节点功能的服务器（含镜像服务器）。

（五）域名根服务器运行机构：指依法获得许可并承担域名根服务器运行、维护和管理工作的机构。

（六）域名注册管理机构：指依法获得许可并承担顶级域名运行和管理工作的机构。

（七）域名注册服务机构：指依法获得许可、受理域名注册申请并完成域名在顶级域名数据库中注册的机构。

（八）域名注册代理机构：指受域名注册服务机构的委托，受理域名注册申请，间接完成域名在顶级域名数据库中注册的机构。

（九）域名管理系统：指域名注册管理机构在境内开展顶级域名运行和管理所需的主要信息系统，包括注册管理系统、注册数据库、域名解析系统、域名信息查询系统、身份信息核验系统等。

（十）域名跳转：指对某一域名的访问跳转至该域名绑定或者指向的其他域名、IP 地址或者网络信息服务等。

第五十六条 本办法中规定的日期，除明确为工作日的以外，均为自然日。

第五十七条 在本办法施行前未取得相应许可开展域名服务的，应当自本办法施行之日起十二个月内，按照本办法规定办理许可手续。

在本办法施行前已取得许可的域名根服务器运行机构、域名注册管理机构和域名注册服务机构，其许可有效期适用本办法第十六条的规定，有效期自本办法施行之日起计算。

第五十八条 本办法自 2017 年 11 月 1 日起施行。2004 年 11 月 5 日公布的《中国互联网络域名管理办法》（原信息产业部令第 30 号）同时废止。本办法施行前公布的有关规定与本办法不一致的，按照本办法执行。

工业和信息化部关于印发信息通信行业发展规划（2016—2020年）的通知

（工信部规〔2016〕424号）

各省、自治区、直辖市通信管理局，各省、自治区、直辖市工业和信息化主管部门，部属有关单位，有关协会，有关企业：

为加快实施网络强国战略，推动信息通信行业持续健康发展，支撑全面建成小康社会目标如期实现，依据《中华人民共和国国民经济和社会发展第十三个五年规划纲要》，编制《信息通信行业发展规划（2016—2020年）》及《信息通信行业发展规划物联网分册（2016—2020年）》。现印发你们，请结合实际，认真贯彻落实。

工业和信息化部

2016年12月18日

信息通信行业发展规划（2016—2020年）

信息通信行业是构建国家信息基础设施，提供网络和信息服务，全面支撑经济社会发展的战略性、基础性和先导性行业。随着互联网、物联网、云计算、大数据等技术的快速发展，信息通信行业内涵不断丰富，从传统电信服务、互联网服务延伸到物联网服务等新业态。

信息通信行业是目前发展最快、最具创新活力的领域之一。"十二五"期间，信息通信行业在支撑引领经济社会转型发展、提升政府治理能力和公共服务方面做出了巨大贡献，在国际上也产生较大影响。"十三五"时期，我国面对更加错综复杂的国内外发展环境，着力推进供给侧结构性改革，切实转变发展方式，确保实现全面建成小康社会的宏伟目标，信息通信行业也将面临新的发展机遇和挑战。

根据《国民经济和社会发展第十三个五年规划纲要》和国务院相关文件要求，工业和信息化部编制了《信息通信行业发展规划（2016—2020年）》。本规划是指导信息通信行业未来五年发展、加快建设网络强国、推动"四化"同步发展、引导市场主体行为、配置政府公共资源的重要依据。

一、发展回顾及面临形势

（一）"十二五"发展回顾

"十二五"期间，信息通信行业总体保持良好发展势头。行业收入规模稳定增长，转型升级不断推进。2015 年，信息通信服务收入达到 1.7 万亿元，超额完成"十二五"规划目标，其中基础电信企业收入达到 1.17 万亿元，年均增长 5.4%；增值电信企业收入达到 5 444 亿元，年均增长 34.8%，转型升级稳步推进。2015 年，互联网服务业务收入超过 1 万亿元，占整体业务收入 57.7%，用户普及程度不断提高，消费结构不断升级。2015 年，电话号码总数达到 15.4 亿户，其中移动电话号码达到 13 亿户、普及率达到 95.5 部/百人，3G 和 4G 用户占比达到 60%；网民总数达到 6.88 亿人；移动宽带用户普及率达到 57%，固定宽带家庭普及率达到 40%。信息通信基础设施不断完善，自主创新能力大幅提升。城市地区 90%以上家庭具备光纤接入能力，行政村通光缆比例超过 75%。建成全球最大 4G 网络，4G 基站规模达到 177 万个，基本实现城市和县城连续覆盖。新增 7 个国家级互联网骨干直联点，互联网架构得到显著优化。"十二五"期末，跨境陆地光缆连通 11 个陆上邻国和地区，国际海缆直接延伸到 30 多个国家和地区，建成 8 个区域性国际通信业务出入口局，国际出入口业务带宽接近 3.8Tbit/s。基础设施技术水平不断提升，光纤接入成为固定宽带主流接入技术，TD-LTE 成为国际 4G 主流标准，形成完整产业链，国际化水平全面提升，IPv6 改造不断推进。节能技术普遍应用，新建大型数据中心 PUE 值普遍低于 1.5，单位电信业务总量综合能耗下降 39.7%。云计算与大数据关键技术和应用实现突破。物联网技术取得局部突破，在物联网架构、智能传感器、超高频 RFID 以及 M2M 增强技术方面取得积极进展。行业改革取得实质进展，市场活力进一步激发，市场开放力度进一步加大。三网融合、移动转售、宽带接入网业务开放试点稳步推进，IPTV 用户数达到 4 589 万户，42 家民营企业获得移动通信转售业务批文、发展用户 2 059 万户，61 个试点城市 138 家（次）民营企业获得宽带接入网业务试点批文。中国铁塔公司成立，电信基础设施共建共享迈向新高度，通过共建共享减少新建铁塔数量 19.8 万个。电信普遍服务补偿机制取得实质性进展，多项改革举措给行业发展注入新的发展动力。互联网企业国际影响力迅速增强，网络经济蓬勃发展。我国已成为全球互联网第二大力量，10 家互联网企业市值进入全球前 30 名，4 家企业进入前 10 名。互联网和信息技术在各经济领域进一步深化应用，成为两化深度融合和传统产业转型升级的重要推动力。2015 年，电子商务交易额达 20.8 万亿元。大型企业纷纷建立开放平台，成为带动大众创业、万众创新的新渠道。物联网在经济社会各个领域及智慧城市建设中的应用创新空前活跃，我国已成为全球最大机器通信（M2M）市场，通过公众网络实现的 M2M 连接数突破 1 亿。行业管理不断完善，安全和应急保障能力不断提升，行业管理重心逐步向互联网转移，部省及跨省协调机制逐步完善。电信服务质量进一步提升，网络环境治理工作体系逐步形成。用户权益得到切实保障，个人信息保护力度进一步加大。网络和信息安全监管体系建设成效明显，网络和信息安全技术保障体系基本建立，网络安全防护和应急处置能力显著提升，完成多项突发事件和重大活动的保障工作。出台通信设施保护标准及相关法规，安全生产态势稳中向好。

我国信息通信行业在"十二五"期间取得了显著成就，但还存在一些突出问题。一是城乡信息通信基础设施和应用等方面的"数字鸿沟"依然存在，部分人均网络资源和应用水平指标与发达国家仍有较大差距。二是行业法制法规体系及监管机制体制不能完全适应新技术新业务快速发展的要求。三是信息通信领域部分核心技术较为薄弱，关键产品的安全可控性尚待提升。四是信息通信技术与传统产业的融合程度不够，互联网在应用水平方面的价值还有待进一步挖掘。这些不足和困难都需要在"十三五"期间补齐短板，努力突破。

（二）"十三五"面临形势

"十三五"时期是全面建成小康社会的决胜阶段，也是建设网络强国的重要战略机遇时期。行业快速创新发展的基本态势没有改变，发展前景依然广阔，但拓展服务范围和领域、推动转型升级的要求更加紧迫，发展、管理、安全问题交织，面临更为复杂的挑战。

国际竞争面临新局面。"十三五"期间，信息通信领域成为全球竞争的焦点，并从技术竞争逐步演进到以互联网产业体系为核心，以网络治理、标准制订、规则主导、产业影响为重点的体系化竞争，表现形式更加复杂，随着移动互联网、物联网、云计算、大数据等技术与应用的发展，国际规则、标准体系、资源分配面临调整变化。"十三五"期间，信息通信行业应抓住重要技术迭代期和新兴业态启动窗口期的机遇，超前布局信息通信前沿技术，打造完备的产业链，培育具有全球影响力的企业，积极参与国际规则博弈，增强国际话语权。

网络经济拓展行业发展新空间。"十三五"期间，国内经济向形态更高级、分工更优化、结构更合理阶段演进的趋势更加明显。中央全面深化改革的系统性部署将激发出新的发展活力。《中国制造2025》"互联网+"等一系列战略、规划的提出为信息通信行业拓展新领域、支撑传统产业改造升级提供了广阔的发展空间。"十三五"期间，信息通信行业应以更加开放务实的姿态主动加强与相关产业的互动，发展壮大现代互联网产业体系，加快推动信息经济发展壮大，着力在发挥基础性作用、挖掘基础设施应用潜力、补齐行业短板等方面取得突破，切实提高发展质量和效益，支撑信息社会发展。

行业管理进入新阶段。"十三五"期间，基于互联网的跨界融合发展趋势将给行业管理带来新挑战。融合监管、协同共治成为新的管理趋势，引导市场良性竞争、促进融合创新业务健康发展、保护用户合法权益、保障网络信息安全、建立规范包容的管理环境成为行业管理重要内容。"十三五"期间，行业管理要主动纳入国家宏观政策框架中，把握行业技术、业务发展规律，创新管理方法，主动适应新技术新业务快速发展的要求。

行业"走出去"迎来新契机。"走出去"是信息通信行业参与国际竞争的重要表现形式，我国信息通信行业已经拥有具备国际竞争力的企业集群，成长潜力巨大，"走出去"的诉求日益迫切。"十三五"期间，围绕"一带一路"倡议实施，国家将推动建设多个合作平台，信息通信行业应该把握有利契机，充分利用多种合作机制，在国家战略引导和行业发展需求的推动下，拓展合作领域和层次，由通信设备出口和建设施工为主向电信运营等全产业链拓展。

网络安全面临新挑战。随着新技术新业务发展，互联网与经济社会各领域深度融合，网络安全威胁和风险日益突出，并日益向政治、经济、文化、社会、生态、国防等领域传导渗透。特别是国家关键信息基础设施面临较大风险隐患，网络安全防控能力薄弱，难以有效应对国家级、有组织的高强度网络攻击，网络安全形势日趋严峻。"十三五"期间，信息通信行业要站在更高层次、更广领域落实网络安全观，进一步加强网络安全管理工作，完善行业网络和信息安全监管体系，创新理念方法，健全机制手段，提升全行业的安全风险防控和保障能力。

二、指导思想、基本原则和发展目标

（一）指导思想

全面贯彻党的十八大和十八届三中、四中、五中、六中全会精神，深入贯彻习近平总书记系列重要讲话精神，紧紧围绕"四个全面"战略布局，坚持以人民为中心的发展思想，坚持创新、协调、绿色、开放、共享的发展理念，坚持推动供给侧结构性改革，以推动网络强国建设为中心，以深入推进信息通信行业与经济社会各行业各领域的融合发展为主线，全面构建新一代国家信息通信基础设施，有效推动宽带网络提速降费，深入推进转型发展，持续完善行业监管体系，不断提升信息通信行业技术和服务水平及安全保障能力，努力增强企业国际竞争力，加快构建现代互联网产业体系，拓展网络经济空间和网络民生服务新模式，支撑"四化"同步发展和全面建成小康社会奋斗目标如期实现。

（二）基本原则

创新驱动。坚持把创新作为引领发展的第一动力，提供支撑国家创新发展战略的信息网络环境和资源开放平台，支持大众创业万众创新。加快构建以企业为主体、产学研用相结合的创新体系，在信息通信核心技术研发与应用上，推动强强联合、协同攻关。创新监管思路和手段，提升行业监管效能，形成以创新为主要引领和支撑的行业发展模式。

均衡协调。坚持系统推进行业全面协调发展。保持区域、城乡协调发展，逐步缩小东西部差距、城乡"数字鸿沟"，促进公共服务均等化，促进基础设施建设与信息化应用协调发展，促进信息通信行业与经济社会协调发展。

开放合作。坚持以开放的姿态与相关行业深度融合发展，主动适应新技术新业务新业态发展需求，充分利用民资和外资等资源，加强国际合作，开拓国际市场，积极拓展行业服务空间。

惠民共享。坚持发展为了人民、发展依靠人民、发展成果由人民共享，保障妇女、未成年人和残疾人基本通信权利，为老百姓提供用得上、用得起、用得好的信息服务，让亿万人民在共享行业发展成果上有更多获得感。

绿色环保。坚持绿色发展，加快信息技术在经济社会各领域的应用，助力传统产业绿色化转型。加强行业生态文明制度建设，深入推进基础设施共建共享，支持采用绿色节能技术和设备。

安全可控。坚持正确的网络安全观，安全是发展的前提，发展是安全的保障，安全与发展要同步推进，大力提升网络与信息安全保障能力，突破网络与信息安全核心技术并加强安全管理，全天候、全方位感知网络安全态势，为维护国家安全与社会稳定提供强有力的保障。

（三）发展目标

到2020年，信息通信行业整体规模进一步壮大，综合发展水平大幅提升，"宽带中国"战略各项目标全面实现，基本建成高速、移动、安全、泛在的新一代信息基础设施，初步形成网络化、智能化、服务化、协同化的现代互联网产业体系，自主创新能力显著增强，新兴业态和融合应用蓬勃发展，提速降费取得实效，信息通信行业支撑经济社会发展的能力全面提升，在推动经济提质增效和社会进步中的作用更为突出，为建设网络强国奠定坚实基础。

具体到"十三五"期末的要求如下。

——覆盖陆海空天的国家信息通信网络基础设施进一步完善。光网和4G网络全面覆盖城乡，宽带接入能力大幅提升，5G启动商用服务。形成容量大、网速高、管理灵活的新一代骨干传输网。建成较为完善的商业卫星通信服务体系。国际海、陆缆路由进一步丰富，网络通达性显著增强。

——互联网设施与资源能力大幅提升。形成技术先进、结构合理、规模适度、协调发展、绿色集约的数据中心新格局。网络架构进一步优化，CDN网络延伸到所有地级市。国内主要商业网站、教育科研网站和政府网站支持IPv6。国际互联网布局更加完善。

——现代互联网产业体系初步形成。培育形成一批具有国际影响力和产业引领能力的企业。技术研发、基础设施建设和部署、新业态培育实现良性互动，一批新业务新应用发展壮大，互联网普及和应用水平大幅提升，信息服务层次和水平不断提升，网络经济与实体经济良性协同的发展格局基本形成，公共服务和公共管理水平显著提高。以互联网为核心的行业管理体系进一步完善。

——信息通信技术掌控力显著增强。成为 5G 标准和技术的全球引领者之一。未来网络、互联网新兴技术自主研发能力显著提升，实现软件定义网络（SDN）、网络功能虚拟化（NFV）、面向车联网的无线接入技术、操作系统、智能感知、智能认知等关键技术突破。突破物联网、大数据、云计算技术瓶颈，关键技术基本实现安全可控。信息通信技术研发和应用在军民融合多领域、多方向实现深度发展。我国主导的国际标准领域和影响力不断扩大。

——网络与信息安全综合保障能力全面提升。网络与信息安全保障体系进一步健全，网络与信息安全责任体系基本建立，关键信息基础设施安全防护能力持续增强，网络数据保护体系构建完善，新技术新业务安全管理机制创新和实践进一步加强，有力带动了网络与信息安全相关产业发展。

——达到与生态文明建设相适应的行业绿色发展水平。节能技术广泛应用，高耗能网络设备大规模减少，形成完善的绿色评价体系和机制，能耗持续下降。

——服务质量整体水平明显提高。行业服务质量稳步提升，用户权益得到切实保障，互联互通服务水平显著提高。实名制深入推进，用户信息安全得到有效保障，信息通信行业服务质量监督管理体系进一步完善。

专栏 1：“十三五”时期信息通信行业发展主要指标

指标		2015 年基数	2020 年目标	年均增速[累计变化]
● **行业规模**				
（1）信息通信行业收入（万亿元）		1.7	3.5	15.5%
（2）其中：互联网服务业务收入（万亿元）		1.0	3.0	24.6%
（3）信息通信基础设施累计投资（万亿元）		1.9（“十二五”）	2（“十三五”）	[0.1]
● **发展水平**				
（1）ICT 发展指数（IDI）全球排名		82	72	[10]
（2）互联网普及率	移动宽带用户普及率（%）	57	85	[28]
	固定宽带家庭普及率（%）	40	70	[30]
（3）域名数（万个）		3 102	5 300	11.3%

（续表）

专栏1："十三五"时期信息通信行业发展主要指标

指标	2015 年基数	2020 年目标	年均增速 [累计变化]
（4）国际出入口业务带宽（太比特每秒）	3.8	20	39.4%
（5）国内市场活跃 App 应用规模（万个）	600	900	[300]
（6）网站数（万个）	423	620	[197]
（7）月户均移动互联网流量（兆）	389	3 100	51.5%
（8）IPv6 流量占比（%）	<1	5	[>4]
（9）M2M 连接数（亿）	1	17	75.9%
（10）互联网行业发展景气指数	104.8	>115	[>10.2]
● 服务能力			
（1）大中城市家庭宽带接入服务能力（兆比特每秒）	20	>100	[>80]
（2）半数以上农村家庭宽带接入服务能力（兆比特每秒）	4	>50	[>46]
（3）行政村光纤通达率（%）	75	98	[23]
● 绿色发展			
（1）单位电信业务总量综合能耗下降幅度（%）	39.7（"十二五"）	10（"十三五"）	—
（2）新建大型云计算数据中心的 PUE 值	1.5	<1.4	[>0.1]
● 服务质量			
用户申诉率（人次/百万用户）	<70	<70	—

注：1. []内数值为 5 年累计变化数

2. IDI 指标由国际电信联盟（ITU）计算并定期发布

三、发展重点

（一）完善基础设施

1. 构建新一代信息通信基础设施

推动高速光纤宽带网络跨越发展。基本完成老旧小区光网改造，实现城镇地区光网覆盖，提供 1 000Mbit/s 以上接入服务能力，大中城市家庭用户带宽实现 100Mbit/s 以上灵活选择。基本实现行政村光纤通达，有条件地区提供 100Mbit/s 以上接入服务能力，半数以上农村家庭用户带宽实现 50Mbit/s 以上灵活选择。推进超高速、大容量光传输技术应用，升级骨干传输网，提升高速传送、灵活调度和智能适配能力。

加快建设先进泛在的无线宽带网。促进城市和农村地区无线宽带网络的协调发展，实现 4G 网络深度和广度覆盖。完善城镇热点公共区域 WLAN 覆盖。加强城市通信基础设施专项规划与城市总体规划的衔接，满足通信管线、机房、基站等通信基础设施的建设需求。统筹卫星通信系统建设，与地面信息通信基础设施实现优势互补融合发展。以需求为导向，灵活选取无线宽带接入技术，加快边远山区、牧区及岛礁等网络覆盖。

优化网络结构布局。以数据中心为核心，打破传统地域和行政区划组网模式，推动传统网络的转型升级，构建支撑互联网业务发展的新型网络。扩容骨干网互联带宽，提升网间互通质量。推动新型互联网交换中心建设，与骨干直联点协同发展。推进国际通信网络节点建设，合理设置海外 IDC、CDN 和 POP 点。推进互联网国际访问性能监测平台建设，提升国际网络服务质量保障能力。夯实 IPv6 网络基础设施，完成国内互联网的 IPv6 升级改造和 IPv6 国际出入口建设。

专栏 2：网络架构升级优化工程

工程目标： 升级优化网络结构，满足互联网业务发展需要。

工程内容： 加快 NFV、SDN 等新技术应用；推进传统电信业务向云计算平台迁移；加大集群路由器部署，扩容骨干互联网带宽；提升数据中心节点层级，推进数据承载网络结构扁平化；大规模部署 CDN，缓解网络承载压力；加强顶层设计，合理布局骨干直联点，建设新型互联网交换中心；建设完善互联网网络运行及互联互通监测系统；将数据中心节点需求纳入骨干传输网络统一承载，流量疏导由环状网向网状网为主演进；增加数据中心所在区域的光缆连通度。

专栏 3：国际通信网络部署工程

工程目标： 完善国际海陆缆和海外 POP 点布局，实现与更多运营商的互联互通。

工程内容： 一是国际海陆缆建设。建设我国通达北美、亚太、欧洲、非洲、拉美等方向的国际海缆项目，重点考虑中俄、中国—东盟、中国—南亚、中国—中亚等方向的跨境陆缆建设，继续与周边国家开展跨境光缆建设，并根据业务发展情况与有条件的国家和地区建立直达跨境光缆，适时扩容、优化现有跨境系统，探索开展跨境转接。二是海外 POP 点建设。重点在周边国家和地区以及欧洲、非洲、拉美国家部署海外 POP 点。

---

2. 夯实互联网和物联网应用基础设施

加强数据中心建设的统筹规划，引导大型和超大型数据中心优先在气候寒冷、能源充足、自然灾害较少的地区部署。引导中小型数据中心优先在靠近用户、能源获取便利地区，依市场需求灵活部署。鼓励已建数据中心企业利用云计算、绿色节能等先进技术进行整合、改造和升级。引导和支持企业开展CDN建设和运营，扩展网络容量、覆盖范围和服务能力，逐步建成技术先进、安全可靠的CDN。统筹推进云计算和大数据平台发展，支持政务、行业信息系统向云平台迁移，鼓励骨干企业开放自有云平台资源，引导平台间互联互通。充分利用现有信息通信基础设施，增强窄带物联网（NB-IoT）接入支撑能力。选取能源电力、城管交通、工业制造、现代农业等重点应用领域，在电力传输线路节点、城市多功能信息杆柱、工业车间生产线、培植加工设施等关键部位，结合通信网络设施建设，同步部署视频采集终端、RFID标签、多类条码、复合传感器节点等多种物联网感知设施。

专栏4：窄带物联网工程

工程目标：建设完善窄带物联网基础设施，实现在城市运行管理和重点行业的规模应用。

工程内容：一是完善支持窄带物联网的全国性网络，升级改造无线、核心网络及配套网管运维系统，在全国范围内形成有效覆盖。二是实现窄带物联网在智慧城市、重点行业等规模应用，研究设立窄带物联网应用示范工程，对典型应用与创新给予适当支持，探索业务模式，推动产业链成熟发展。

---

3. 提升农村及偏远地区信息通信水平

落实国务院关于完善农村及偏远地区宽带电信普遍服务补偿机制的要求，注重与精准扶贫工作紧密衔接，加大政策扶持和资源倾斜力度，加快农村互联网基础设施建设步伐，扩大光纤网、宽带网在农村的有效覆盖，农村家庭宽带用户基本实现12Mbit/s以上接入服务能力。提升农村及偏远地区信息通信网络的易用性，重点解决中文域名、技术咨询、电商服务等问题。鼓励各类资本参与农村电商发展，支持第三方平台创新和拓展农村电子商务业务。持续推进农村电子商务等互联网应用的普及，加快手机电子商务平台、手机在线支付等基于移动互联网创新应用的发展，重点向农村和偏远地区延伸信息通信服务。发挥互联网在助推脱贫攻坚中的作用，推进精准扶贫、精准脱贫，创新信息扶贫工作机制和模式，让更多困难群众用上互联网。瞄准农业现代化主攻方向，提高农业生产智能化、经营网络化水平，让农产品通过互联网走出乡村，帮助广大农民增加收入。扩大信息进村入户覆盖面，力争到2020年实现宽带网络覆盖90%以上的建档立卡贫困村，助力打赢脱贫攻坚战。

专栏 5：电信普遍服务试点工程

工程目标： 加强农村地区宽带网络建设，实现 98%行政村通光纤，农村家庭宽带用户基本实现 12Mbit/s 以上接入服务能力。

工程内容： 充分发挥中央财政资金引导作用，带动地方政府加强统筹和政策支持，引导企业承担市场主体责任，对未通宽带行政村进行光纤覆盖，对已通宽带但接入能力低于 12Mbit/s 的行政村进行光纤升级改造。

---

4. 推动绿色低碳发展

以信息通信技术应用带动全社会节能。通过促进"互联网+"、共享经济发展推动传统行业转型升级，推动专业化能源管控系统在重点行业的应用，优化资源配置，提高资源利用率，降低社会总体能耗。积极推广安全可控的新能源和节能新技术在行业的应用。把低碳循环、绿色环保的理念贯穿于机房建设，设备购置、安装，网络运维等各环节。实现电路交换机全部退网，加快高耗能基站等网络设备和数据中心的绿色改造。探索建立移动基站基于能耗 PUE 的标杆，推动移动基站整体能耗的管控，建立节能环保评测机制，推动建设节能环保评测技术和平台。

5. 加大信息通信技术开发应用力度

推动核心技术的超前部署和集中攻关，实现从跟跑并跑到并跑领跑的转变。加强移动互联网、物联网、云计算、大数据、移动智能终端等技术研发和综合应用，提升安全可控水平，推进核心技术成果转化和产业化。支持 5G 标准研究和技术试验，推进 5G 频谱规划，启动 5G 商用。支持面向车联网的无线接入技术标准和试验验证环境建设，拓展在智能辅助和自动驾驶等领域的应用范围。强化面向服务的物联网传输体系架构、通信技术研究，加快窄带物联网技术应用。推动 SDN、NFV 技术商用化进程，基础网络中半数以上网络功能通过 SDN、NFV 实现。加强超低损耗大有效面积光纤、超高速超大容量超长距离光传输等关键技术研发与应用。支持 IPv6 应用服务建设，鼓励移动互联网应用基于 IPv6 进行开发和服务，实现国内主要网站均支持 IPv6 访问，手机应用排名前 100 的中文 App 80%支持 IPv6。推进未来网络试验床建设，强化国内外节点部署和互联互通，参与国际标准研究制订，增强未来网络自主创新能力。支持建立物联网专用测试服务平台，强化物联网与移动互联网、大数据、云计算等融合应用的相关测试设备和系统研发。推进信息技术的军民共同研发和使用，推动军民技术双向转化，促进科研基础平台军民共享。

专栏 6：标准体系建设工程

工程目标：建立健全我国信息通信行业标准化工作管理与运行机制及标准体系，提升国际影响力和话语权。

工程内容：一是完善 5G、下一代互联网、物联网、云计算、大数据、网络信息安全等重点创新领域标准体系建设。二是建立多方参与、分工协作的标准研究机制，协调各级标准之间、信息通信行业与其他行业标准之间的关系。三是统筹管理国际标准化活动，重点扶持战略性新兴产业国际标准化工作，推动我国标准走出去。四是优化标准化人才队伍结构，加强人才储备，促进人才培养，提高标准化专业人员的素质和水平。

专栏 7：5G 研发和产业推进工程

工程目标：突破 5G 关键技术和产品，成为 5G 标准和技术的全球引领者之一。

工程内容：一是开展 5G 标准研究，积极参与国际标准制订，成为主导者之一。二是支持开展 5G 关键技术和产品研发，构建 5G 试商用网络，打造系统、芯片、终端、仪表等完整产业链。三是组织开展 5G 技术研发试验，搭建开放的研发试验平台，邀请国内外企业共同参与，促进 5G 技术研发与产业发展。四是开展 5G 业务和应用试验验证，提升 5G 业务体验，推动 5G 支撑移动互联网、物联网应用融合创新发展，为 5G 启动商用服务奠定基础。

（二）创新服务应用

1. 发展现代互联网产业体系

构建基于互联网能力开放的研发、应用聚合中心，整合上下游产业要素，推动从研发到应用的产业链深层次互动和协作，拓展信息服务范围，提升信息服务层次和水平。加强通信网络、数据中心等基础设施规划与布局，提升互联网在信息汇聚、信息分析和处理等方面的支撑能力。发挥互联网企业创新主体地位和主导作用，以技术创新为突破，带动移动互联网、5G、云计算、大数据、物联网、虚拟现实、人工智能、3D 打印、量子通信等领域核心技术的研发和产业化。积极推动产业协作，充分挖掘互联网在支撑智能制造、推动产业升级、服务社会民生等方面的潜力，推动互联网产业逐步实现自主发展、创新发展和均衡发展。培育以企业为主体、行业特色突出的产业集群，壮大一批具有国际影响力和产业引领能力的企业。进一步提升互联网管理水平，持续优化市场竞争结构，规范竞争秩序，积极营造创新活跃、规范高效、保障有力的市场发展环境。

2. 深入推进互联网新业态发展

加强政策支持和引导，积极培育和壮大互联网新业务新应用新业态新模式。大力推动电子商务、视频、泛娱乐、社交媒体、搜索等网站类和移动 App 类互联网应用发展。鼓励企业进一步深化以客户为中心的产品开发理念及运营模式，挖掘新需求，支持积极健康向上的网络文字、视频、音频内容创新创造。加强对中小企业特别是创新型企业的知识产权保护和服务。全面深化对互联网数据资源的利用，提升数据资源整合与挖掘能力，培养和规范基于数据资源的新应用新市场。鼓励企业创新商业模式，加快互联网各细分领域横向整合，以信息流带动技术流、资金流、人才流、物资流等高效流动，实现企业盈利模式多样化。

3. 推动物联网应用纵深发展

进一步发挥信息通信企业在物联网产业链中的整合和牵引作用，推动物联网与移动互联网、云计算、大数据等新业态的融合发展，培育壮大物联网相关专业服务新业态，提升运营及应用服务水平。支持各类物联网运营服务平台建设，强化物联网技术在工业、农业、交通、能源等行业领域的广泛覆盖和深度应用。深化工业信息物理系统在研发设计、生产制造等环节的创新应用。在农产品加工、储藏、保鲜、运销等主要环节，积极开展农业物联网应用，提高农业智能化和精准化水平。强化物联网在智慧城市中的应用，大力推广物联网在城市公共安全、基础设施管理、能源管理、内涝监控、危化品监管、环境监测等领域的成果经验。拓展物联网在智能家居、车联网等个人消费领域的应用。

4. 推动工业互联网加速发展

系统推进工业互联网发展，研究制订我国工业互联网发展总体方案，加快制订工业互联网标准体系，在现有工厂网络和公众互联网基础上改造升级，打造高速率、低时延、安全可靠的工厂内和工厂外网络。构建工业云和工业大数据平台，加快工业互联网关键软硬件设备与系统的研发与产业化。

支持企业在工厂内、外网络技术和互联互通、标识解析、IPv6 应用、工业云计算、工业大数据等领域开展创新应用示范。构建工业互联网实验验证平台，开展关键技术验证，建设工业互联网标识解析系统、工业互联网 IPv6 地址资源综合管理平台和网络数据流转管理平台。

专栏8：工业互联网产业推进试点示范工程

工程目标：夯实工业互联技术产业基础，构建工业互联网生态体系。

工程内容：一是支持企业在工厂内、外网络技术和互联互通、标识解析、IPv6 应用、工业云计算、工业大数据及互联网与工业融合应用等领域开展创新应用示范。二是在明确我国工业互联网关键技术路径的基础上，支持相关单位针对工业互联网关键技术构建实验验证平台，对

关键技术进行测试、验证和评估。三是组织建设工业互联网标识解析系统。四是对 ICP/IP 地址/域名信息备案管理系统进行升级改造，构建面向工业互联网的 IPv6 地址资源综合管理平台。五是支持建设工业互联网网络流转数据管理平台，为工业互联网网络数据的开放、交易和管理提供公共支撑。

5. 全面拓展"互联网+"服务

积极支持国家"互联网+"重大工程实施，促进互联网与经济社会各行业各领域的深度融合，推进基于互联网的商业模式、服务模式、管理模式及供应链、物流链等的各类创新，培育"互联网+"生态体系，形成网络化协同分工新格局。鼓励业态创新，积极发展分享经济。推动以互联网为载体、线上线下互动的各类新兴消费。鼓励互联网企业积极参与民生发展类建设项目，促进基于互联网的医疗、健康、养老、教育、旅游、社会保障等新兴服务业快速发展。鼓励电信企业和大型互联网企业向小微企业和创业团队开放各类设备资源、网络资源、数据资源和业务平台，引导基础电信企业、大型互联网企业和中小创新企业建立合作协同的机制。营造基于互联网的开放式创新条件和氛围，提升"双创"服务平台支撑能力，建立一批低成本、便利化、开放式众创空间和虚拟创新社区。充分发挥互联网优势，实施"互联网+教育""互联网+医疗""互联网+文化"等政策，促进基本公共服务均等化。

专栏9："双创"服务平台支撑能力提升工程

工程目标：推动行业企业开放各类资源，提升"双创"服务水平。

工程内容：提升"双创"服务平台支撑能力。推动基础电信企业、互联网企业等大型企业主导的"双创"平台进一步开放资源、集成服务，实现对基础设施、数据资源和业务平台有效利用，并面向小型、微型、创新创业型企业提供综合数据、创业孵化、在线测试、创新共享、创业咨询等支撑服务，满足创业创新需求。

---

6. 加速信息通信行业"走出去"步伐

围绕"一带一路"战略，统筹规划海底光缆和跨境陆缆的全球部署，建设网上丝绸之路，加强与欧洲、非洲、拉美及周边国家和地区的信息基础设施互联互通。鼓励研发、制造、咨询、施工和运营企业发挥各自优势，不断探索合资、并购、参股、控股等不同海外合作模式，培植优势品牌，提升国际竞争力。推动通信设备制造、施工建设、运营服务和技术标准全方位参与国际竞争。营造行业"走出去"环境，加强规划引导和分类指导，搭建资源共享平台，完善企业考核机制，积极争取各类专项资金支持，促进产业链整体"走出去"。完善行业国际交流合作机制，充分利用多边和双边机制，鼓励各方力量广泛积极参与联合国、区域和国际组织的互联网管理等相关活动，增强国际话语权。

（三）加强行业管理

1. 强化互联网为核心的行业管理

聚焦互联网业务应用，突出支持创新发展和强化基础管理。推动建立完善多部门联动管理机制，建立新业务备案和发展指引制度，进一步明确新业务分类和管理责任认定。完善互联网运行监测和统计分类体系，推动实现与国家统计分类标准的衔接。完善违法违规信息和网站处置联动管理机制，建立部省联动共享安全监管平台，实现信息共享、实时查询，提高违法违规信息和网站跨省联动处置效率，有效支撑国家互联网安全监管工作需求。建立互联网不正当竞争管理机制，健全行政和司法相衔接的长效监管机制，增强互联网企业使命感和责任感，积极引导社会力量参与互联网行业治理，推进形成政府统筹下的多方治理格局，共同促进互联网持续健康发展。坚持放管结合，加快推进以信用体系为代表的覆盖全流程的监管支撑体系建设，强化事中事后监管。推动现有互联网监管系统的功能聚合，创新完善互联网服务质量管理体系，支持国内第三方在检测、评测、认证、取证等方面创建相关技术手段，加快互联网行业和移动互联网应用监测平台建设，完善技术支撑能力。进一步落实网络实名制要求，积极推进网站、域名、IP 地址和电话实名制，加强移动转售企业相关管理，持续提升登记信息准确率，实现网络实名信息实时在线比对核验。

2. 提升行业服务质量

落实加强用户权益保护有关规定，完善面向用户权益的互联网服务质量监管体系，建立报告、通报、满意度测评等管理制度，规范企业经营、服务和收费行为，严厉查处侵权违法事件。加强个人数据保护，推动建立个人数据共享与保护协同机制，严厉打击非法泄露和出卖个人数据行为。推动出台即时通信、应用商店、电子商务等用户信息保护标准，督促企业落实用户信息分类、分级保护要求，规范采集、传输、存储、使用、销毁用户信息等行为。深化网络不良信息治理，推动建立垃圾短信、骚扰电话和不良 App 治理工作的长效机制，强化技术手段建设，督促企业落实责任，畅通用户举报渠道。推动移动电话用户号码携带服务在全国范围内实施。引导企业围绕经济社会发展需求和用户关切，制订并落实提速降费措施，推动企业采取逐步取消手机漫游费等措施，并进一步优化资费结构，简化资费方案，增强资费透明度，有效提升用户"获得感"。

3. 加强重要基础资源管理

做好码号资源统筹规划和科学分配，适时开展新业务码号分配和码号回收，促进码号资源的规范使用和有效利用。优化国家频谱资源配置，加强无线电频谱管理，维护安全有序的电波秩序。科学规划和合理配置无线电频率资源，统筹中长期用频需求，保障重点领域发展。开展无线电频谱使用评估工作，促进频谱资源高效使用。加强卫星频率和轨道资源的集中统一管理，做好卫星网络的申报、协调、登记和维护等各项工作，加强卫星工程项目规划和立项工作中频率轨道资源的可用性论证。强化 IP 地址、域名等互联网基础资源管理及国际协调，推动 IPv6 地址申请，合理规划使用 IPv6 地址，探索建立域名从业机构信用记录制度，鼓励域名创新应用，推动".CN"".中国"等国家顶级域名和中文域名的推广和应用。

4. 加强大数据资源应用和管理

加强大数据标准顶层设计，建立并完善涵盖基础、技术、产品、平台、应用、交易和管理的大数据标准体系。建立大数据管理制度，明确数据采集、传输、存储、使用、开放等各环节的范围边界、责任主体和具体要求，保障高效可信应用。推动政府信息系统和公共数据互联开放共享，依法推进数据资源向社会开放。支持电信和互联网企业在保障数据安全和个人隐私的前提下，提供数据资源与分析能力，支撑公共安全、城市管理、市场监管等社会管理，以及交通、旅游、医疗等民生服务领域跨界应用。

5. 持续深化电信行业改革

探索和创新网络建设模式，加强顶层设计。推动信息通信和能源、交通等领域基础设施的共建共享。充分发挥铁塔公司在基础设施建设领域的重要作用，遵从市场规律，建立标准化、规范化流程和发展机制，提升共建共享水平。支持基础电信企业在资源共享、网络共建以及业务协同等领域深化合作和创新。积极推动广电、电信业务双向进入，推进三网融合进程。加大移动转售、宽带接入网等基础电信领域竞争性业务的开放力度，通过市场竞争促进企业提升宽带服务质量，进一步降低电信资费水平，提高电信业务性价比。积极推动电信领域混合所有制改革进程，有序引导电信市场协调发展，鼓励民间资本通过多种形式参与信息通信业投融资，激发非公有制经济和小微企业的活力与创造力。积极推动优化对企业的考核机制，综合考虑企业承担社会责任的考核指标和经营效益的考核指标。总结推广上海自贸区开放试点经验，探索完善外资准入"负面清单"管理模式。

（四）强化安全保障

1. 完善网络与信息安全监管体系

适应互联网业务创新发展趋势，把安全监管作为行业监管的重要内容加以落实，调整完善安全监管模式，强化安全责任考核、安全评估、监督检查、市场退出等事中事后管理，构建全周期安全管理链条。加强电信业务开放情况下的网络与信息安全风险控制，加强移动转售、宽带接入网等向民资开放领域的网络与信息安全管理。进一步理顺行业安全管理工作体制机制，不断完善跨部门、跨省协同机制，推动建立流程清晰、高效顺畅的联动机制。突出抓好网络与信息安全责任体系建设，进一步明确基础电信企业、互联网企业、设备厂商、安全企业等各类主体的安全责任，形成覆盖信息通信行业全产业链条的安全责任体系，推动建立重大网络与信息安全事件责任主体负责制。

2. 加强网络基础设施安全防护

建立健全分级保护、动态调整的网络基础设施安全保护体系。强化互联网企业的网络安全管理，加强针对云计算、物联网等新兴重点领域的网络安全防护。落实国家网络安全审查制度，稳妥组织开展行业网络安全审查工作。持续面向基础电信企业、互联网企业、安全企业等开展网络安全试点示范工作。依托安全保障能力提升工程，指导推动企业加强网络安全态势感知能力建设，强化政府、企业和行业力量安全监测数据共享联动，利用大数据技术加强关联分析，提升全局性、整体化态势感知能力。完善互联网安全监测与处置机制，加强日常网络安全事件的处置通报，建立健全钓鱼网站监测与处置机制，加强木马病毒样本库、移动恶意程序样本库、漏洞库等建设，提高及时发现和有效识别安全威胁的能力。构建政府、企业、用户等之间的安全威胁信息共享机制。深入推进移动恶意程序治理等网络威胁治理专项活动，构建可信网络环境。

专栏 10：安全保障能力提升工程

工程目标：推动网络与信息安全技术保障能力建设，提升网络安全保障水平。

工程内容：建设基于骨干网的网络安全威胁监测处置平台，实现网络安全威胁监测、态势感知、应急处置、追踪溯源等能力。实施域名系统安全保障工程，提升公共递归域名解析系统的安全防护和数据备份能力。建设互联网网络安全应急管理平台，提高对互联网网络安全威胁信息和监测数据的分析、研判和行业内应急指挥调度能力。

---

3. 强化网络数据安全管理

制定出台信息通信行业数据安全指导性文件，实行网络数据资源分类分级管理，保障安全高效可信应用。加强数据资源的安全保护，明确行业数据开放共享利用和跨境流动场景下的安全保护策略。制订数据安全评估相关标准，建立健全敏感数据操作审计等工作机制，构建国家和地方、政府和企业相互配合的新型数据保护管理体系。加强企业数据安全监管，推进企业数据保护技术手段建设，规范企业数据合作。强化大数据场景下的网络用户个人信息保护能力，通过安全管理和技术措施有效防止用户个人信息泄露、损毁和非法利用，督促电信和互联网企业切实落实用户个人信息保护责任。建立完善数据与个人信息泄露公告和报告机制，督促企业及时组织自查，排查安全隐患，公示处置情况，降低安全风险。

4. 强化网络与信息安全应急管理

完善网络与信息安全应急管理体系，推进应急机制、应急制度、应急标准建设，提升网络与信息安全突发事件的制度化响应、规范化处置和程序化水平。强化公共互联网网络安全应急管理，修订完善应急预案，健全政府统一指挥、企业和支撑单位等广泛参与的网络安全应急响应协同处置机制。加强行业内和跨行业的网络安全应急演练。全力做好网络反恐和重大活动网络信息安全保障，坚决维护国家安全和社会稳定。

5. 加强应急通信保障能力建设

着力提升应急通信网络能力，统筹空间与地面、公网与共用应急通信专网的建设，加强新技术新业务在应急通信中的应用，满足公共安全体系中安全生产、防灾减灾、治安防控、突发事件应对等方面对信息通信服务和保障的要求。统筹各相关部门、各级政府、基础电信企业等各方的应急通信指挥手段和系统建设，鼓励互联网企业发挥资源优势提供灾害预警等应急通信服务，推动指挥系统间互联互通，统筹应急物资、卫星资源、空中平台等相关资源的动态管理和有效配置。加强灾害多发省份装备的差异化配置，构建国家与地方、政府与企业、实物与生产储备相结合的物资储备体系。加强应急通信保障队伍的人员配备和布局，加强培训演练和安全防护措施。加强应急通信科研支撑体系建设，加快标准制订，支持创新技术应用，推动应急通信产业发展。

专栏 11：国家应急通信能力提升工程

工程目标：加强指挥调度、应急网络、装备储备等能力建设，推进试点支撑，全面提升国家应急通信保障能力。

工程内容：一是提升指挥调度能力，实现地方指挥系统与通信网指挥平台联通，完成灾害多发地区县、乡基层政府部门自主卫星移动终端配置，建设"互联网+应急通信"指挥调度及服务云平台。二是完善应急网络建设，依托公网建设公共信息快速手机预警短信发布系统，推进抗灾超级基站、基础设施设备与防灾应急相关的安全防护建设，依托国家空间基础设施和卫星移动通信系统构建应急专用卫星通信网络。三是加强装备储备建设，更新完善便携、车/船/机载各类应急通信装备、车辆，推进无人机等装备建设试点，构建层次化应急通信储备中心体系，实现重要物资装备的合理储备统一管理。四是推进试点支撑，开展应急宽带集群网络、机动便携装备和互联网应急信息通信技术建设试点，建设国家应急通信技术支撑基地。

四、保障措施

（一）加快推进法治建设

加快信息通信业重点领域立法进程。推动《电信法》《网络安全法》等法律法规立法工作。建立健全信息通信业相关法律制度，进一步规范关键基础设施保护、网络安全、数据跨境流动、个人信息保护、新技术新业务开展、电信业务经营许可和互联网基础资源管理。鼓励地方通信管理局结合各地实际加快推进地方性法规立法进程，并推动健全法制监管体系。提高依法行政意识，强化执法各环节的制度化、规范化、程序化，加强市场秩序监管执法与司法的衔接，提升信息通信业法制化水平。

（二）营造多方参与环境

加强政府引导，以企业为主体，调动全社会力量建设信息通信基础设施和发展信息通信技术应用。在政策、标准制订和规划编制中广泛吸取各方意见，提高透明度和社会参与度。鼓励各地加强互联网监测分析，加大对互联网发展的支持力度。鼓励组建产学研用联盟，加强战略、技术、标准、市场等沟通协作，协同创新攻关。引导行业协会等社会组织与企业共同制订互联网行规，鼓励企业积极履行社会责任，推动行业自律。充分发挥政府、企业、社会等各方力量，形成诚信、透明、开放、公正的行业发展环境。

（三）加大政策支持力度

加强财税、金融方面的行业支持力度，鼓励民间资本及创业与私募股权投资，培育中小型创新企业发展，鼓励具备实力的大企业实现全球范围内的资源优化配置，保障信息通信业转型升级发展。加大投入，完善面向宽带的普遍服务长效机制和普遍服务补偿机制。完善和落实支持创新的政府采购政策，推动行业创新产品和服务的研发应用。继续落实研发费用的加计扣除和固定资产加速折旧政策，推动新技术应用，加快高耗能老旧设备有序退网。加强安全相关建设投资政策牵引，探索建立政府引导下的安全投入机制，引导社会加大在基础通信网络和重要信息系统方面的安全产品和服务投入。推动环评审批流程优化，多渠道宣传信息通信基础设施相关环保知识，形成社会各界广泛支持的良好发展局面。壮大信息通信行业管理队伍，争取管理机构向地市一级延伸，多途径扩充队伍力量。

（四）加强专业人才培养

鼓励引导政府部门、重点企业完善信息通信业人才培养机制，改革人才引进各项配套制度，优化人才使用和激励机制，提高专业技术人才自主创新和参与科研成果产业化的积极性和主动性，支持优秀人才创新创业。加强教育学科配置的优化，推动建立多方联合培养机制，鼓励企业、高校、科研院所、协会、学会等联合培养通信、互联网、物联网、网络与信息安全相关专业紧缺人才。充分利用学历教育、非学历教育、短期培训等多种途径和方式，加快培育跨领域、国际化、高层次、创新型、实用型信息技术人才和服务团队。利用各类引才、引智计划，吸引海外留学人才和各国高精尖缺人才来中国发展，带动国内人才的培养，促进国内科研水平的提升和科研成果转化。

（五）做好规划落地实施

统筹实施网络强国战略、"宽带中国"专项行动和网络与信息安全、应急通信、无线电管理等专项规划。各地方通信管理局负责的规划及企业规划应与本规划充分衔接，细化落实本规划提出的主要目标和发展重点，组织编制实施信息基础设施专项规划，并与各地城市综合规划及各专项规划实现有效衔接。规划实施中出现的新情况和新问题要及时报送行业主管部门。行业主管部门加强对企业落实本规划中重点任务和重大工程的督导，负责组织对本规划实施情况进行中期评估，并根据评估结果调整目标和任务，优化政策保障措施。

附件：

名词解释

英文简称	英文全称	中文全称
3G	3rd-Generation Mobile Communication	第三代移动通信
4G	4th-Generation Mobile Communication	第四代移动通信
Tbit/s	Tera Bit Per Second	太比特每秒
TD-LTE	Time Division Long Term Evolution	多址长期演进技术
IPv6	Internet Protocol Version 6	互联网协议第六版本
PUE	Power Usage Effectiveness	能量使用效率
RFID	Radio Frequency Identification	射频识别技术
M2M	Machine-To-Machine	机器对机器通信
IPTV	Internet Protocol Television	互联网协议电视
5G	5th-Generation Mobile Communication	第五代移动通信
CDN	Content Delivery Network	内容分发网络
SDN	Software Defined Network	软件定义网络
NFV	Network Function Virtualization	网络功能虚拟化
ICT	Information Communications Technology	信息通信技术
IDI	ICT Development Index	信息与通信技术发展指数
3D	Three Dimensional	三维的
WLAN	Wireless Local Area Networks	无线局域网络
IDC	Internet Data Center	互联网数据中心
POP	Point Of Presence	网络服务提供点
NB-IoT	Narrow Band Internet of Things	窄带物联网技术
App	Application	应用
IP	Internet Protocol	互联网协议
.CN	—	中国互联网英文国际顶级域名

信息通信行业发展规划物联网分册
（2016—2020 年）

物联网是新一代信息技术的高度集成和综合运用，对新一轮产业变革和经济社会绿色、智能、可持续发展具有重要意义。"十二五"时期，我国物联网发展取得了显著成效，与发达国家保持同步，成为全球物联网发展最为活跃的地区之一。"十三五"时期，我国经济发展进入新常态，创新是引领发展的第一动力，促进物联网、大数据等新技术、新业态广泛应用，培育壮大新动能成为国家战略。当前，物联网正进入跨界融合、集成创新和规模化发展的新阶段，迎来重大的发展机遇。为推动物联网产业健康有序发展，制定信息通信业"十三五"规划物联网分册。

本规划依据《国民经济和社会发展第十三个五年规划纲要》及《国务院关于推进物联网有序健康发展的指导意见》等相关文件编制而成，是指导物联网产业未来五年发展的指导性文件。

一、发展回顾及面临形势

（一）"十二五"发展回顾

"十二五"期间我国在物联网关键技术研发、应用示范推广、产业协调发展和政策环境建设等方面取得了显著成效。

政策环境不断完善。加强顶层设计，发布《国务院关于推进物联网有序健康发展的指导意见》，成立物联网发展部际联席会议和专家咨询委员会，统筹协调和指导物联网产业发展。相关部门制订和实施 10 个物联网发展专项行动计划，加强技术研发、标准研制和应用示范等工作，积极组织实施重大应用示范工程，推进示范区和产业基地建设。中央财政连续四年安排物联网发展专项资金，物联网被纳入高新技术企业认定和支持范围。各地区加大政策支持力度，设立专项资金，多层次、全方位推进地方物联网发展。

产业体系初步建成。已形成包括芯片、元器件、设备、软件、系统集成、运营、应用服务在内的较为完整的物联网产业链。2015 年物联网产业规模达到 7 500 亿元，"十二五"时期年复合增长率为 25%。公众网络机器到机器（M2M）连接数突破 1 亿，占全球总量 31%，成为全球最大市场。物联网产业已形成环渤海、长三角、泛珠三角以及中西部地区四大区域聚集发展的格局，无锡、重庆、杭州、福州等新型工业化产业示范基地建设初见成效。涌现出一大批具备较强实力的物联网领军企业，互联网龙头企业成为物联网发展的重要新兴力量。物联网产业公共服务体系日渐完善，初步建成一批共性技术研发、检验检测、投融资、标识解析、成果转化、人才培训、信息服务等公共服务平台。

创新成果不断涌现。在芯片、传感器、智能终端、中间件、架构、标准制订等领域取得一大批研究成果。光纤传感器、红外传感器技术达到国际先进水平，超高频智能卡、微波无源无线射频识别、北斗芯片技术水平大幅提升，微机电系统（MEMS）传感器实现批量生产，物联网中间件平台、多功能便捷式智能终端研发取得突破。一批实验室、工程中心和大学科技园等创新载体已经建成并发挥良好的支撑作用。物联网标准体系加快建立，已完成 200 多项物联网基础共性和重点应用国家标准立项。我国主导完成多项物联网国际标准，国际标准制订话语权明显提升。

应用示范持续深化。在工业、农业、能源、物流等行业的提质增效、转型升级中作用明显，物联网与移动互联网融合推动家居、健康、养老、娱乐等民生应用创新空前活跃，在公共安全、城市交通、设施管理、管网监测等智慧城市领域的应用显著提升了城市管理智能化水平。物联网应用规模与水平不断提升，在智能交通、车联网、物流追溯、安全生产、医疗健康、能源管理等领域已形成一批成熟的运营服务平台和商业模式，高速公路电子不停车收费系统（ETC）实现全国联网，部分物联网应用达到了千万级用户规模。

我国物联网产业已拥有一定规模，设备制造、网络和应用服务具备较高水平，技术研发和标准制订取得突破，物联网与行业融合发展成效显著。但仍要看到我国物联网产业发展面临的瓶颈和深层次问题依然突出：一是产业生态竞争力不强，芯片、传感器、操作系统等核心基础能力依然薄弱，高端产品研发能力不强，原始创新能力与发达国家差距较大；二是产业链协同性不强，缺少整合产业链上下游资源、引领产业协调发展的龙头企业；三是标准体系仍不完善，一些重要标准制订进度较慢，跨行业应用标准制定难度较大；四是物联网与行业融合发展有待进一步深化，成熟的商业模式仍然缺乏，部分行业存在管理分散、推动力度不够的问题，发展新技术新业态面临跨行业体制机制障碍；五是网络与信息安全形势依然严峻，设施安全、数据安全、个人信息安全等问题亟待解决。

（二）"十三五"面临形势

"十三五"时期是我国物联网加速进入"跨界融合、集成创新和规模化发展"的新阶段，与我国新型工业化、城镇化、信息化、农业现代化建设深度交会，面临广阔的发展前景。另一方面，我国物联网发展又面临国际竞争的巨大压力，核心产品全球化、应用需求本地化的趋势更加凸显，机遇与挑战并存。

万物互联时代开启。物联网将进入万物互联发展新阶段，智能可穿戴设备、智能家电、智能网联汽车、智能机器人等数以万亿计的新设备将接入网络，形成海量数据，应用呈现爆发性增长，促进生产生活和社会管理方式进一步向智能化、精细化、网络化方向转变，经济社会发展更加智能、高效。5G、NB-IoT等新技术为万物互联提供了强大的基础设施支撑能力。万物互联的泛在接入、高效传输、海量异构信息处理和设备智能控制，以及由此引发的安全问题等，都对发展物联网技术和应用提出了更高要求。

应用需求全面升级。物联网万亿级的垂直行业市场正在不断兴起。制造业成为物联网的重要应用领域，相关国家纷纷提出发展"工业互联网"和"工业4.0"，我国提出建设制造强国、网络强国，推进供给侧结构性改革，以信息物理系统（CPS）为代表的物联网智能信息技术将在制造业智能化、网络化、服务化等转型升级方面发挥重要作用。车联网、健康、家居、智能硬件、可穿戴设备等消费市场需求更加活跃，驱动物联网和其他前沿技术不断融合，人工智能、虚拟现实、自动驾驶、智能机器人等技术不断取得新突破。智慧城市建设成为全球热点，物联网是智慧城市构架中的基本要素和模块单元，已成为实现智慧城市"自动感知、快速反应、科学决策"的关键基础设施和重要支撑。

产业生态竞争日趋激烈。物联网成为互联网之后又一个产业竞争制高点，生态构建和产业布局正在全球加速展开。国际企业利用自身优势加快互联网服务、整机设备、核心芯片、操作系统、传感器件等产业链布局，操作系统与云平台一体化成为掌控生态主导权的重要手段，工业制造、车联网和智能家居成为产业竞争的重点领域。我国电信、互联网和制造企业也加大力度整合平台服务和产品制造等资源，积极构建产业生态体系。

二、发展思路和目标

"十三五"时期是经济新常态下创新驱动、形成发展新动能的关键时期，必须牢牢把握物联网新一轮生态布局的战略机遇，大力发展物联网技术和应用，加快构建具有国际竞争力的产业体系，深化物联网与经济社会融合发展，支撑制造强国和网络强国建设。

（一）发展思路

贯彻落实《国务院关于推进物联网有序健康发展的指导意见》《中国制造 2025》《国务院关于积极推进"互联网+"行动的指导意见》和《关于深化制造业与互联网融合发展的指导意见》，以促进物联网规模化应用为主线，以创新为动力，以产业链开放协作为重点，以保障安全为前提，加快建设物联网泛在基础设施、应用服务平台和数据共享服务平台，持续优化发展环境，突破关键核心技术，健全标准体系，创新服务模式，构建有国际竞争力的物联网产业生态，为经济增长方式转变、人民生活质量提升以及经济社会可持续发展提供有力支撑。

坚持创新驱动。强化创新能力建设，完善公共服务体系，加快建立以企业为主体、政产学研用相结合的技术创新体系。加强面向智能信息服务的关键技术研发及产业化，大力发展新技术、新产品、新商业模式和新业态，加快打造智慧产业和智能化信息服务。

坚持应用牵引。面向经济社会发展的重大需求，以重大应用示范为先导，统筹部署，聚焦重点领域和关键环节，大力推进物联网规模应用，带动物联网关键技术突破和产业规模化发展，提升人民生活质量、增强社会管理能力、促进产业转型升级。

坚持协调发展。充分发挥物联网发展部际联席会议制度作用，加强政策措施的协同，促进物联网与相关行业之间的深度融合。加强资源整合，突出区域特色，完善产业布局，避免重复建设，形成协调发展的格局。

坚持安全可控。建立健全物联网安全保障体系，推进关键安全技术研发和产业化，增强物联网基础设施、重大系统、重要信息的安全保障能力，强化个人信息安全，构建泛在安全的物联网。

（二）发展目标

到 2020 年，具有国际竞争力的物联网产业体系基本形成，包含感知制造、网络传输、智能信息服务在内的总体产业规模突破 1.5 万亿元，智能信息服务的比重大幅提升。推进物联网感知设施规划布局，公众网络 M2M 连接数突破 17 亿。物联网技术研发水平和创新能力显著提高，适应产业发展的标准体系初步形成，物联网规模应用不断拓展，泛在安全的物联网体系基本成型。

——技术创新。产学研用结合的技术创新体系基本形成，企业研发投入不断加大，物联网架构、感知技术、操作系统和安全技术取得明显突破，网络通信领域与信息处理领域的关键技术达到国际先进水平，核心专利授权数量明显增加。

——标准完善。研究制定 200 项以上国家和行业标准，满足物联网规模应用和产业化需求的标准体系逐步完善，物联网基础共性标准、关键技术标准和重点应用标准基本确立，我国在物联网国际标准领域话语权逐步提升。

——应用推广。在工业制造和现代农业等行业领域、智能家居和健康服务等消费领域推广一批集成应用解决方案，形成一批规模化特色应用。在智慧城市建设和管理领域形成跨领域的数据开放和共享机制，发展物联网开环应用。

——产业升级。打造 10 个具有特色的产业集聚区，培育和发展 200 家左右产值超过 10 亿元的骨干企业，以及一批"专精特新"的中小企业和创新载体，建设一批覆盖面广、支撑力强的公共服务平台，构建具有国际竞争力的产业体系。

——安全保障。在物联网核心安全技术、专用安全产品研发方面取得重要突破，制定一批国家和行业标准。物联网安全测评、风险评估、安全防范、应急响应等机制基本建立，物联网基础设施、重大系统、重要信息的安保能力大大增强。

三、主要任务

（一）强化产业生态布局

加快构建具有核心竞争力的产业生态体系。以政府为引导、以企业为主体，集中力量，构建基础设施泛在安全、关键核心技术可控、产品服务先进、大中小企业梯次协同发展、物联网与移动互联网、云计算和大数据等新业态融合创新的生态体系，提升我国物联网产业的核心竞争力。推进物联网感知设施规划布局，加快升级通信网络基础设施，积极推进低功耗广域网技术的商用部署，支持 5G 技术研发和商用实验，促进 5G 与物联网垂直行业应用深度融合。建立安全可控的标识解析体系，构建泛在安全的物联网。突破操作系统、核心芯片、智能传感器、低功耗广域网、大数据等关键核心技术。在感知识别和网络通信设备制造、运营服务和信息处理等重要领域，发展先进产品和服务，打造一批优势品牌。鼓励企业开展商业模式探索，推广成熟的物联网商业模式，发展物联网、移动互联网、云计算和大数据等新业态融合创新。支持互联网、电信运营、芯片制造、设备制造等领域龙头企业以互联网平台化服务模式整合感知制造、应用服务等上下游产业链，形成完整解决方案并开展服务运营，推动相关技术、标准和产品加速迭代、解决方案不断成熟，成本不断下降，促进应用实现规模化发展。培育 200 家左右技术研发能力较强、产值超 10 亿元的骨干企业，大力扶持一批"专精特新"中小企业，构筑大中小企业协同发展产业生态体系，形成良性互动的发展格局。

加快物联网产业集聚。继续支持无锡国家传感网创新示范区的建设发展，提升示范区自主创新能力、产业发展水平和应用示范作用，充分发挥无锡作为国家示范区先行先试的引领带动作用，打造具有全球影响力的物联网示范区。加快推动重庆、杭州、福州等物联网新型工业化产业示范基地的建设提升和规范发展，增强产业实力和辐射带动作用。结合"一带一路""长江经济带"、京津冀协同发展等区域发展战略，加强统筹规划，支持各地区立足自身优势，推进差异化发展，加强物联网特色园区建设，加快形成物联网产业集群，打造一批具有鲜明特色的物联网产业集聚区。优化产业集聚区发展环境，完善对产业集聚区的科学、规范管理，推动产业集聚区向规模化、专业化、协作化方向发展，促进集聚区之间的资源共享、优势互补，推动物联网产业有序健康发展。

推动物联网创业创新。完善物联网创业创新体制机制，加强政策协同与模式创新结合，营造良好创业创新环境。总结复制推广优秀的物联网商业模式和解决方案，培育发展新业态新模式。加强创业创新服务平台建设，依托各类孵化器、创业创新基地、科技园区等建设物联网创客空间，提升物联网创业创新孵化、支撑服务能力。鼓励和支持有条件的大型企业发展第三方创业创新平台，建立基于开源软硬件的开发社区，设立产业创投基金，通过开放平台、共享资源和投融资等方式，推动各类线上、线下资源的聚集、开放和共享，提供创业指导、团队建设、技术交流、项目融资等服务，带动产业上下游中小企业进行协同创新。引导社会资金支持创业创新，推动各类金融机构与物联网企业进行对接和合作，搭建产业新型融资平台，不断加大对创业创新企业的融资支持，促进创新成果产业化。鼓励开展物联网创客大赛，激发创新活力，拓宽创业渠道。引导各创业主体在设计、制造、检测、集成、服务等环节开展创意和创新实践，促进形成创新成果并加强推广，培养一批创新活力型企业快速发展。

（二）完善技术创新体系

加快协同创新体系建设。以企业为主体，加快构建政产学研用结合的创新体系。统筹衔接物联网技术研发、成果转化、产品制造、应用部署等环节工作，充分调动各类创新资源，打造一批面向行业的创新中心、重点实验室等融合创新载体，加强研发布局和协同创新。继续支持各类物联网产业和技术联盟发展，引导联盟加强合作和资源共享，加强以技术转移和扩散为目的的知识产权管理处置，推进产需对接，有效整合产业链上下游协同创新。支持企业建设一批物联网研发机构和实验室，提升创新能力和水平。鼓励企业与高校、科技机构对接合作，畅通科研成果转化渠道。整合利用国际创新资源，支持和鼓励企业开展跨国兼并重组，与国外企业成立合资公司进行联合开发，引进高端人才，实现高水平高起点上的创新。

突破关键核心技术。研究低功耗处理器技术和面向物联网应用的集成电路设计工艺，开展面向重点领域的高性能、低成本、集成化、微型化、低功耗智能传感器技术和产品研发，提升智能传感器设计、制造、封装与集成、多传感器集成与数据融合及可靠性领域技术水平。

研究面向服务的物联网网络体系架构、通信技术及组网等智能传输技术，加快发展 NB-IoT 等低功耗广域网技术和网络虚拟化技术。研究物联网感知数据与知识表达、智能决策、跨平台和能力开放处理、开放式公共数据服务等智能信息处理技术，支持物联网操作系统、数据共享服务平台的研发和产业化，进一步完善基础功能组件、应用开发环境和外围模块。发展支持多应用、安全可控的标识管理体系。加强物联网与移动互联网、云计算、大数据等领域的集成创新，重点研发满足物联网服务需求的智能信息服务系统及其关键技术。强化各类知识产权的积累和布局。

专栏 1：关键技术突破工程

1. 传感器技术

核心敏感元件：试验生物材料、石墨烯、特种功能陶瓷等敏感材料，抢占前沿敏感材料领域先发优势；强化硅基类传感器敏感机理、结构、封装工艺的研究，加快各类敏感元器件的研发与产业化。

传感器集成化、微型化、低功耗：开展同类和不同类传感器、配套电路和敏感元件集成等技术和工艺研究。支持基于 MEMS 工艺、薄膜工艺技术形成不同类型的敏感芯片，开展各种不同结构形式的封装和封装工艺创新。支持具有外部能量自收集、掉电休眠自启动等能量贮存与功率控制的模块化器件研发。

重点应用领域：支持研发高性能惯性、压力、磁力、加速度、光线、图像、温湿度、距离等传感器产品和应用技术，积极攻关新型传感器产品。

2. 体系架构共性技术

持续跟踪研究物联网体系架构演进趋势，积极推进现有不同物联网网络架构之间的互联互通和标准化，重点支持可信任体系架构、体系架构在网络通信、数据共享等方面的互操作技术研究，加强资源抽象、资源访问、语义技术以及物联网关键实体、接口协议、通用能力的组件技术研究。

3. 操作系统

用户交互型操作系统：推进移动终端操作系统向物联网终端移植，重点支持面向智能家居、可穿戴设备等重点领域的物联网操作系统研发。

实时操作系统：重点支持面向工业控制、航空航天等重点领域的物联网操作系统研发，开展各类适应物联网特点的文件系统、网络协议栈等外围模块以及各类开发接口和工具研发，支持企业推出开源操作系统并开放内核开发文档，鼓励用户对操作系统的二次开发。

4. 物联网与移动互联网、大数据融合关键技术

面向移动终端，重点支持适用于移动终端的人机交互、微型智能传感器、MEMS 传感器集成、超高频或微波 RFID、融合通信模组等技术研究。面向物联网融合应用，重点支持操作系统、数据共享服务平台等技术研究。突破数据采集交换关键技术，突破海量高频数据的压缩、索引、存储和多维查询关键技术，研发大数据流计算、实时内存计算等分布式基础软件平台。结合工业、智能交通、智慧城市等典型应用场景，突破物联网数据分析挖掘和可视化关键技术，形成专业化的应用软件产品和服务。

（三）构建完善标准体系

完善标准化顶层设计。建立健全物联网标准体系，发布物联网标准化建设指南。进一步促进物联网国家标准、行业标准、团体标准的协调发展，以企业为主体开展标准制定，积极将创新成果纳入国际标准，加快建设技术标准试验验证环境，完善标准化信息服务。

加强关键共性技术标准制定。加快制定传感器、仪器仪表、射频识别、多媒体采集、地理坐标定位等感知技术和设备标准。组织制定无线传感器网络、低功耗广域网、网络虚拟化和异构网络融合等网络技术标准。制定操作系统、中间件、数据管理与交换、数据分析与挖掘、服务支撑等信息处理标准。制定物联网标识与解析、网络与信息安全、参考模型与评估测试等基础共性标准。

推动行业应用标准研制。大力开展车联网、健康服务、智能家居等产业急需应用标准的制定，持续推进工业、农业、公共安全、交通、环保等应用领域的标准化工作。加强组织协调，建立标准制定、实验验证和应用推广联合工作机制，加强信息交流和共享，推动标准化组织联合制订跨行业标准，鼓励发展团体标准。支持联盟和龙头企业牵头制定行业应用标准。

（四）推动物联网规模应用

大力发展物联网与制造业融合应用。围绕重点行业制造单元、生产线、车间、工厂建设等关键环节进行数字化、网络化、智能化改造，推动生产制造全过程、全产业链、产品全生命周期的深度感知、动态监控、数据汇聚和智能决策。通过对现场级工业数据的实时感知与高级建模分析，形成智能决策与控制。完善工业云与智能服务平台，提升工业大数据开发利用水平，实现工业体系个性化定制、智能化生产、网络化协同和服务化转型，加快智能制造试点示范，开展信息物理系统、工业互联网在离散与流程制造行业的广泛部署应用，初步形成跨界融合的制造业新生态。

加快物联网与行业领域的深度融合。面向农业、物流、能源、环保、医疗等重要领域，组织实施行业重大应用示范工程，推进物联网集成创新和规模化应用，支持物联网与行业深度融合。实施农业物联网区域试验工程，推进农业物联网应用，提高农业智能化和精准化水平。深化物联网在仓储、运输、配送、港口等物流领域的规模应用，支撑多式联运，构建智能高效的物流体系。加大物联网在污染源监控和生态环境监测等方面的推广应用，提高污染治理和环境保护水平。深化物联网在电力、油气、公共建筑节能等能源生产、传输、存储、消费等环节应用，提升能源管理智能化和精细化水平，提高能源利用效率。推动物联网技术在药品流通和使用、病患看护、电子病历管理等领域中的应用，积极推动远程医疗、临床数据应用示范等医疗应用。

推进物联网在消费领域的应用创新。鼓励物联网技术创新、业务创新和模式创新，积极培育新模式、新业态，促进车联网、智能家居、健康服务等消费领域应用快速增长。加强车联网技术创新和应用示范，发展车联网自动驾驶、安全节能、地理位置服务等应用。推动家庭安防、家电智能控制、家居环境管理等智能家居应用的规模化发展，打造繁荣的智能家居生态系统。发展社区健康服务物联网应用，开展基于智能可穿戴设备远程健康管理、老人看护等健康服务，推动健康大数据创新应用和服务发展。

深化物联网在智慧城市领域的应用。推进物联网感知设施规划布局，结合市政设施、通信网络设施以及行业设施建设，同步部署视频采集终端、RFID 标签、多类条码、复合传感器节点等多种物联网感知设施，深化物联网在地下管网监测、消防设施管理、城市用电平衡管理、水资源管理、城市交通管理、电子政务、危化品管理和节能环保等重点领域的应用。建立城市级物联网接入管理与数据汇聚平台，推动感知设备统一接入、集中管理和数据共享利用。建立数据开放机制，制定政府数据共享开放目录，推进数据资源向社会开放，鼓励和引导企业、行业协会等开放和交易数据资源，深化政府数据和社会数据融合利用。支持建立数据共享服务平台，提供面向公众、行业和城市管理的智能信息服务。

专栏 2：重点领域应用示范工程

1. 智能制造

面向供给侧结构性改革和制造业转型升级发展需求，发展信息物理系统和工业互联网，推动生产制造与经营管理向智能化、精细化、网络化转变。通过 RFID 等技术对相关生产资料进行电子化标识，实现生产过程及供应链的智能化管理，利用传感器等技术加强生产状态信息的实时采集和数据分析，提升效率和质量，促进安全生产和节能减排。通过在产品中预置传感、定位、标识等能力，实现产品的远程维护，促进制造业服务化转型。

2. 智慧农业

面向农业生产智能化和农产品流通管理精细化需求，广泛开展农业物联网应用示范。实施基于物联网技术的设施农业和大田作物耕种精准化、园艺种植智能化、畜禽养殖高效化、农副产品质量安全追溯、粮食与经济作物储运监管、农资服务等应用示范工程，促进形成现代农业经营方式和组织形态，提升我国农业现代化水平。

3. 智能家居

面向公众对家居安全性、舒适性、功能多样性等需求，开展智能养老、远程医疗和健康管理、儿童看护、家庭安防、水、电、气智能计量、家庭空气净化、家电智能控制、家务机器人等应用，提升人民生活质量。通过示范对底层通信技术、设备互联及应用交互等方面进行规范，促进不同厂家产品的互通性，带动智能家居技术和产品整体突破。

4. 智能交通和车联网

推动交通管理和服务智能化应用，开展智能航运服务、城市智能交通、汽车电子标识、电动自行车智能管理、客运交通和智能公交系统等应用示范，提升指挥调度、交通控制和信息服务能力。开展车联网新技术应用示范，包括自动驾驶、安全节能、紧急救援、防碰撞、非法车辆查缉、打击涉车犯罪等应用。

5. 智慧医疗和健康养老

推动物联网、大数据等技术与现代医疗管理服务结合，开展物联网在药品流通和使用、病患看护、电子病历管理、远程诊断、远程医学教育、远程手术指导、电子健康档案等环节的应用示范。积极推广"社区医疗+三甲医院"的医疗模式。利用物联网技术，实现对医疗废物追溯，对问题药品快速跟踪和定位，降低监管成本。建立临床数据应用中心，开展基于物联网智能感知和大数据分析的精准医疗应用。开展智能可穿戴设备远程健康管理、老人看护等健康服务应用，推动健康大数据创新应用和服务发展。

6. 智慧节能环保

推动物联网在污染源监控和生态环境监测领域的应用，开展废物监管、综合性环保治理、水质监测、空气质量监测、污染源治污设施工况监控、进境废物原料监控、林业资源安全监控等应用。推动物联网在电力、油气等能源生产、传输、存储、消费等环节的应用，提升能源管理智能化和精细化水平。建立城市级建筑能耗监测和服务平台，对公共建筑和大型楼宇进行能耗监测，实现建筑用能的智能控制和精细管理。鼓励建立能源管理平台，针对大型产业园区开展合同能源管理服务。

（五）完善公共服务体系

打造物联网综合公共服务平台。针对物联网产业公共服务体系做好统筹协调工作，充分利用和整合各区域、各行业已有的物联网相关产业公共服务资源，引导多种投资参与物联网公共服务能力建设，形成资源共享、优势互补的公共服务平台体系。依托现有实验室、工程中心、企业技术中心、大学科技园等各类创新载体，整合创新资源，加强开源社区建设，促进资源流动与开放共享，提供物联网技术研发、标识解析、标准测试、检验检测等公共技术服务。充分发挥物联网各类联盟的作用，加强产业链上下游协同，促进产需对接和成果转化。鼓励龙头企业强化产业生态布局，提供第三方开发能力和解决方案，带动物联网中小企业协同发展。继续推进科技金融、投融资担保、政策咨询、知识产权服务、成果转化、人才培养等综合公共服务平台建设，认定一批物联网公共服务示范平台。探索建立公共服务平台多方参与、合作共赢的商业模式，推动公共服务平台市场化、专业化运营，实现平台自我"造血"，促进公共服务健康可持续发展。

加强物联网统计监测和发展评估。建立物联网统计监测平台，完善统计指标体系。加强产业运行分析，把握产业发展规律，优化产业相关政策，指导和统筹全国物联网发展。建立物联网发展评估体系，对各地区物联网产业发展进行分析评估，为推动物联网产业有序健康发展提供支撑。

（六）提升安全保障能力

推进关键安全技术研发和产业化。引导信息安全企业与物联网技术研发与应用企业、科研机构、高校合作，加强物联网架构安全、异构网络安全、数据安全、个人信息安全等关键技术和产品的研发，强化安全标准的研制、验证和实施，促进安全技术成果转化和产业化，满足公共安全体系中安全生产、防灾减灾救灾、社会治安防控、突发事件应对等方面对物联网技术和产品服务保障的要求。

建立健全安全保障体系。加强物联网安全技术服务平台建设，大力发展第三方安全评估和保障服务。建立健全物联网安全防护制度，开展物联网产品和系统安全测评与评估。对工业、能源、电力、交通等涉及公共安全和基础设施的物联网应用，强化对其系统解决方案、核心设备与运营服务的测试和评估，研究制定"早发现、能防御、快恢复"的安全保障机制，确保重要系统的安全可控。对医疗、健康、养老、家居等物联网应用，加强相关产品和服务的评估测评和监督管理，强化个人信息保护。

四、保障措施

（一）加强统筹协调

充分发挥物联网发展部际联席会议制度的作用，做好部门、行业、区域、军民之间的统筹协调，以及技术研发、标准制定、产业发展、应用推广、安全保障的统筹协调，形成产业链配套和区域分工合作以及资源共享、协同推进的工作格局。充分发挥物联网发展专家咨询委员会的智库作用，加强对重大政策和重大问题研究。

（二）加强财税和投融资政策扶持

加大中央财政支持力度，支持物联网关键核心技术研发和产业化、重大应用示范工程和公共服务平台建设。鼓励物联网企业与银行、保险公司三方合作，探索风险共担、利益共享的融资担保模式。鼓励对重大项目和工程优先给予信贷支持。加强产业与金融资本对接，鼓励风险投资及民间资本加大投入和融资担保力度支持物联网企业发展，支持有条件的企业在创业板、新三板等资本市场直接融资。鼓励地方设立物联网专项资金和制定优惠政策，支持物联网产业发展。

（三）健全完善政策法规

加强政策制定和统筹协调，破解物联网与行业深度融合的体制机制障碍，支持车联网、健康服务等物联网应用创新发展。推动跨部门的物联网数据资源开放、共享和协同，发展物联网开环应用，推进智慧城市建设。开展数据安全和个人信息保护的政策法规研究。合理规划和分配频率、标识、码号等资源，促进物联网基础设施建设。加大物联网标准的宣贯、实施与推广力度，加强知识产权的保护和运用。

（四）加强国际合作

积极推进物联网技术交流与合作。依托政府间对话机制，深化物联网标准、公共服务平台和应用示范的合作。支持国内企业与国际优势企业加强物联网关键技术和产品的研发合作，联合建立国际产业技术联盟。支持我国物联网企业走出去，鼓励企业在境外设立研发机构，积极参与国际标准制定，抢占国际竞争制高点。

（五）加大人才队伍建设力度

健全多层次多类型的物联网人才培养和服务体系。支持高校、科研院所加强跨学科交叉整合，加强物联网学科建设，培养物联网复合型专业人才。支持物联网实训基地建设，鼓励高校和企业合作，发挥学会和协会作用，加强物联网技能和业务培训。依托国家科技计划、示范工程和国际合作，培养高层次人才和领军人才，加快引进国际高端人才。建立高端人才的流动机制，促进人才合理流动，打造专业化的企业管理团队。

工业和信息化部关于印发大数据产业发展规划（2016—2020 年）的通知

（工信部规〔2016〕412 号）

各省、自治区、直辖市及计划单列市、新疆生产建设兵团工业和信息化主管部门，各省、自治区、直辖市通信管理局，有关中央企业，部直属单位：

为贯彻落实《中华人民共和国国民经济和社会发展第十三个五年规划纲要》和《促进大数据发展行动纲要》，加快实施国家大数据战略，推动大数据产业健康快速发展，我部编制了《大数据产业发展规划（2016—2020 年）》。现印发你们，请结合实际贯彻落实。

工业和信息化部

2016 年 12 月 18 日

大数据产业发展规划（2016—2020 年）

数据是国家基础性战略资源，是 21 世纪的"钻石矿"。党中央、国务院高度重视大数据在经济社会发展中的作用，党的十八届五中全会提出"实施国家大数据战略"，国务院印发《促进大数据发展行动纲要》，全面推进大数据发展，加快建设数据强国。"十三五"时期是我国全面建成小康社会的决胜阶段，是新旧动能接续转换的关键时期，全球新一代信息产业处于加速变革期，大数据技术和应用处于创新突破期，国内市场需求处于爆发期，我国大数据产业面临重要的发展机遇。抢抓机遇，推动大数据产业发展，对提升政府治理能力、优化民生公共服务、促进经济转型和创新发展有重大意义。为推动我国大数据产业持续健康发展，深入贯彻党的十八届五中全会精神，实施国家大数据战略，落实国务院《促进大数据发展行动纲要》，按照《国民经济和社会发展第十三个五年规划纲要》的总体部署，编制本规划。

一、我国发展大数据产业的基础

大数据产业指以数据生产、采集、存储、加工、分析、服务为主的相关经济活动，包括数据资源建设、大数据软硬件产品的开发、销售和租赁活动，以及相关信息技术服务。

"十二五"期间，我国信息产业迅速壮大，信息技术快速发展，互联网经济日益繁荣，积累了丰富的数据资源，技术创新取得了明显突破，应用势头良好，为"十三五"时期我国大数据产业加快发展奠定了坚实基础。

信息化积累了丰富的数据资源。我国信息化发展水平日益提高，对数据资源的采集、挖掘和应用水平不断深化。政务信息化水平不断提升，全国面向公众的政府网站达 8.4 万个。智慧城市建设全面展开，"十二五"期间近 300 个城市进行了智慧城市试点。两化融合发展进程不断深入，正进入向纵深发展的新阶段。信息消费蓬勃发展，网民数量超过 7 亿人，移动电话用户规模已经突破 13 亿人，均居世界第一。月度户均移动互联网接入流量达 835MB。政府部门、互联网企业、大型集团企业积累沉淀了大量的数据资源。我国已成为产生和积累数据量最大、数据类型最丰富的国家之一。

大数据技术创新取得明显突破。在软硬件方面，国内骨干软硬件企业陆续推出自主研发的大数据基础平台产品，一批信息服务企业面向特定领域研发数据分析工具，提供创新型数据服务。在平台建设方面，互联网龙头企业服务器单集群规模达到上万台，具备建设和运维超大规模大数据平台的技术实力。在智能分析方面，部分企业积极布局深度学习等人工智能前沿技术，在语音识别、图像理解、文本挖掘等方面抢占技术制高点。在开源技术方面，我国对国际大数据开源软件社区的贡献不断增大。

大数据应用推进势头良好。大数据在互联网服务中得到广泛应用，大幅度提升网络社交、电商、广告、搜索等服务的个性化和智能化水平，催生共享经济等数据驱动的新兴业态。大数据加速向传统产业渗透，驱动生产方式和管理模式变革，推动制造业向网络化、数字化和智能化方向发展。电信、金融、交通等行业利用已积累的丰富数据资源，积极探索客户细分、风险防控、信用评价等应用，加快服务优化、业务创新和产业升级步伐。

大数据产业体系初具雏形。2015年，我国信息产业收入达到17.1万亿元，比2010年进入"十二五"前翻了一番。其中，软件和信息技术服务业实现软件业务收入4.3万亿元，同比增长15.7%。大型数据中心向绿色化、集约化发展，跨地区经营互联网数据中心（IDC）业务的企业达到295家。云计算服务逐渐成熟，主要云计算平台的数据处理规模已跻身世界前列，为大数据提供强大的计算存储能力并促进数据集聚。在大数据资源建设、大数据技术、大数据应用领域涌现出一批新模式和新业态。龙头企业引领，上下游企业互动的产业格局初步形成。基于大数据的创新创业日趋活跃，大数据技术、产业与服务成为社会资本投入的热点。

大数据产业支撑能力日益增强。形成了大数据标准化工作机制，大数据标准体系初步形成，开展了大数据技术、交易、开放共享、工业大数据等国家标准的研制工作，部分标准在北京、上海、贵阳开展了试点示范。一批大数据技术研发实验室、工程中心、企业技术中心、产业创新平台、产业联盟、投资基金等形式的产业支撑平台相继建成。大数据安全保障体系和法律法规不断完善。

二、"十三五"时期面临的形势

大数据成为塑造国家竞争力的战略制高点之一，国家竞争日趋激烈。一个国家掌握和运用大数据的能力成为国家竞争力的重要体现，各国纷纷将大数据作为国家发展战略，将产业发展作为大数据发展的核心。美国高度重视大数据研发和应用，2012年3月推出"大数据研究与发展倡议"，将大数据作为国家重要的战略资源进行管理和应用，2016年5月进一步发布"联邦大数据研究与开发计划"，不断加强在大数据研发和应用方面的布局。欧盟于2014年推出了"数据驱动的经济"战略，倡导欧洲各国抢抓大数据发展机遇。此外，英国、日本、澳大利亚等国也出台了类似政策，积极推动大数据应用，拉动产业发展。

大数据驱动信息产业格局加速变革，创新发展面临难得机遇。当今世界，新一轮科技革命和产业变革正在孕育兴起，信息产业格局面临巨大变革。大数据推动下，信息技术正处于新旧轨道切换的过程中，分布式系统架构、多元异构数据管理技术等新技术、新模式快速发展，产业格局正处在创新变革的关键时期，我国面临加快发展重大机遇。

我国经济社会发展对信息化提出了更高要求，发展大数据具有强大的内生动力。推动大数据应用，加快传统产业数字化、智能化，做大做强数字经济，能够为我国经济转型发展提供新动力，为重塑国家竞争优势创造新机遇，为提升政府治理能力开辟新途径，是支撑国家战略的重要抓手。当前我国正在推进供给侧结构性改革和服务型政府建设，加快实施"互联网+"行动计划和《中国制造2025》，建设公平普惠、便捷高效的民生服务体系，为大数据产业创造了广阔的市场空间，是我国大数据产业发展的强大内生动力。

我国大数据产业具备了良好基础，面临难得的发展机遇，但仍然存在一些困难和问题。一是数据资源开放共享程度低。数据质量不高，数据资源流通不畅，管理能力弱，数据价值难以被有效挖掘利用。二是技术创新与支撑能力不强。我国在新型计算平台、分布式计算架构、大数据处理、分析和呈现方面与国外仍存在较大差距，对开源技术和相关生态系统影响力弱。三是大数据应用水平不高。我国发展大数据具有强劲的应用市场优势，但是目前还存在应用领域不广泛、应用程度不深、认识不到位等问题。四是大数据产业支撑体系尚不完善。数据所有权、隐私权等相关法律法规和信息安全、开放共享等标准规范不健全，尚未建立起兼顾安全与发展的数据开放、管理和信息安全保障体系。五是人才队伍建设亟须加强。大数据基础研究、产品研发和业务应用等各类人才短缺，难以满足发展需要。

"十三五"时期是我国全面建成小康社会决胜阶段，是实施国家大数据战略的起步期，是大数据产业崛起的重要窗口期，必须抓住机遇加快发展，实现从数据大国向数据强国转变。

三、指导思想和发展目标

（一）指导思想

全面贯彻党的十八大和十八届三中、四中、五中、六中全会精神，坚持创新、协调、绿色、开放、共享的发展理念，围绕实施国家大数据战略，以强化大数据产业创新发展能力为核心，以推动数据开放与共享、加强技术产品研发、深化应用创新为重点，以完善发展环境和提升安全保障能力为支撑，打造数据、技术、应用与安全协同发展的自主产业生态体系，全面提升我国大数据的资源掌控能力、技术支撑能力和价值挖掘能力，加快建设数据强国，有力支撑制造强国和网络强国建设。

（二）发展原则

创新驱动。瞄准大数据技术发展前沿领域，强化创新能力，提高创新层次，以企业为主体集中攻克大数据关键技术，加快产品研发，发展壮大新兴大数据服务业态，加强大数据技术、应用和商业模式的协同创新，培育市场化、网络化的创新生态。

应用引领。发挥我国市场规模大、应用需求旺的优势，以国家战略、人民需要、市场需求为牵引，加快大数据技术产品研发和在各行业、各领域的应用，促进跨行业、跨领域、跨地域大数据应用，形成良性互动的产业发展格局。

开放共享。汇聚全球大数据技术、人才和资金等要素资源，坚持自主创新和开放合作相结合，走开放式的大数据产业发展道路。树立数据开放共享理念，完善相关制度，推动数据资源开放共享与信息流通。

统筹协调。发挥企业在大数据产业创新中的主体作用，加大政府政策支持和引导力度，营造良好的政策法规环境，形成政产学研用统筹推进的机制。加强中央、部门、地方大数据发展政策衔接，优化产业布局，形成协同发展合力。

安全规范。安全是发展的前提，发展是安全的保障，坚持发展与安全并重，增强信息安全技术保障能力，建立健全安全防护体系，保障信息安全和个人隐私。加强行业自律，完善行业监管，促进数据资源有序流动与规范利用。

（三）发展目标

预计到 2020 年，技术先进、应用繁荣、保障有力的大数据产业体系基本形成。大数据相关产品和服务业务收入突破 1 万亿元[1]，年均复合增长率保持 30%左右，加快建设数据强国，为实现制造强国和网络强国提供强大的产业支撑。

——技术产品先进可控。在大数据基础软硬件方面形成安全可控技术产品，在大数据获

---

1 基于现有电子信息产业统计数据及行业抽样估计，2015 年我国大数据产业业务收入 2 800 亿元左右。

取、存储管理和处理平台技术领域达到国际先进水平，在数据挖掘、分析与应用等算法和工具方面处于领先地位，形成一批自主创新、技术先进，满足重大应用需求的产品、解决方案和服务。

——应用能力显著增强。工业大数据应用全面支撑智能制造和工业转型升级，大数据在创新创业、政府管理和民生服务等方面广泛深入应用，技术融合、业务融合和数据融合能力显著提升，实现跨层级、跨地域、跨系统、跨部门、跨业务的协同管理和服务，形成数据驱动创新发展的新模式。

——生态体系繁荣发展。形成若干创新能力突出的大数据骨干企业，培育一批专业化数据服务创新型中小企业，培育 10 家国际领先的大数据核心龙头企业和 500 家大数据应用及服务企业。形成比较完善的大数据产业链，大数据产业体系初步形成。建设 10～15 个大数据综合试验区，创建一批大数据产业集聚区，形成若干大数据新型工业化产业示范基地。

——支撑能力不断增强。建立健全覆盖技术、产品和管理等方面的大数据标准体系。建立一批区域性、行业性大数据产业和应用联盟及行业组织。培育一批大数据咨询研究、测试评估、技术和知识产权、投融资等专业化服务机构。建设 1～2 个运营规范、具有一定国际影响力的开源社区。

——数据安全保障有力。数据安全技术达到国际先进水平。国家数据安全保护体系基本建成。数据安全技术保障能力和保障体系基本满足国家战略和市场应用需求。数据安全和个人隐私保护的法规制度较为完善。

四、重点任务和重大工程

（一）强化大数据技术产品研发

以应用为导向，突破大数据关键技术，推动产品和解决方案研发及产业化，创新技术服务模式，形成技术先进、生态完备的技术产品体系。

加快大数据关键技术研发。围绕数据科学理论体系、大数据计算系统与分析、大数据应用模型等领域进行前瞻布局，加强大数据基础研究。发挥企业创新主体作用，整合产学研用资源优势联合攻关，研发大数据采集、传输、存储、管理、处理、分析、应用、可视化和安全等关键技术。突破大规模异构数据融合、集群资源调度、分布式文件系统等大数据基础技术，面向多任务的通用计算框架技术，以及流计算、图计算等计算引擎技术。支持深度学习、类脑计算、认知计算、区块链、虚拟现实等前沿技术创新，提升数据分析处理和知识发现能力。结合行业应用，研发大数据分析、理解、预测及决策支持与知识服务等智能数据应用技术。突破面向大数据的新型计算、存储、传感、通信等芯片及融合架构、内存计算、亿级并发、EB 级存储、绿色计算等技术，推动软硬件协同发展。

培育安全可控的大数据产品体系。以应用为牵引，自主研发和引进吸收并重，加快形成安全可控的大数据产品体系。重点突破面向大数据应用基础设施的核心信息技术设备、信息安全产品以及面向事务的新型关系数据库、列式数据库、NoSQL 数据库、大规模图数据库和新一代分布式计算平台等基础产品。加快研发新一代商业智能、数据挖掘、数据可视化、语义搜索等软件产品。结合数据生命周期管理需求，培育大数据采集与集成、大数据分析与挖掘、大数据交互感知、基于语义理解的数据资源管理等平台产品。面向重点行业应用需求，研发具有行业特征的大数据检索、分析、展示等技术产品，形成垂直领域成熟的大数据解决方案及服务。

创新大数据技术服务模式。加快大数据服务模式创新，培育数据即服务新模式和新业态，提升大数据服务能力，降低大数据应用门槛和成本。围绕数据全生命周期各阶段需求，发展数据采集、清洗、分析、交易、安全防护等技术服务。推进大数据与云计算服务模式融合，促进海量数据、大规模分布式计算和智能数据分析等公共云计算服务发展，提升第三方大数据技术服务能力。推动大数据技术服务与行业深度结合，培育面向垂直领域的大数据服务模式。

专栏 1：大数据关键技术及产品研发与产业化工程

突破技术。支持大数据共性关键技术研究，实施云计算和大数据重点专项等重大项目。着力突破服务器新型架构和绿色节能技术、海量多源异构数据的存储和管理技术、可信数据分析技术、面向大数据处理的多种计算模型及其编程框架等关键技术。

打造产品。以应用为导向，支持大数据产品研发，建立完善的大数据工具型、平台型和系统型产品体系，形成面向各行业的成熟大数据解决方案，推动大数据产品和解决方案研发及产业化。

树立品牌。支持我国大数据企业建设自主品牌，提升市场竞争力。引导企业加强产品质量管控，提高创新能力，鼓励企业加强战略合作。加强知识产权保护，推动自主知识产权标准产业化和国际化应用。培育一批国际知名的大数据产品和服务公司。

专栏 2：大数据服务能力提升工程

培育数据即服务模式。发展数据资源服务、在线数据服务、大数据平台服务等模式，支持企业充分整合、挖掘、利用自有数据或公共数据资源，面向具体需求和行业领域，开展数据分析、数据咨询等服务，形成按需提供数据服务的新模式。

支持第三方大数据服务。鼓励企业探索数据采集、数据清洗、数据交换等新商业模式，培育一批开展数据服务的新业态。支持弹性分布式计算、数据存储等基础数据处理云服务发展。加快发展面向大数据分析的在线机器学习、自然语言处理、图像理解、语音识别、空间分析、基因分析和大数据可视化等数据分析服务。开展第三方数据交易平台建设试点示范。

（二）深化工业大数据创新应用

加强工业大数据基础设施建设规划与布局，推动大数据在产品全生命周期和全产业链的应用，推进工业大数据与自动控制和感知硬件、工业核心软件、工业互联网、工业云和智能服务平台融合发展，形成数据驱动的工业发展新模式，支撑《中国制造 2025》，探索建立工业大数据中心。

加快工业大数据基础设施建设。加快建设面向智能制造单元、智能工厂及物联网应用的低延时、高可靠、广覆盖的工业互联网，提升工业网络基础设施服务能力。加快工业传感器、射频识别（RFID）、光通信器件等数据采集设备的部署和应用，促进工业物联网标准体系建设，推动工业控制系统的升级改造，汇聚传感、控制、管理、运营等多源数据，提升产品、装备、企业的网络化、数字化和智能化水平。

推进工业大数据全流程应用。支持建设工业大数据平台，推动大数据在重点工业领域各环节应用，提升信息化和工业化深度融合发展水平，助推工业转型升级。加强研发设计大数据应用能力，利用大数据精准感知用户需求，促进基于数据和知识的创新设计，提升研发效率。加快生产制造大数据应用，通过大数据监控优化流水线作业，强化故障预测与健康管理，优化产品质量，降低能源消耗。提升经营管理大数据应用水平，提高人力、财务、生产制造、采购等关键经营环节业务集成水平，提升管理效率和决策水平，实现经营活动的智能化。推动客户服务大数据深度应用，促进大数据在售前、售中、售后服务中的创新应用。促进数据资源整合，打通各个环节数据链条，形成全流程的数据闭环。

培育数据驱动的制造业新模式。深化制造业与互联网融合发展，坚持创新驱动，加快工业大数据与物联网、云计算、信息物理系统等新兴技术在制造业领域的深度集成与应用，构建制造业企业大数据"双创"平台，培育新技术、新业态和新模式。利用大数据，推动"专精特新"中小企业参与产业链，与《中国制造2025》、军民融合项目对接，促进协同设计和协同制造。大力发展基于大数据的个性化定制，推动发展顾客对工厂（C2M）等制造模式，提升制造过程智能化和柔性化程度。利用大数据加快发展制造即服务模式，促进生产型制造向服务型制造转变。

专栏3：工业大数据创新发展工程

加强工业大数据关键技术研发及应用。加快大数据获取、存储、分析、挖掘、应用等关键技术在工业领域的应用，重点研究可编程逻辑控制器、高通量计算引擎、数据采集与监控等工控系统，开发新型工业大数据分析建模工具，开展工业大数据优秀产品、服务及应用案例的征集与宣传推广。

建设工业大数据公共服务平台，提升中小企业大数据运用能力。支持面向典型行业中小企业的工业大数据服务平台建设，实现行业数据资源的共享交换以及对产品、市场和经济运行的动态监控、预测预警，提升对中小企业的服务能力。

重点领域大数据平台建设及应用示范。支持面向航空航天装备、海洋工程装备及高技术船舶、先进轨道交通装备、节能与新能源汽车等离散制造企业，以及石油、化工、电力等流程制造企业集团的工业大数据平台开发和应用示范，整合集团数据资源，提升集团企业协同研发能力和集中管控水平。

探索工业大数据创新模式。支持建设一批工业大数据创新中心，推进企业、高校和科研院所共同探索工业大数据创新的新模式和新机制，推进工业大数据核心技术突破、产业标准建立、应用示范推广和专业人才培养引进，促进研究成果转化。

（三）促进行业大数据应用发展

加强大数据在重点行业领域的深入应用，促进跨行业大数据融合创新，在政府治理和民生服务中提升大数据运用能力，推动大数据与各行业领域的融合发展。

推动重点行业大数据应用。推动电信、能源、金融、商贸、农业、食品、文化创意、公共安全等行业领域大数据应用，推进行业数据资源的采集、整合、共享和利用，充分释放大数据在产业发展中的变革作用，加速传统行业经营管理方式变革、服务模式和商业模式创新及产业价值链体系重构。

促进跨行业大数据融合创新。打破体制机制障碍，打通"数据孤岛"，创新合作模式，培育交叉融合的大数据应用新业态。支持电信、互联网、工业、金融、健康、交通等信息化基础好的领域率先开展跨领域、跨行业的大数据应用，培育大数据应用新模式。支持大数据相关企业与传统行业加强技术和资源对接，共同探索多元化合作运营模式，推动大数据融合应用。

强化社会治理和公共服务大数据应用。以民生需求为导向，以电子政务和智慧城市建设为抓手，以数据集中和共享为途径，推动全国一体化的国家大数据中心建设，推进技术融合、业务融合、数据融合，实现跨层级、跨地域、跨系统、跨部门、跨业务的协同管理和服务。促进大数据在政务、交通、教育、健康、社保、就业等民生领域的应用，探索大众参与的数据治理模式，提升社会治理和城市管理能力，为群众提供智能、精准、高效、便捷的公共服务。促进大数据在市场主体监管与服务领域应用，建设基于大数据的重点行业运行分析服务平台，加强重点行业、骨干企业经济运行情况监测，提高行业运行监管和服务的时效性、精准性和前瞻性。促进政府数据和企业数据融合，为企业创新发展和社会治理提供有力支撑。

专栏4：跨行业大数据应用推进工程

开展跨行业大数据试点示范。选择电信、互联网、工业、金融、交通、健康等数据资源丰富、信息化基础较好、应用需求迫切的重点行业领域，建设跨行业跨领域大数据平台。基于平台探索跨行业数据整合共享机制、数据共享范围、数据整合对接标准，研发数据及信息系统互操作技术，推动跨行业的数据资源整合集聚，开展跨行业大数据应用，选择应用范围广、应用效果良好的领域开展试点示范。

成立跨行业大数据推进组织。支持成立跨部门、跨行业、跨地域的大数据应用推进组织，联合开展政策、法律法规、技术和标准研究，加强跨行业大数据合作交流。

建设大数据融合应用试验床。建设跨行业大数据融合应用试验床，汇聚测试数据、分析软件和建模工具，为研发机构、大数据企业开展跨界联合研发提供环境。

（四）加快大数据产业主体培育

引导区域大数据发展布局，促进基于大数据的创新创业，培育一批大数据龙头企业和创新型中小企业，形成多层次、梯队化的创新主体和合理的产业布局，繁荣大数据生态。

利用大数据助推创新创业。鼓励资源丰富、技术先进的大数据领先企业建设大数据平台，开放平台数据、计算能力、开发环境等基础资源，降低创新创业成本。鼓励大型企业依托互联网"双创"平台，提供基于大数据的创新创业服务。组织开展算法大赛、应用创新大赛、众包众筹等活动，激发创新创业活力。支持大数据企业与科研机构深度合作，打通科技创新和产业化之间的通道，形成数据驱动的科研创新模式。

构建企业协同发展格局。支持龙头企业整合利用国内外技术、人才和专利等资源，加快大数据技术研发和产品创新，提高产品和服务的国际市场占有率和品牌影响力，形成一批具有国际竞争力的综合型和专业型龙头企业。支持中小企业深耕细分市场，加快服务模式创新和商业模式创新，提高中小企业的创新能力。鼓励生态链各环节企业加强合作，构建多方协作、互利共赢的产业生态，形成大中小企业协同发展的良好局面。

优化大数据产业区域布局。引导地方结合自身条件，突出区域特色优势，明确重点发展方向，深化大数据应用，合理定位，科学谋划，形成科学有序的产业分工和区域布局。在全国建设若干国家大数据综合试验区，在大数据制度创新、公共数据开放共享、大数据创新应用、大数据产业集聚、数据要素流通、数据中心整合、大数据国际交流合作等方面开展系统性探索试验，为全国大数据发展和应用积累经验。在大数据产业特色优势明显的地区建设一批大数据产业集聚区，创建大数据新型工业化产业示范基地，发挥产业集聚和协同作用，以点带面，引领全国大数据发展。统筹规划大数据跨区域布局，利用大数据推动信息共享、信息消费、资源对接、优势互补，促进区域经济社会协调发展。

专栏 5：大数据产业集聚区创建工程

建设一批大数据产业集聚区。支持地方根据自身特点和产业基础，突出优势，合理定位，创建一批大数据产业集聚区，形成若干大数据新型工业化产业示范基地。加强基础设施统筹整合，助推大数据创新创业，培育大数据骨干企业和中小企业，强化服务与应用，完善配套措施，构建良好产业生态。在大数据技术研发、行业应用、教育培训、政策保障等方面积极创新，培育壮大大数据产业，带动区域经济社会转型发展，形成科学有序的产业分工和区域布局。建立集聚区评价指标体系，开展定期评估。

（五）推进大数据标准体系建设

加强大数据标准化顶层设计，逐步完善标准体系，发挥标准化对产业发展的重要支撑作用。

加快大数据重点标准研制与推广。结合大数据产业发展需求，建立并不断完善涵盖基础、数据、技术、平台/工具、管理、安全和应用的大数据标准体系。加快基础通用国家标准和重点应用领域行业标准的研制。选择重点行业、领域、地区开展标准试验验证和试点示范，加强宣贯和实施。建立标准符合性评估体系,强化标准对市场培育、服务能力提升和行业管理的支撑作用。加强国家标准、行业标准和团体标准等各类标准之间的衔接配套。

积极参与大数据国际标准化工作。加强我国大数据标准化组织与相关国际组织的交流合作。组织我国产学研用资源,加快国际标准提案的推进工作。支持相关单位参与国际标准化工作并承担相关职务,承办国际标准化活动,扩大国际影响。

专栏6:大数据重点标准研制及应用示范工程

加快研制重点国家标准。围绕大数据标准化的重大需求,开展数据资源分类、开放共享、交易、标识、统计、产品评价、数据能力、数据安全等基础通用标准以及工业大数据等重点应用领域相关国家标准的研制。

建立验证检测平台。建立标准试验验证和符合性检测平台,重点开展数据开放共享、产品评价、数据能力成熟度、数据质量、数据安全等关键标准的试验验证和符合性检测。

开展标准应用示范。优先支持大数据综合试验区和大数据产业集聚区建立标准示范基地,开展重点标准的应用示范工作。

(六)完善大数据产业支撑体系

统筹布局大数据基础设施,建设大数据产业发展创新服务平台,建立大数据统计及发展评估体系,创造良好的产业发展环境。

合理布局大数据基础设施建设。引导地方政府和有关企业统筹布局数据中心建设,充分利用政府和社会现有数据中心资源,整合改造规模小、效率低、能耗高的分散数据中心,避免资源和空间的浪费。鼓励在大数据基础设施建设中广泛推广可再生能源、废弃设备回收等低碳环保方式,引导大数据基础设施体系向绿色集约、布局合理、规模适度、高速互联方向发展。加快网络基础设施建设升级,优化网络结构,提升互联互通质量。

构建大数据产业发展公共服务平台。充分利用和整合现有创新资源,形成一批大数据测试认证及公共服务平台。支持建立大数据相关开源社区等公共技术创新平台,鼓励开发者、企业、研究机构积极参与大数据开源项目,增强在开源社区的影响力,提升创新能力。

建立大数据发展评估体系。研究建立大数据产业发展评估体系,对我国及各地大数据资源建设状况、开放共享程度、产业发展能力、应用水平等进行监测、分析和评估,编制发布大数据产业发展指数,引导和评估全国大数据发展。

专栏 7：大数据公共服务体系建设工程

建立大数据产业公共服务平台。提供政策咨询、共性技术支持、知识产权、投融资对接、品牌推广、人才培训、创业孵化等服务，推动大数据企业快速成长。

支持第三方机构建立测试认证平台。开展大数据可用性、可靠性、安全性和规模质量等方面的测试测评、认证评估等服务。

建立大数据开源社区。以自主创新技术为核心，孵化培育本土大数据开源社区和开源项目，构建大数据产业生态。

（七）提升大数据安全保障能力

针对网络信息安全新形势，加强大数据安全技术产品研发，利用大数据完善安全管理机制，构建强有力的大数据安全保障体系。

加强大数据安全技术产品研发。重点研究大数据环境下的统一账号、认证、授权和审计体系及大数据加密和密级管理体系，突破差分隐私技术、多方安全计算、数据流动监控与追溯等关键技术。推广防泄露、防窃取、匿名化等大数据保护技术，研发大数据安全保护产品和解决方案。加强云平台虚拟机安全技术、虚拟化网络安全技术、云安全审计技术、云平台安全统一管理技术等大数据安全支撑技术研发及产业化，加强云计算、大数据基础软件系统漏洞挖掘和加固。

提升大数据对网络信息安全的支撑能力。综合运用多源数据，加强大数据挖掘分析，增强网络信息安全风险感知、预警和处置能力。加强基于大数据的新型信息安全产品研发，推动大数据技术在关键信息基础设施安全防护中的应用，保障金融、能源、电力、通信、交通等重要信息系统安全。建设网络信息安全态势感知大数据平台和国家工业控制系统安全监测与预警平台，促进网络信息安全威胁数据采集与共享，建立统一高效、协同联动的网络安全风险报告、情报共享和研判处置体系。

专栏 8：大数据安全保障工程

开展大数据安全产品研发与应用示范。支持相关企业、科研院所开展大数据全生命周期安全研究，研发数据来源可信、多源融合安全数据分析等新型安全技术，推动数据安全态势感知、安全事件预警预测等新型安全产品研发和应用。

支持建设一批大数据安全攻防仿真实验室。研究建立软硬一体化的模拟环境，支持工业、能源、金融、电信、互联网等重点行业开展数据入侵、反入侵和网络攻防演练，提升数据安全防护水平和应急处置能力。

五、保障措施

（一）推进体制机制创新

在促进大数据发展部际联席会议制度下，建立完善中央和地方联动的大数据发展协调机制，形成以应用带动产业、以产业支撑应用的良性格局，协同推进大数据产业和应用的发展。加强资源共享和沟通协作，协调制定政策措施和行动计划，解决大数据产业发展过程中的重大问题。建立大数据发展部省协调机制，加强地方与中央大数据产业相关政策、措施、规划等政策的衔接，通过联合开展产业规划等措施促进区域间大数据政策协调。组织开展大数据发展评估检查工作，确保重点工作有序推进。充分发挥地方政府大数据发展统筹机构或协调机制的作用，将大数据产业发展纳入本地区经济社会发展规划，加强大数据产业发展的组织保障。

（二）健全相关政策法规制度

推动制定公共信息资源保护和开放的制度性文件，以及政府信息资源管理办法，逐步扩大开放数据的范围，提高开放数据质量。加强数据统筹管理及行业自律，强化大数据知识产权保护，鼓励企业设立专门的数据保护职位。研究制定数据流通交易规则，推进流通环节的风险评估，探索建立信息披露制度，支持第三方机构进行数据合规应用的监督和审计，保障相关主体合法权益。推动完善个人信息保护立法，建立个人信息泄露报告制度，健全网络数据和用户信息的防泄露、防篡改和数据备份等安全防护措施及相关的管理机制，加强对数据滥用、侵犯个人隐私等行为的管理和惩戒力度。强化关键信息基础设施安全保护，推动建立数据跨境流动的法律体系和管理机制，加强重要敏感数据跨境流动的管理。推动大数据相关立法进程，支持地方先行先试，研究制定地方性大数据相关法规。

（三）加大政策扶持力度

结合《促进大数据发展行动纲要》、《中国制造2025》"互联网+"行动计划、培育发展战略性新兴产业的决定等战略文件，制定面向大数据产业发展的金融、政府采购等政策措施，落实相关税收政策。充分发挥国家科技计划（专项、基金等）资金扶持政策的作用，鼓励有条件的地方设立大数据发展专项基金，支持大数据基础技术、重点产品、服务和应用的发展。鼓励产业投资机构和担保机构加大对大数据企业的支持力度，引导金融机构对技术先进、带动力强、惠及面广的大数据项目优先予以信贷支持，鼓励大数据企业进入资本市场融资，为企业重组并购创造更加宽松的市场环境。支持符合条件的大数据企业享受相应优惠政策。

（四）建设多层次人才队伍

建立适应大数据发展需求的人才培养和评价机制。加强大数据人才培养，整合高校、企业、社会资源，推动建立创新人才培养模式，建立健全多层次、多类型的大数据人才培养体系。鼓励高校探索建立培养大数据领域专业型人才和跨界复合型人才机制。支持高校与企业联合建立实习培训机制，加强大数据人才职业实践技能培养。鼓励企业开展在职人员大数据技能培训，积极培育大数据技术和应用创新型人才。依托社会化教育资源，开展大数据知识普及和教育培训，提高社会整体认知和应用水平。鼓励行业组织探索建立大数据人才能力评价体系。完善配套措施，培养大数据领域创新型领军人才，吸引海外大数据高层次人才来华就业、创业。

（五）推动国际化发展

按照网络强国建设的总体要求，结合"一带一路"等国家重大战略，加快开拓国际市场，输出优势技术和服务，形成一批具有国际竞争力的大数据企业和产品。充分利用国际合作交流机制和平台，加强在大数据关键技术研究、产品研发、数据开放共享、标准规范、人才培养等方面的交流与合作。坚持网络主权原则，积极参与数据安全、数据跨境流动等国际规则体系建设，促进开放合作，构建良好秩序。

工业和信息化部关于规范电信服务协议有关事项的通知

（工信部信管〔2017〕436号）

各省、自治区、直辖市通信管理局，各相关电信业务经营者：

为规范电信服务，保障电信用户和电信业务经营者的合法权益，现将电信服务协议有关规范性要求通知如下。

一、电信业务经营者在开展相关电信业务经营活动时，应本着公平诚信的原则与用户订立电信服务协议，做到用户与电信业务经营者之间权利义务对等。

本通知所称的电信服务协议，是指电信业务经营者与用户之间设立、变更、终止电信服务权利义务关系的合同。

二、电信业务经营者与用户订立服务协议，可以采用书面形式或其他形式。电信业务经营者与用户订立入网协议的，应当采用书面形式。

书面形式是指合同书、信件和数据电文（包括但不限于传真、电子数据交换、短信、电子邮件、网页、客户端）等可以有形地表现所载内容的形式。

三、在电信服务协议有效期间，电信业务经营者有义务保存所订立的服务协议。电信业务经营者与用户约定以非书面形式订立服务协议的，电信业务经营者应当留存能够证明双方订立服务协议或者成立服务协议关系的凭证。

四、电信业务经营者与用户订立入网协议时，电信业务经营者应当要求用户出示有效身份证件、提供真实身份信息并进行查验，对身份不明或拒绝身份查验的，不得提供服务。

五、用户委托他人代办电信业务手续的，电信业务经营者应当要求受托人出示用户和受托人的有效身份证件，对真实身份信息进行查验。

六、电信服务协议一般包括以下内容：

（一）电信业务经营者的名称、地址、联系方式；

（二）用户身份证件类别及证件上所记载的姓名（名称）、号码、住址信息；

（三）用户选定的服务项目；

（四）资费标准；

（五）电信业务经营者做出的服务质量承诺；

（六）咨询投诉渠道；

（七）双方的违约责任；

（八）解决争议的方法；

（九）订立协议的日期；

（十）协议的有效期；

（十一）双方的签字、盖章等确认信息。

七、在电信业务经营者与用户订立的电信服务协议中，不得含有涉及以下内容的条款：

（一）限制用户使用其他电信业务经营者依法开办的电信业务或限制用户依法享有的其他选择权；

（二）规定在电信业务经营者违约时，免除或限制其因此应当承担的违约责任；

（三）规定当发生紧急情况对用户不利时，电信业务经营者可以不对用户负通知义务；

（四）规定只有电信业务经营者单方享有对电信服务协议的解释权；

（五）规定用户因电信业务经营者提供的电信服务受到损害，不享有请求赔偿的权利；

（六）违反《中华人民共和国合同法》等法律法规相关规定。

八、电信业务经营者在合同外通过书面形式或大众媒体方式公开做出的服务承诺，自动成为电信服务协议的组成部分，但不得作出对用户不公平、不合理的规定，或者减轻、免除其损害用户合法权益应当承担的民事责任。

九、电信业务经营者在为用户开通包月付费或需要用户支付功能费的服务项目时，应征得用户的同意。征得用户同意的凭证作为电信服务协议的补充协议，与电信服务协议具有同等的效力。

十、电信业务经营者应依照与用户订立的服务协议为用户提供服务。用户应按照服务协议的约定使用电信业务，履行相应义务。

十一、在电信服务协议有效期间，电信业务经营者不得擅自终止提供服务。未经与用户变更协议，不得擅自撤销任何服务功能或降低服务质量，不得擅自增加收费项目或提高资费标准，不得擅自改变与用户约定的电信业务收费方式。用户因违反相关法律法规的除外。

十二、用户与电信业务经营者发生争议时，可以依据《中华人民共和国合同法》等有关法律规定追究对方民事责任。根据《中华人民共和国电信条例》及《电信用户申诉处理办法》的规定，属于申诉受理范围的，用户可以依法向电信用户申诉受理机构提起申诉。

十三、电信业务经营者在服务协议格式条款拟定过程中应当广泛听取消费者组织、用户代表及相关部门的意见和建议。

十四、电信业务经营者不得拒绝与符合条件的电信用户订立服务协议。

十五、电信业务经营者因不可抗力或国家政策调整等原因导致电信服务协议部分或全部条款无法执行时，应当告知用户，并做好用户善后工作。

十六、电信业务经营者在订立、保存电信服务协议等环节，应当遵守《中华人民共和国网络安全法》《全国人民代表大会常务委员会关于加强网络信息保护的决定》《电信和互联网用户个人信息保护规定》等法律规定，做好用户信息保护工作。

十七、本通知自 2017 年 2 月 1 日起施行。原信息产业部 2004 年 10 月 9 日公布的《关于规范电信服务协议有关问题的通知》（信部电〔2004〕381 号）同时废止。

工业和信息化部

2016 年 12 月 28 日

工业和信息化部关于印发《卫星网络申报协调与登记维护管理办法（试行）》的通知

（工信部无〔2017〕3号）

各卫星操作单位：

为加强和规范卫星网络的申报、协调、登记、维护等各项工作，根据《中华人民共和国无线电管理条例》、国际电信联盟《无线电规则》等相关法规和规定，制定《卫星网络申报协调与登记维护管理办法（试行）》。现予发布，自2017年3月1日起施行。

工业和信息化部

2017年1月3日

卫星网络申报协调与登记维护管理办法（试行）

第一章　总则

第一条　为加强和规范卫星网络的申报、协调、登记和维护工作，根据《中华人民共和国无线电管理条例》、国际电信联盟（以下简称国际电联）《无线电规则》等相关法规和规定，制定本办法。

第二条　本办法所称的卫星网络，是指由卫星（包括人造卫星、飞船、空间站、深空探测器等航天器）及相应地球站组成的卫星无线电系统或卫星无线电系统的一部分。卫星网络资料是指卫星网络正常工作所涉及的无线电频率和空间轨道等相关信息的技术文件。

卫星网络根据申报使用方式的不同，可分为非规划频段卫星网络和规划频段卫星网络；根据卫星网络资料处理阶段的不同，可分为卫星网络的提前公布资料、协调资料和通知资料，以及规划频段PART A资料、PART B资料等。

第三条　本办法适用于在国际电联《无线电规则》框架下，我国卫星操作单位通过工业和信息化部向国际电联申报卫星网络，以及相应开展的卫星网络协调、登记和维护等各项工作。

涉及香港、澳门特别行政区卫星网络的申报、协调、登记和维护事宜，根据内地与香港、澳门特别行政区政府间有关规定办理。

涉及地球站的协调与登记事宜，按照工业和信息化部有关规定办理。

涉及军事系统卫星网络相关事宜，按照军队有关规定办理。

第四条 拟使用卫星频率和轨道资源开展空间无线电业务的，应按照《无线电规则》和本办法要求，向国际电联申报卫星网络。涉及办理空间无线电台执照、组建卫星通信网、卫星发射、电信业务经营等的，还应依法取得相应行政许可。

第五条 投入使用卫星网络需履行国际电联规定的卫星网络申报、协调、登记以及维护等阶段的相关程序。

在卫星网络申报阶段，由卫星操作单位编制相关材料，通过工业和信息化部向国际电联报送提前公布资料、协调资料、规划频段 PART A 资料等，以及相应开展与之相关的资料补充、修改和澄清等工作。首次申报卫星网络的，由国际电联注册为中国的卫星操作单位。

在卫星网络协调阶段，由工业和信息化部组织卫星操作单位就申报的卫星网络，开展与国内及相关国家的卫星网络和地面无线电业务的兼容共用技术磋商工作。

在卫星网络登记阶段，由工业和信息化部将已履行申报、协调程序的卫星网络通知资料，以及相应的投入使用、履行相关行政程序所需的信息（行政应付努力信息）等报送国际电联，并通知国际电联将卫星网络资料相关信息登记进入频率总表（MIFR），以取得国际认可和保护地位。

在卫星网络的申报、协调、登记或投入使用后等阶段，根据卫星网络的使用计划或实际使用情况，由工业和信息化部组织卫星操作单位开展相应的卫星网络维护工作，以保持卫星网络资料的有效性，提高卫星频率和轨道资源使用效率。

第二章 卫星网络的申报和国内协调

第六条 卫星操作单位应当具有法人资格，具备履行工业和信息化部和国际电联规定义务的能力，并符合法律法规规定的开展空间业务活动的条件。

第七条 卫星操作单位拟申报卫星网络的，应向工业和信息化部提交下列材料。

（一）申报文件，包括所申报的卫星网络的概况、主要参数、项目背景、使用用途、实施计划、频率协调方案和项目联系人。涉及委托关系的，还应提供相关证明文件。

（二）使用国际电联指定软件填报生成的《无线电规则》附录 4 和相关决议所列的电子版文件。

（三）卫星网络申报承诺书（见附件）。

（四）工业和信息化部要求的其他材料。

首次申报卫星网络的，除上述材料外，还应提供。

（一）申报单位基本情况、单位负责人和联系人。

（二）法人资格证明。

（三）具有履行国际电联以及工业和信息化部规定的相关能力的证明材料（技术人员、管理人员情况和必要的设施、资金等相关情况的证明材料）。

上述信息如发生重大变化，卫星操作单位应当及时向工业和信息化部报送变更后的材料。

第八条 向国际电联申报的卫星网络应当符合《中华人民共和国无线电频率划分规定》等无线电管理规定的有关要求，并符合以下条件。

（一）申报的卫星网络特性符合国际电联《无线电规则》等有关规定。

（二）申报时间符合国际电联规定的时限要求；对于临时重大任务安排、短任务周期卫星等特殊卫星网络，在总体符合频率兼容的条件下，可适当放宽申报时限。

（三）涉及使用卫星业余无线电业务的，还应当符合国际业余无线电联盟有关技术规范和要求。

第九条 申报材料受理后，由工业和信息化部组织召开国内协调会议，就频率兼容等问题征求国内其他相关卫星操作单位的意见。必要时，工业和信息化部可组织相关单位进行技术论证、专家咨询。经国内协调会议研究，工业和信息化部综合考虑相关卫星网络的申报顺序、卫星项目的立项论证情况以及我国卫星频率和轨道资源申报总体工作需要等因素，形成申报意见。

卫星网络申报后，申报单位应积极主动开展国内协调工作，被协调单位应予以配合，相关协调要求应当合理可行。国内协调的完成情况是后续报送通知资料的重要依据。

第三章 卫星网络的国际协调

第十条 卫星操作单位在卫星网络提前公布资料、协调资料或 PART A 资料等报送国际电联后,应根据国际电联在国际频率信息通报(IFIC)中公布的协调清单和《无线电规则》有关要求,通过信函、电子邮件、电话会议、会谈等方式与相关国家的卫星网络和地面无线电业务开展协调。

第十一条 卫星网络协调可以通过主管部门开展,也可由卫星操作单位自主开展。主管部门间的协调会谈优先考虑涉及静止轨道卫星网络、实际在轨卫星、已批复工程计划、开展国际合作或者历次卫星操作单位间协调中遇有突出困难等的相关卫星网络的协调。

第十二条 应卫星操作单位要求,工业和信息化部可对卫星操作单位间的协调给予必要的指导。我国卫星操作单位与国外卫星操作单位间达成的协调协议应当符合我国无线电管理相关规定,有利于国家卫星频率和轨道资源整体利益,并不得损害国内第三方合法权益。卫星操作单位间所达成的协调协议,应当在协议签署后 6 个月内报告工业和信息化部。

第十三条 卫星操作单位应当在每年的 10 月前将下一年度的卫星网络国际协调计划报工业和信息化部。根据卫星网络协调的工作需要,由工业和信息化部统筹安排下一年度主管部门间卫星网络国际协调会谈计划。

第十四条 对于规划频段的 PART A 资料,在完成必要的国际协调后,卫星操作单位应当通过工业和信息化部向国际电联提交 PART B 资料,并同时提供协调情况说明。

第四章 卫星网络的登记

第十五条 卫星操作单位应当在卫星网络投入使用前,向工业和信息化部提交使用国际电联指定软件填报的《无线电规则》附录 4 所列通知资料,并提供与国内、国际其他卫星网络及相关地面无线电业务协调完成情况的说明。通知资料可依据协调情况进行适当调整,但相关参数一般不得超出此前申报资料的范围。

第十六条 卫星操作单位按要求完成国内协调和必要的国际协调的,由工业和信息化部向国际电联报送卫星网络通知资料,并履行相关的通知登记程序。

确实难以完成相关国际协调的卫星操作单位,应向工业和信息化部作出书面说明,工业和信息化部综合考虑国家卫星频率和轨道资源申报情况后仍可向国际电联报送通知资料。

第十七条 在卫星网络投入使用前,卫星操作单位应按有关要求通过工业和信息化部向国际电联报送行政应付努力信息,并提供卫星网络标识、航天器制造商、发射服务提供商等有关信息说明。

第十八条 卫星网络投入使用后，卫星操作单位应在规定期限内通过工业和信息化部向国际电联报送卫星网络投入使用信息，并说明卫星实际发射和接收频段与卫星网络资料的对应情况。

通过一颗卫星投入使用多个轨位卫星网络的，应按国际电联有关要求提供情况说明。

第五章　卫星网络的维护

第十九条 卫星操作单位应当按照有关要求，及时、准确、积极地开展卫星网络协调等信函处理工作。在信函处理工作中，卫星操作单位应草拟完整的信函处理意见并附上相关说明材料，由工业和信息化部回复相关国家主管部门或国际电联。

第二十条 卫星操作单位应按有关要求，及时、准确处理国际电联频率信息通报。对其他国家申报的提前公布资料、协调资料、通知资料以及规划频段 PART A、PART B 资料等信息，卫星操作单位应就国外卫星网络对中方卫星网络的干扰情况、双方协调完成状态等信息进行分析并提出协调意见。

第二十一条 卫星操作单位每年可通过工业和信息化部向国际电联申请免费卫星网络资料，免除国际电联相关成本回收费用。工业和信息化部在综合考虑各单位所申报的卫星网络资料的公益性，以及投入使用的可能性、协调情况、成本回收金额等因素后，指定一份免费卫星网络资料，经公示无异议后履行国际电联的相关手续。免费卫星网络资料的申请应当在每年 10 月前向工业和信息化部提出。

第二十二条 卫星投入使用后应按卫星网络资料规定的参数范围及达成的协调协议开展工作。超出卫星网络资料参数范围的，应当向工业和信息化部报送卫星网络的修改资料或重新报送资料。

第二十三条 已投入使用的卫星网络拟暂停使用的，卫星操作单位应按规定时限通过工业和信息化部向国际电联申请暂停使用。恢复使用后，卫星操作单位应按规定时限报告工业和信息化部，并提供对相关卫星的发射接收能力的描述，由工业和信息化部向国际电联报送重新投入使用信息。

第二十四条 对于已投入使用的卫星网络拟延长使用的，卫星操作单位应按规定时限在卫星网络使用期限届满前通过工业和信息化部向国际电联办理延期手续。

第二十五条　国内卫星操作单位之间拟利用卫星网络开展合作的，应符合国家卫星频率和轨道资源整体权益，不得损害国内其他卫星操作单位权益，并报告工业和信息化部。

卫星操作单位拟利用其他国家卫星网络设置使用我国空间无线电台的，应当完成与国内卫星网络的协调，并报告工业和信息化部；卫星操作单位拟通过其他国家空间无线电台使用我国卫星网络的，应当符合卫星测控站设置在我国境内或相关卫星操作由我国可控的条件，且不得损害国内其他卫星操作单位权益，并报告工业和信息化部。

第二十六条　在下列情况下，工业和信息化部可对卫星操作单位的相关卫星网络资料的使用权进行调配。

（一）卫星操作单位间协商一致，调配使用后有助于提高频率使用效率，且不损害国内其他卫星操作单位权益的。

（二）国家重大工程任务需要，调配使用后符合国家卫星频率和轨道资源整体利益的。

受让的卫星操作单位应当确保对相关卫星网络的合理有效利用，并对原卫星操作单位因申报协调卫星网络产生的费用给予合理补偿。

第二十七条　根据国家卫星频率和轨道资源申报工作需要，工业和信息化部可组织相关单位申报卫星网络资料，并给予必要的指导。

第六章　附则

第二十八条　违反本办法规定的，由工业和信息化部予以约谈、通报并责令改正；卫星操作单位因自身原因不能合理有效利用卫星频率和轨道资源，造成资源长期闲置并导致国家权益损失的，或造成其他严重后果的，工业和信息化部可收回其所申报的卫星网络资料并重新分配使用。

未经许可擅自使用或转让卫星频率的，由工业和信息化部依照《中华人民共和国无线电管理条例》给予处罚。

第二十九条　本办法由工业和信息化部解释。

第三十条　本办法自 2017 年 3 月 1 日起施行。

工业和信息化部关于清理规范互联网网络接入服务市场的通知

（工信部信管函〔2017〕32 号）

各省、自治区、直辖市通信管理局，中国信息通信研究院、中国电信集团公司、中国移动通信集团公司、中国联合网络通信集团有限公司、中国广播电视网络有限公司、中信网络有限公司，各互联网数据中心业务经营者、互联网接入服务业务经营者、内容分发网络业务经营者：

近年来，网络信息技术日新月异，云计算、大数据等应用蓬勃发展，我国互联网网络接入服务市场面临难得的发展机遇，但无序发展的苗头也随之显现，亟须整治规范。为进一步规范市场秩序，强化网络信息安全管理，促进互联网行业健康有序发展，工业和信息化部决定自即日起至 2018 年 3 月 31 日，在全国范围内对互联网网络接入服务市场开展清理规范工作。现将有关事项通知如下。

一、目标任务

依法查处互联网数据中心（IDC）业务、互联网接入服务（ISP）业务和内容分发网络（CDN）业务市场存在的无证经营、超范围经营、"层层转租"等违法行为，切实落实企业主体责任，加强经营许可和接入资源的管理，强化网络信息安全管理，维护公平有序的市场秩序，促进行业健康发展。

二、工作重点

（一）加强资质管理，查处非法经营

1. 各通信管理局要对本辖区内提供 IDC、ISP、CDN 业务的企业情况进行摸底调查，杜绝以下非法经营行为。

（1）无证经营。即企业未取得相应的电信业务经营许可证，在当地擅自开展 IDC、ISP、CDN 等业务。

（2）超地域范围经营。即企业持有相应的电信业务经营许可证，业务覆盖地域不包括本地区，却在当地部署 IDC 机房及服务器，开展 ISP 业务等。

（3）超业务范围经营。即企业持有电信业务经营许可证，但超出许可的业务种类在当地开展 IDC、ISP、CDN 等业务。

（4）转租转让经营许可证。即持有相应的电信业务经营许可证的企业，以技术合作等名义向无证企业非法经营电信业务提供资质或资源等的违规行为。

2．在《电信业务分类目录（2015 年版）》实施前已持有 IDC 许可证的企业，若实际已开展互联网资源协作服务业务或 CDN 业务，应在 2017 年 3 月 31 日之前，向原发证机关书面承诺在 2017 年年底前达到相关经营许可要求，并取得相应业务的电信经营许可证。

未按期承诺的，自 2017 年 4 月 1 日起，应严格按照其经营许可证规定的业务范围开展经营活动，不得经营未经许可的相关业务。未按承诺如期取得相应电信业务经营许可的，自 2018 年 1 月 1 日起，不得经营该业务。

（二）严格资源管理，杜绝违规使用

各基础电信企业、互联网网络接入服务企业对网络基础设施和 IP 地址、带宽等网络接入资源的使用情况进行全面自查，切实整改以下问题。

1．网络接入资源管理不到位问题。各基础电信企业应加强线路资源管理，严格审核租用方资质和用途，不得向无相应电信业务经营许可的企业和个人提供用于经营 IDC、ISP、CDN 等业务的网络基础设施和 IP 地址、带宽等网络接入资源。

2．违规自建或使用非法资源问题。IDC、ISP、CDN 企业不得私自建设通信传输设施，不得使用无相应电信业务经营许可资质的单位或个人提供的网络基础设施和 IP 地址、带宽等网络接入资源。

3．层层转租问题。IDC、ISP 企业不得将其获取的 IP 地址、带宽等网络接入资源转租给其他企业，用于经营 IDC、ISP 等业务。

4. 违规开展跨境业务问题。未经电信主管部门批准，不得自行建立或租用专线（含虚拟专用网络）等其他信道开展跨境经营活动。基础电信企业向用户出租的国际专线，应集中建立用户档案，向用户明确使用用途仅供其内部办公专用，不得用于连接境内外的数据中心或业务平台开展电信业务经营活动。

（三）落实相关要求，夯实管理基础

贯彻落实《工业和信息化部关于进一步规范因特网数据中心（IDC）业务和因特网接入服务（ISP）业务市场准入工作的通告》（工信部电管函〔2012〕552 号，以下简称《通告》）关于资金、人员、场地、设施、技术方案和信息安全管理的要求，强化事前、事中、事后全流程管理。

1. 2012 年 12 月 1 日前取得 IDC、ISP 许可证的企业，应参照《通告》关于资金、人员、场地、设施、技术方案和信息安全管理等方面的要求，建设相关系统，通过评测，并完成系统对接工作。

当前尚未达到相关要求的企业，应在 2017 年 3 月 31 日之前，向原发证机关书面承诺在 2017 年年底前达到相关要求，通过评测，并完成系统对接工作。未按期承诺或者未按承诺如期通过评测完成系统对接工作的，各通信管理局应当督促相应企业整改。

其中，各相关企业应按照《关于切实做好互联网信息安全管理系统建设与对接工作的通知》《关于通报全国增值 IDC/ISP 企业互联网信息安全管理系统对接情况的函》和《互联网信息安全管理系统使用及运行管理办法（试行）》（工信厅网安〔2016〕135 号）的要求，按期完成互联网信息安全管理系统建设、测评及系统对接工作。未按期完成的，企业 2017 年电信业务经营许可证年检不予通过。

2. 新申请 IDC（互联网资源协作服务）业务经营许可证的企业需建设 ICP/IP 地址/域名信息备案系统、企业接入资源管理平台、信息安全管理系统，落实 IDC 机房运行安全和网络信息安全要求，并通过相关评测。

3. 新申请 CDN 业务经营许可证的企业需建设 ICP/IP 地址/域名信息备案系统、企业接入资源管理平台、信息安全管理系统，落实网络信息安全要求，并通过相关评测。

4. 现有持证 IDC 企业申请扩大业务覆盖范围或在原业务覆盖范围的基础上新增机房、业务节点的，需要在新增范围内达到《通告》关于 IDC 机房运行安全和网络信息安全管理的要求，并通过相关评测。

5. 现有持证 ISP（含网站接入）企业申请扩大业务覆盖范围的，需要在新增业务覆盖地区内达到《通告》关于网络信息安全管理的要求，并通过相关评测。

6. 现有持证 CDN 企业申请扩大业务覆盖范围或在原业务覆盖范围增加带宽、业务节点的，需要在新增范围内达到《通告》关于网络信息安全管理的要求，并通过相关评测。

三、保障措施

（一）政策宣贯引导，做好咨询服务

各通信管理局要利用各种方式做好政策宣贯和解读工作，公布电话受理相关举报和解答企业问题咨询，引导企业按照要求合法开展经营活动。中国信息通信研究院要做好相关评测支撑工作，协助部和各通信管理局做好政策宣贯、举报受理、企业问题解答等工作。

（二）全面开展自查，自觉清理整顿

各基础电信企业集团公司要组织下属企业全面自查，统一业务规程和相关要求，从合同约束、用途复查、违规问责等全流程加强规范管理，严防各类接入资源违规使用；对存在问题的要立即予以改正，并追究相关负责人责任。

各 IDC、ISP、CDN 企业要落实主体责任，按照本通知要求全面自查清理，及时纠正各类违规行为，确保经营资质合法合规，网络设施和线路资源使用规范，加强各项管理系统建设并通过评测。

（三）加强监督检查，严查违规行为

各通信管理局加强对企业落实情况的监督检查，发现违规问题要督促企业及时整改，对拒不整改的企业要依法严肃查处；情节严重的，应在年检工作中认定为年检不合格，将其行

为依法列入企业不良信用记录，经营许可证到期时依法不予续期，并且基础电信企业在与其开展合作、提供接入服务时应当重点考虑其信用记录。部将结合信访举报、舆情反映等情况适时组织开展监督抽查。

（四）完善退出机制，做好善后工作

对未达到相关许可要求或因存在违规行为被列入不良信用记录的企业，不得继续发展新用户。发证机关督促相关企业在此期间按照《电信业务经营许可管理办法》的有关规定做好用户善后工作。向发证机关提交经营许可证注销申请的，发证机关应依法注销该企业的 IDC、ISP 经营许可证。

（五）完善信用管理，加强人员培训

积极发挥第三方机构优势，研究建立 IDC/ISP/CDN 企业信用评价机制，从基础设施、服务质量、网络和信息安全保障能力等多维度综合评定，引导企业重视自身信用状况，完善管理制度建设，规范市场经营行为。各通信管理局要加强对相关从业人员的技能培训，不断提高从业人员的业务素质和能力水平。

四、工作要求

（一）提高认识，加强组织领导

开展互联网网络接入服务市场规范清理工作是加强互联网行业管理和基础管理的重要内容，对夯实管理基础、促进行业健康有序发展具有重要意义。各相关单位要指定相关领导牵头负责，加强组织保障，抓好贯彻落实。

（二）分工协作，落实各方责任

各通信管理局、基础电信企业集团公司、互联网网络接入服务企业要落实责任，按照本通知要求，制定工作方案，明确任务分工、工作进度和责任，细化工作，责任到人，确保本

次规范清理工作各项任务按期完成。

（三）加强沟通，定期总结通报

各通信管理局、各基础电信企业集团公司要加强沟通协作，及时总结工作经验，每季度末向部（信息通信管理局）报送工作进展情况，发生重大问题随时报部。部（信息通信管理局）将建立情况通报制度，并定期向社会公示规范清理工作进展情况。

工业和信息化部

2017 年 1 月 17 日

工业和信息化部关于印发《云计算发展三年行动计划（2017—2019 年）》的通知

（工信部信软〔2017〕49 号）

各省、自治区、直辖市及计划单列市、新疆生产建设兵团工业和信息化主管部门，各省、自治区、直辖市通信管理局：

为贯彻落实《国务院关于促进云计算创新发展培育信息产业新业态的意见》，促进云计算健康快速发展，编制《云计算发展三年行动计划（2017—2019 年）》。现印发给你们，请结合实际认真贯彻实施。

附件：云计算发展三年行动计划

工业和信息化部

2017 年 3 月 30 日

附件：

云计算发展三年行动计划（2017—2019 年）

一、背景情况

云计算是信息技术发展和服务模式创新的集中体现，是信息化发展的重大变革和必然趋势，是信息时代国际竞争的制高点和经济发展新动能的助燃剂。云计算引发了软件开发部署模式的创新，成为承载各类应用的关键基础设施，并为大数据、物联网、人工智能等新兴领域的发展提供基础支撑。云计算能够有效整合各类设计、生产和市场资源，促进产业链上下游的高效对接与协同创新，为"大众创业、万众创新"提供基础平台，已成为推动制造业与互联网融合的关键要素，是推进制造强国、网络强国战略的重要驱动力量。

党中央、国务院高度重视以云计算为代表的新一代信息产业发展，发布了《国务院关于促进云计算创新发展培育信息产业新业态的意见》（国发〔2015〕5 号）等政策措施。在政府积极引导和企业战略布局等推动下，经过社会各界共同努力，云计算已逐渐被市场认可和接受。"十二五"末期，我国云计算产业规模已达 1 500 亿元，产业发展势头迅猛，创新能力显著增强，服务能力大幅提升，应用范畴不断拓展，已成为提升信息化发展水平、打造数字经济新动能的重要支撑。但也存在市场需求尚未完全释放、产业供给能力有待加强、低水平重复建设现象凸显、产业支撑条件有待完善等问题。为进一步提升我国云计算发展与应用水平，积极抢占信息技术发展的制高点，制订本行动计划。

二、总体思路和发展目标

（一）指导思想

全面落实党的十八大和十八届三中、四中、五中、六中全会精神，深入贯彻习近平总书记系列重要讲话精神，牢固树立和贯彻落实创新、协调、绿色、开放、共享的发展理念，以推动制造强国和网络强国战略实施为主要目标，以加快重点行业领域应用为着力点，以增强创新发展能力为主攻方向，夯实产业基础，优化发展环境，完善产业生态，健全标准体系，强化安全保障，推动我国云计算产业向高端化、国际化方向发展，全面提升我国云计算产业实力和信息化应用水平。

（二）基本原则

打牢基础，优化环境。从技术研发、标准体系、产业组织等基础环节入手，根据产业、市场在不同阶段的特点和需求适时调整完善政策，引导产业健康快速发展。引导地方根据资源禀赋、产业基础，合理确定发展定位，避免盲目投资和重复建设。

应用引导，统筹推进。坚持市场需求导向，以工业云、政务云等重点行业领域应用为切入点，带动产业快速发展。推动云计算的普及推广与深入应用。支持以云计算平台为基础，灵活运用云模式，开展创业创新，积极培育新业态、新模式。

协同突破，完善生态。推动云计算企业整合资源，建立制造业创新中心，持续提升云计算服务能力。鼓励骨干企业构建开发测试平台，带动产业链上核心芯片、基础软件、应用软件、关键设备、大数据平台等关键环节的发展，打造协作共赢的产业生态，实现产业整体突破。

提升能力，保障安全。高度重视云计算应用和服务发展带来的网络安全问题与挑战，结合云计算发展特点，进一步提升网络安全技术保障能力，制定完善安全管理制度标准，形成健全的安全防护体系，落实企业安全责任。

开放包容，国际发展。支持云计算企业"走出去"拓展国际市场。鼓励企业充分吸收利用包括开源技术在内的国际化资源，支持企业加大在国际云计算产业、标准、开源组织中的参与力度。

（三）发展目标

到 2019 年，我国云计算产业规模达到 4 300 亿元，突破一批核心关键技术，云计算服务能力达到国际先进水平，对新一代信息产业发展的带动效应显著增强。云计算在制造、政务等领域的应用水平显著提升。云计算数据中心布局得到优化，使用率和集约化水平显著提升，绿色节能水平不断提高，新建数据中心 PUE 值普遍优于 1.4。发布云计算相关标准超过 20 项，形成较为完整的云计算标准体系和第三方测评服务体系。云计算企业的国际影响力显著增强，涌现 2～3 家在全球云计算市场中具有较大份额的领军企业。云计算网络安全保障能力明显提高，网络安全监管体系和法规体系逐步健全。云计算成为信息化建设主要形态和建设网络强国、制造强国的重要支撑，推动经济社会各领域信息化水平大幅提高。

三、重点任务

（一）技术增强行动

持续提升关键核心技术能力。支持大型专业云计算企业牵头，联合科研院所、高等院校建立云计算领域制造业创新中心，组织实施一批重点产业化创新工程，掌握云计算发展制高点。积极发展容器、微内核、超融合等新型虚拟化技术，提升虚拟机热迁移的处理能力、处理效率和用户资源隔离水平。面向大规模数据处理、内存计算、科学计算等应用需求，持续提升超大规模分布式存储、计算资源的管理效率和能效管理水平。支持企业、研究机构、产业组织参与主流开源社区，利用开源社区技术和开发者资源，提升云计算软件技术水平和系统服务能力。引导企业加强云计算领域的核心专利布局，开展云计算知识产权分析和风险评估，发布分析预警研究成果，引导企业加强知识产权布局。开展知识产权相关法律法规宣传和培训，提高企业知识产权意识和管理水平。

加快完善云计算标准体系。落实《云计算综合标准化体系建设指南》，推进完善标准体系框架。指导标准化机构加快制定云计算资源监控、服务计量计费、应用和数据迁移、工业云服务能力总体要求、云计算服务器技术要求等关键急需技术、服务和应用标准。积极开展标准的宣贯实施和应用示范工作，在应用中检验和完善标准。探索创新标准化工作形式，积极培育和发展团体标准，指导和支持标准组织、产业联盟、核心企业等主体制定发布高质量的云计算标准成果。支持骨干企业及行业协会实质性参与云计算技术、管理、服务等方面国际标准的制定。

深入开展云服务能力测评。依托第三方测试机构和骨干企业力量，以相关国家、行业、团体标准为依托，以用户需求为导向，围绕人员、技术、过程、资源等云计算服务关键环节，建立健全测评指标体系和工作流程，开展云计算服务能力、可信度测评工作，引导云计算企业提升服务水平，保障服务质量，提高安全保障能力。积极推动与国际主流测评体系的结果互认。

（二）产业发展行动

支持软件企业向云计算转型。支持地方主管部门联合云计算骨干企业建立面向云计算开发测试的公共服务平台，提供咨询、培训、研发、商务等公共服务。支持软件和信息技术服务企业基于开发测试平台提供产品、服务和解决方案，加速向云计算转型，丰富完善办公、生产管理、财务管理、营销管理、人力资源管理等企业级 SaaS 服务，发展面向个人信息存储、家居生活、学习娱乐的云服务，培育信息消费新热点。

加快培育骨干龙头企业。面向重点行业领域创新发展需求，加大资金、信贷、人才等方面支持力度，加快培育一批有一定技术实力和业务规模、创新能力突出、市场前景好、影响力强的云计算企业及云计算平台。支持骨干龙头企业丰富服务种类，提高服务能力，创新商业模式，打造生态体系，推动形成云计算领域的产业梯队，不断增强我国在云计算领域的体系化发展实力。

推动产业生态体系建设。建设一批云计算领域的新型工业化产业示范基地，完善产业载体建设。依托产业联盟等行业组织，充分发挥骨干云计算企业的带动作用和技术溢出效应，加快云计算关键设备研发和产业化，引导芯片、基础软件、服务器、存储、网络等领域的企业，在软件定义网络、新型架构计算设备、超融合设备、绿色数据中心、模块化数据中心、存储设备、信息安全产品等方面实现技术与产品突破，带动信息产业发展，强化产业支撑能力。大力发展面向云计算的信息系统规划咨询、方案设计、系统集成和测试评估等服务。

（三）应用促进行动

积极发展工业云服务。贯彻落实《关于深化制造业与互联网融合发展的指导意见》，深入推进工业云应用试点示范工作。支持骨干制造业企业、云计算企业联合牵头搭建面向制造业特色领域的工业云平台，汇集工具库、模型库、知识库等资源，提供工业专用软件、工业数据分析、在线虚拟仿真、协同研发设计等类型的云服务，促进制造业企业加快基于云计算的业务模式和商业模式创新，发展协同创新、个性化定制等业务形态，培育"云制造"模式，提升制造业快捷化、服务化、智能化水平，推动制造业转型升级和提质增效。支持钢铁、汽车、轻工等制造业重点领域行业协会与专业机构、骨干云计算企业合作建设行业云平台，促进各类信息系统向云平台迁移，丰富专业云服务内容，推进云计算在制造业细分行业的应用，提高行业发展水平和管理水平。

协同推进政务云应用。推进基于云计算的政务信息化建设模式，鼓励地方主管部门加大利用云计算服务的力度，应用云计算整合改造现有电子政务信息系统，提高政府运行效率。积极发展安全可靠的云计算解决方案，在重要信息系统和关键基础设施建设过程中，探索利用云计算系统架构和模式弥补软硬件单品性能不足，推动实现安全可靠软硬件产品规模化应用。

支持基于云计算的创新创业。深入推进大企业"双创"，鼓励和支持利用云计算发展创业创新平台，通过建立开放平台、设立创投基金、提供创业指导等形式，推动线上线下资源聚集，带动中小企业的协同创新。通过举办创客大赛等形式，支持中小企业、个人开发者基于云计算平台，开展大数据、物联网、人工智能、区块链等新技术、新业务的研发和产业化，培育一批基于云计算的平台经济、分享经济等新兴业态，进一步拓宽云计算应用范畴。

（四）安全保障行动

完善云计算网络安全保障制度。贯彻落实《网络安全法》相关规定，推动建立健全云计算相关法律法规和管理制度。加强云计算网络安全防护管理，落实公有云服务安全防护和信息安全管理系统建设要求，完善云计算服务网络安全防护标准。加大公有云服务定级备案、安全评估等工作力度，开展公有云服务网络安全防护检查工作，督促指导云服务企业切实落实网络与信息安全责任，促进安全防护手段落实和能力提升。逐步建立云安全评估认证体系。

推动云计算网络安全技术发展。针对虚拟机逃逸、多租户数据保护等云计算环境下产生的新型安全问题，着力突破云计算平台的关键核心安全技术，强化云计算环境下的安全风险应对。引导企业加大投入，推动云计算环境下网络与边界类、终端与数字内容类、管理类等安全产品和服务的研发及产业应用，加快云计算专业化安全服务队伍建设。

推动云计算安全服务产业发展。支持企业和第三方机构创新云安全服务模式，推动建设基于云计算和大数据的网络安全态势感知预警平台，实现对各类安全事件的及时发现和有效处置。持续面向电信企业、互联网企业、安全企业开展云计算安全领域的网络安全试点示范工作，推动企业加大新兴领域的研发，促进先进技术和经验的推广应用。

（五）环境优化行动

推进网络基础设施升级。落实《"宽带中国"战略及实施方案》，引导基础电信企业和互联网企业加快网络升级改造，引导建成一批全光网省、市，推动宽带接入光纤化进程，实施共建共享，进一步提升光纤宽带网络承载能力。推动互联网骨干网络建设，扩容骨干直联点带宽，持续优化网络结构。

完善云计算市场监管措施。进一步明确云计算相关业务的监管要求，依法做好互联网数据中心（IDC）、互联网资源协作服务等相关业务经营许可审批和事中事后监管工作。加快出台规范云服务市场经营行为的管理要求，规范市场秩序，促进云服务市场健康有序发展。

落实数据中心布局指导意见。进一步推动落实《关于数据中心建设布局的指导意见》，在供给侧提升能力，通过开展示范等方式，树立高水平标杆，引导对标差距，提升数据中心利用率和建设应用水平；在需求侧引导对接，通过编制发展指引，对国内数据中心按照容量能力、服务覆盖地区、适宜业务类型等要素进行分类，指导用户按照需求合理选择使用数据中心资源，推动跨区域资源共享。

四、保障措施

（一）优化投资融资环境

推动政策性银行、产业投资机构和担保机构加大对云计算企业的支持力度，推出针对性的产品和服务，加大授信支持力度，简化办理流程和手续，支持云计算企业发展。借鉴首台套保险模式，探索利用保险加快重要信息系统向云计算平台迁移。支持云计算企业进入资本市场融资，开展并购、拓展市场，加快做大做强步伐。

（二）创新人才培养模式

依托国家重大人才工程，加快培养引进一批高端、复合型云计算人才。鼓励部属高校加强云计算相关学科建设，结合产业发展，与企业共同制定人才培养目标，推广在校生实训制度，促进人才培养与企业需求相匹配。支持企业与高校联合开展在职人员培训，建立一批人才实训基地，加快培育成熟的云计算人才队伍。

（三）加强产业品牌打造

支持云计算领域产业联盟等行业组织创新发展，组织开展云计算相关技术创新活动、展示体验活动、应用促进活动，打造国内外知名的产业发展平台。加大对优秀云计算企业、产品、服务、平台、应用案例的总结宣传力度，提高我国云计算品牌的知名度。加强对优秀云计算产业示范基地、行业组织的推广，激发各界推动云计算发展的积极性。

（四）推进国际交流合作

利用中德、中欧、中日韩等国际合作机制，加快建立和完善云计算领域的国际合作与交流平台。结合"一带一路"等国家战略实施，逐步建立以专业化、市场化为导向的海外市场服务体系，支持骨干云计算企业在海外进行布局，设立海外研发中心、销售网络，拓宽海外市场渠道，开展跨国并购等业务，提高国际市场拓展能力。

工业和信息化部关于发布《电信网编号计划（2017 年版）》的通告

（工信部信管〔2017〕68 号）

为适应技术业务发展、满足社会服务需求，我部对《电信网编号计划（2010 年版）》进行了修订。现将《电信网编号计划（2017 年版）》予以公布，即日起施行，《电信网编号计划（2010 年版）》同时废止。

附件：电信网编号计划（2017 年版）

工业和信息化部

2017 年 4 月 13 日

工业和信息化部关于开展宽带接入服务行为专项整治工作的通知

（工信部信管函〔2017〕238号）

各省、自治区、直辖市通信管理局，中国电信集团公司、中国移动通信集团公司、中国联合网络通信集团有限公司、中国广播电视网络有限公司，各互联网接入服务业务经营者，宽带接入网业务试点企业：

近年来，随着"宽带中国"战略和网络提速降费工程的持续推进，我国宽带发展水平显著提升，宽带接入供给能力持续增强，宽带接入用户规模不断扩大。但在发展过程中也出现了部分企业宽带接入速率不达标、虚假或夸大宣传等服务问题，侵害了广大用户的合法权益。为落实2017年电信行业行风建设暨纠风工作电视电话会议精神，进一步规范宽带接入服务行为，维护用户合法权益，促进行业健康发展，营造有利于创业创新的发展环境，工业和信息化部决定在全国范围内开展宽带接入服务行为专项整治工作。现将有关事项通知如下。

一、重点整治问题

（一）业务宣传不规范问题。各企业要切实落实《关于规范电信业务推广和服务宣传工作有关问题的通知》（信部电〔2004〕382号）等文件要求，在进行业务宣传时，应做到真实、准确、通俗易懂；实行明码标价，标示醒目，价目齐全，确保用户明明白白消费。不得有以下行为。

1. 虚假宣传或夸大宣传，如将光纤到楼宣传为光纤到户，将未完成全面光改的小区宣传为光纤全覆盖，夸大宽带接入速率，宽带产品名称与实际接入速率不符等。

2. 不按规定明码标价，如利用虚假的或使人误解的标价内容、标价方式进行价格欺诈，在标价之外收取未予标明的费用，免费试用期结束后未经用户同意擅自收费等。

3. 隐瞒或模糊接入速率实现条件，如将共享带宽宣传为独享带宽，向用户隐瞒共享情形下的接入速率，含糊其辞或使用晦涩难懂的表述误导用户等。

在本通知中，网络接入段配置有交换机或集线器设备的视为共享宽带，否则为独享宽带。

（二）协议内容不完善问题。各企业要切实落实《工业和信息化部关于规范电信服务协议有关事项的通知》（工信管函〔2016〕436号）等文件要求，在与用户订立互联网接入服务协议时，要明确约定以下事项，并以显著的方式提醒用户注意。

1. 宽带上、下行速率。

2. 与宽带上、下行速率对应的资费标准及交费方式。

3. 宽带接入实现方式，如光纤到楼（FTTB）、光纤到户（FTTH）、非对称数字用户线路（ADSL）等。

各企业要严格规范服务协议订立行为，确保内容真实、完整、清晰，不得隐瞒或淡化限制条款，并按照与用户订立的协议提供服务。

（三）宽带接入速率不达标问题。各企业要严格落实《互联网接入服务规范》（工信部电管〔2013〕261号）文件要求，参照《宽带速率测试方法 固定宽带接入》（YD/T 2400—2012）规定的测速方法，确保有线接入速率的平均值达到签约速率的90%。要在服务承载能力范围内发展用户，确保用户宽带接入速率达标。

二、时间步骤安排

专项整治时间为自即日起至2017年11月30日，分为三个阶段。

（一）自查自纠阶段（自即日起至8月31日）。各企业依据本通知及工业和信息化部有关文件规定和要求，对本企业宽带接入服务能力、服务行为、宣传材料、用户服务协议等进行全面自查，及时纠正发现的问题，并举一反三，全面整改。

（二）监督检查阶段（2017年9月1日至9月30日）。各省、自治区、直辖市通信管理局对本辖区内各企业自查自纠整改情况进行监督检查，并于2017年10月15日前将有关监督检查情况报工业和信息化部（信息通信管理局）。

（三）督导抽查阶段（2017年10月1日至11月30日）。工业和信息化部将在各企业自查自纠和各省、自治区、直辖市通信管理局监督检查的基础上，结合本年度行风建设暨纠风工作监督检查等相关工作，对部分地区专项整治工作成效进行督导检查。

三、专项整治工作要求

（一）各单位要高度重视本次专项整治工作，指定本单位相关领导牵头负责，切实加强组织领导，结合本地、本企业实际，研究制定工作实施方案，明确任务分工和进度，细化整治措施，确保本次专项整治工作取得实效。

（二）各企业要切实落实主体责任，按照本通知要求，做好本企业宽带接入服务行为自查自纠和清理整顿工作，及时纠正各类违规问题，规范自身宽带接入服务行为，维护用户合法权益，同时加强总结，及时报送工作进展情况。

各基础电信企业省级公司和各互联网接入服务业务经营者、宽带接入网业务试点企业应于 2017 年 9 月 1 日前向当地通信管理局报送自查自纠整改情况报告。各基础电信企业集团公司应于 2017 年 9 月 15 日前向我部报送自查自纠整改情况报告。

（三）各省、自治区、直辖市通信管理局要精心组织和布置好本辖区内的专项整治工作，严格监督检查，发现违规问题要督促企业及时整改。对整改不力或拒不整改的企业和责任人，可综合运用通报批评、公开曝光、年检和列入企业不良信用记录等行政措施，依法予以严肃处理。在专项整治工作中出现的新问题，请及时向部反映。

特此通知。

工业和信息化部

2017 年 5 月 31 日

中华人民共和国工业和信息化部公告 （2017年第27号）

为适应蜂窝窄带物联网（NB-IoT）技术的应用需求，根据《工业和信息化部关于国际移动通信系统（IMT）频率规划事宜的通知》（工信部无〔2012〕436号），结合频率分配和使用情况，现将NB-IoT系统频率使用要求公告如下。

一、在已分配的GSM或FDD方式的IMT系统频段上，电信运营商可根据需要选择带内工作模式、保护带工作模式、独立工作模式部署NB-IoT系统。频率使用有效期与相应频段的公众移动通信系统频率有效期一致。

二、NB-IoT系统宏基站射频技术指标应符合相关要求（具体见附件），终端射频技术指标参照相关行业标准。

三、设置基站应遵守国家无线电管理有关规定，并到属地无线电管理机构办理设台审批，领取无线电台执照。

四、800MHz和900MHz频段NB-IoT系统基站的台站设置要求参照《关于800MHz频段CDMA系统基站和直放机杂散发射限值及与900MHz频段GSM系统邻频共用设台要求的通知》（信部无〔2002〕65号）。1 800MHz和2 100MHz频段NB-IoT系统基站的台站设置要求参照工业和信息化部公告2015年第80号。

五、电信运营商应做好NB-IoT系统和现有系统间的频率优化使用工作，切实提高频率利用率。网络运行期间，应积极配合无线电管理机构做好干扰查处工作。

六、电信运营商应按规定，基于电信业务经营许可范围开展相关经营活动。

特此公告。

工业和信息化部

2017年6月5日

工业和信息化部办公厅关于全面推进移动物联网（NB-IoT）建设发展的通知

（工信厅通信函〔2017〕351号）

各省、自治区、直辖市及新疆生产建设兵团工业和信息化主管部门，各省、自治区、直辖市通信管理局，相关企业：

建设广覆盖、大连接、低功耗移动物联网（NB-IoT）基础设施、发展基于 NB-IoT 技术的应用，有助于推进网络强国和制造强国建设、促进"大众创业、万众创新"和"互联网+"发展。为进一步夯实物联网应用基础设施，推进 NB-IoT 网络部署和拓展行业应用，加快 NB-IoT 的创新和发展，现就有关事项通知如下。

一、加强 NB-IoT 标准与技术研究，打造完整产业体系

（一）引领国际标准研究，加快 NB-IoT 标准在国内落地。加强 NB-IoT 技术的研究与创新，加快国际和国内标准的研究制定工作。在已完成的 NB-IoT 3GPP 国际标准基础上，结合国内 NB-IoT 网络部署规划、应用策略和行业需求，加快完成国内 NB-IoT 设备、模组等技术要求和测试方法标准制定。加强 NB-IoT 增强和演进技术研究，与 5G 海量物联网技术有序衔接，保障 NB-IoT 持续演进。

（二）开展关键技术研究，增强 NB-IoT 服务能力。针对不同垂直行业应用需求，对定位功能、移动性管理、节电、安全机制以及在不同应用环境和业务需求下的传输性能优化等关键技术进行研究，保障 NB-IoT 系统能够在不同环境下为不同业务提供可靠服务。加快 eSIM/软 SIM 在 NB-IoT 网络中的应用方案研究。

（三）促进产业全面发展，健全 NB-IoT 完整产业链。相关企业在 NB-IoT 专用芯片、模组、网络设备、物联应用产品和服务平台等方面要加快产品研发，加强各环节协同创新，突破模组等薄弱环节，构建贯穿 NB-IoT 产品各环节的完整产业链，提供满足市场需求的多样化产品

和应用系统。

（四）加快推进网络部署，构建 NB-IoT 网络基础设施。基础电信企业要加大 NB-IoT 网络部署力度，提供良好的网络覆盖和服务质量，全面增强 NB-IoT 接入支撑能力。到 2017 年末，实现 NB-IoT 网络覆盖直辖市、省会城市等主要城市，基站规模达到 40 万个。到 2020 年，NB-IoT 网络实现全国普遍覆盖，面向室内、交通路网、地下管网等应用场景实现深度覆盖，基站规模达到 150 万个。加强物联网平台能力建设，支持海量终端接入，提升大数据运营能力。

二、推广 NB-IoT 在细分领域的应用，逐步形成规模应用体系

（一）开展 NB-IoT 应用试点示范工程，促进技术产业成熟。鼓励各地因地制宜，结合城市管理和产业发展需求，拓展基于 NB-IoT 技术的新应用、新模式和新业态，开展 NB-IoT 试点示范，并逐步扩大应用行业和领域范围。通过试点示范，进一步明确 NB-IoT 技术的适用场景，加强不同供应商产品的互操作性，促进 NB-IoT 技术和产业健康发展。2017 年实现基于 NB-IoT 的 M2M（机器与机器）连接超过 2 000 万，2020 年总连接数超过 6 亿。

（二）推广 NB-IoT 在公共服务领域的应用，推进智慧城市建设。以水、电、气表智能计量、公共停车管理、环保监测等领域为切入点，结合智慧城市建设，加快发展 NB-IoT 在城市公共服务和公共管理中的应用，助力公共服务能力不断提升。

（三）推动 NB-IoT 在个人生活领域的应用，促进信息消费发展。加快 NB-IoT 技术在智能家居、可穿戴设备、儿童及老人照看、宠物追踪及消费电子等产品中的应用，加强商业模式创新，增强消费类 NB-IoT 产品供给能力，服务人民多彩生活，促进信息消费。

（四）探索 NB-IoT 在工业制造领域的应用，服务制造强国建设。探索 NB-IoT 技术与工业互联网、智能制造相结合的应用场景，推动融合创新，利用 NB-IoT 技术实现对生产制造过程的监控和控制，拓展 NB-IoT 技术在物流运输、农业生产等领域的应用，助力制造强国建设。

（五）鼓励 NB-IoT 在新技术、新业务中的应用，助力创新创业。鼓励共享单车、智能硬件等"双创"企业应用 NB-IoT 技术开展技术和业务创新。基础电信企业在接入、安全、计费、业务 QoS 保证、云平台及大数据处理等方面做好能力开放和服务，降低中小企业和创业人员

的使用成本，助力"互联网+"和"双创"发展。

三、优化 NB-IoT 应用政策环境，创造良好可持续发展条件

（一）合理配置 NB-IoT 系统工作频率，统筹规划码号资源分配。统筹考虑 3G、4G 及未来 5G 网络需求，面向基于 NB-IoT 的业务场景需求，合理配置 NB-IoT 系统工作频段。根据 NB-IoT 业务发展规模和需求，做好码号资源统筹规划、科学分配和调整。

（二）建立健全 NB-IoT 网络和信息安全保障体系，提升安全保护能力。推动建立 NB-IoT 网络安全管理机制，明确运营企业、产品和服务提供商等不同主体的安全责任和义务，加强 NB-IoT 设备管理。建立覆盖感知层、传输层和应用层的网络安全体系。建立健全相关机制，加强用户信息、个人隐私和重要数据保护。

（三）积极引导融合创新，营造良好发展环境。鼓励各地结合智慧城市、"互联网+"和"双创"推进工作，加强信息行业与垂直行业融合创新，积极支持 NB-IoT 发展，建立有利于 NB-IoT 应用推广、创新激励、有序竞争的政策体系，营造良好发展环境。

（四）组织建立产业联盟，建设 NB-IoT 公共服务平台。支持研究机构、基础电信企业、芯片、模组及设备制造企业、业务运营企业等产业链相关单位组建产业联盟，强化 NB-IoT 相关研究、测试验证和产业推进等公共服务，总结试点示范优秀案例经验，为 NB-IoT 大规模商用提供技术支撑。

（五）完善数据统计机制，跟踪 NB-IoT 产业发展基本情况。基础电信企业、试点示范所在的地方工业和信息化主管部门和产业联盟要完善相关数据统计和信息采集机制，及时跟踪了解 NB-IoT 产业发展动态。

特此通知。

工业和信息化部办公厅

2017 年 6 月 6 日

工业和信息化部关于印发《无线电干扰投诉和查处工作暂行办法》的通知

（工信部无〔2017〕170号）

各省、自治区、直辖市无线电管理机构，国家无线电监测中心，各相关单位：

为进一步加强无线电干扰投诉和查处工作，规范工作程序，有效维护电波秩序，保护用频设台用户合法权益，根据《中华人民共和国无线电管理条例》和相关行政法规，制定《无线电干扰投诉和查处工作暂行办法》，现予印发。请各相关单位加强人员配备，加大工作力度，认真贯彻执行。

工业和信息化部

2017 年 7 月 14 日

无线电干扰投诉和查处工作暂行办法

第一条 为进一步加强无线电干扰投诉和查处工作，规范无线电干扰查处工作程序，有效维护电波秩序，保护用频设台用户合法权益，根据《中华人民共和国无线电管理条例》和相关行政法规，并参考国际电信联盟《无线电规则》，制定本办法。

第二条 由国家无线电管理机构负责受理并组织开展的无线电干扰投诉和查处工作适用本办法。

各省、自治区、直辖市无线电管理机构负责受理并组织开展的无线电干扰投诉和查处工作相关规定，由各地无线电管理机构结合实际另行制定。

第三条 国家无线电管理机构负责受理我国境内短波、卫星业务的干扰投诉，境外无线电主管部门向我国提出的干扰投诉；组织国家无线电监测中心、相关省、自治区、直辖市无线电管理机构和其他有关单位开展无线电干扰的查找和处置；代表国家向境外无线电主管部门提出干扰投诉等工作。

省、自治区、直辖市无线电管理机构及其监测站负责承担国家无线电管理机构下达的查处任务。

国家无线电监测中心负责短波、卫星业务的干扰监测和定位，必要时协助地方无线电管理机构及其监测站开展干扰逼近查找，协助国家无线电管理机构开展涉外无线电干扰相关工作。

第四条　境内合法使用短波、卫星业务的单位或个人，受到无线电有害干扰时，均可向国家无线电管理机构提出干扰投诉。

境外用户受到可能来自我国的无线电干扰时，可由境外相关无线电主管部门向我国无线电管理机构提出干扰投诉。

第五条　要求干扰保护的频率和台站应具备无线电管理机构颁发的在有效期内的频率使用许可或无线电台执照。受干扰的频率和台站如涉及射电天文、气象雷达站、卫星测控（导航）站、机场等需要电磁环境特殊保护的项目，投诉人还应提交在工程选址前征求并采纳无线电管理机构意见的电磁兼容分析和论证报告。

对于向境外无线电主管部门提出干扰投诉的，投诉人应就受干扰频率和台站履行必要的国际协调或国际登记工作，但国际电信联盟《无线电规则》规定的违规发射干扰投诉除外。

第六条　投诉人应通过邮寄函件、传真等书面方式向国家无线电管理机构提出无线电干扰投诉，同时提交无线电干扰投诉单（见附录1）。

由于突发影响国家安全等重大无线电干扰，确实来不及提出书面干扰投诉的，可通过电话等方式向国家无线电管理机构口头提出干扰投诉，并在2个工作日内补发正式函件。

第七条　投诉人应当在干扰投诉前进行自查，排除由于自身设备故障、用户误操作等内部原因造成的干扰。有条件的用户，还可将疑似的干扰源位置、频谱图等相关信息与无线电干扰投诉单一并提交国家无线电管理机构，并在具体干扰查找过程中为无线电管理机构提供必要的协助。

第八条　接到干扰投诉后，国家无线电管理机构应当及时进行审查。符合投诉要求的，及时向相关单位下达无线电干扰排查任务；不符合投诉要求的，应告知投诉人具体原因；投诉资料不全的，应一次性告知投诉人予以补全。

第九条　对于投诉人未上报疑似干扰源位置的投诉，国家无线电管理机构应组织国家无线电监测中心开展监测定位。国家无线电监测中心将初步定位结果按要求报国家无线电管理机构，由国家无线电管理机构转交干扰所在省、自治区、直辖市无线电管理机构进行后续干扰查处工作。

对于投诉人已上报疑似干扰源位置的投诉，国家无线电管理机构可组织国家无线电监测中心开展定位确认，同时安排干扰所在省、自治区、直辖市无线电管理机构开展后续干扰查处工作。

第十条 对于干扰源在境内的，由干扰所在省、自治区、直辖市无线电管理机构按照《中华人民共和国无线电管理条例》和地方无线电管理有关法规依法查处，在规定期限内填写无线电干扰投诉排查任务回执单（见附录2）报国家无线电管理机构。

第十一条 对于干扰源在境外的，投诉人应按照国际电信联盟《无线电规则》对不同干扰类型的投诉要求，填写违章报告（附录9）或有害干扰报告（附录10），由国家无线电管理机构组织开展对外干扰投诉工作。

第十二条 干扰源可能涉及多个省（区、市）的，由国家无线电管理机构牵头，组织相关省、自治区、直辖市无线电管理机构开展联合查处。

在干扰查处工作中遇特殊情况需要协调的，由相关省、自治区、直辖市无线电管理机构组织开展，必要时可请求国家无线电管理机构予以协助。

第十三条 干扰查处工作中发现涉嫌犯罪行为的，相关省、自治区、直辖市无线电管理机构应将案件线索及时移送公安机关或国家安全机关，配合相关单位开展查处工作，并将处理结果报送国家无线电管理机构。

第十四条 干扰查处结束后，国家无线电管理机构应当将查处情况以书面或电话通知等形式及时告知投诉人。

第十五条 国家无线电管理机构应对历次干扰查处情况进行归档分析，不定期对干扰查处情况进行通报。省、自治区、直辖市无线电管理机构、国家无线电监测中心应加强对干扰出现较多的频段和地区的日常无线电监测工作。

第十六条 涉及军地之间无线电干扰事宜，由国家无线电管理机构会同中国人民解放军电磁频谱管理机构通过军地协调机制协商解决。

第十七条 本办法自2017年9月1日起施行。

工业和信息化部办公厅关于印发
《移动互联网综合标准化体系建设指南》的通知

（工信厅科〔2017〕72号）

各省、自治区、直辖市及计划单列市工业和信息化主管部门、通信管理局，新疆生产建设兵团经济和信息化委员会，相关行业协会、标准化技术组织和专业机构：

为进一步促进移动互联网产业健康有序发展，大力提升标准对产业发展的指导、规范、引领和保障作用，我部组织制定了《移动互联网综合标准化体系建设指南》。现印发给你们，请结合实际做好相关工作。

附件：移动互联网综合标准化体系建设指南

工业和信息化部办公厅

2017年7月25日

工业和信息化部办公厅　民政部办公厅　国家卫生计生委办公厅关于开展智慧健康养老应用试点示范的通知

（工信厅联电子〔2017〕75 号）

各省、自治区、直辖市及计划单列市、新疆生产建设兵团工业和信息化主管部门、民政厅（局）、卫生计生委：

为贯彻落实《智慧健康养老产业发展行动计划（2017—2020 年）》（工信部联电子〔2017〕25 号），推动智慧健康养老产业发展和应用推广，工业和信息化部、民政部、国家卫生计生委将组织开展智慧健康养老应用试点示范工作。有关事项通知如下。

一、智慧健康养老应用试点示范内容

一是支持建设一批示范企业，包括能够提供成熟的智慧健康养老产品、服务、系统平台或整体解决方案的企业。

二是支持建设一批示范街道（乡镇），包括应用多类智慧健康养老产品，为辖区内居民提供智慧健康养老服务的街道或乡镇。

三是支持建设一批示范基地，包括推广智慧健康养老产品和服务、形成产业集聚效应和示范带动作用的地级或县级行政区。

二、申报条件

（一）示范企业

示范企业申报主体为智慧健康养老领域的产品制造企业、软件企业、服务企业、系统集成企业等，应具备以下基本条件：

1．应为中国大陆境内注册的独立法人，注册时间不少于 2 年；

2．产品生产企业 2016 年度智慧健康养老相关业务收入不低于 1 000 万元，服务提供企业 2016 年度智慧健康养老相关业务收入不低于 800 万元；

3．具有较强的技术研发能力或创新服务能力；

4．具有成熟的市场化应用的产品、服务或系统，制定了产品企业标准；

5．具有清晰的商业推广模式和盈利模式。

（二）示范街道（乡镇）

示范街道（乡镇）以街道或乡镇为申报主体，可联合提供产品和服务的企业或机构共同申报，应具备以下基本条件：

1．已投入不少于 1 000 万元的资金，建设形成具有特色服务内容、贴近地区发展实际的智慧健康养老服务体系；

2．采用不少于 5 类智慧健康养老产品和 5 类智慧健康养老服务，为不少于 10 000 人提供智慧健康养老服务；

3．具备灵活的服务扩展能力，可为辖区内所有居民提供服务接入；

4．具备长期运营能力，有持续运营和盈利的创新模式，具有不断完善服务能力和丰富服务内容的发展规划，研制了服务标准。

（三）示范基地

示范基地的申报主体为地级或县级行政区，应具备以下基本条件：

1．具备较好的智慧健康养老应用示范条件和产业基础；

2．具备相关政策配套和资金支持；

3．集聚了一批从事智慧健康养老产品制造和应用服务的骨干企业，并在本区域内开展了应用示范；

4．智慧健康养老产品和服务已经在整个区域内得到规模化应用，已建设或同时申报了至少 3 个智慧健康养老示范街道（乡镇），研制了智慧健康养老服务的基地标准或地方标准。

三、组织实施

（一）申请企业、街道（乡镇）和基地分别填写智慧健康养老应用试点示范申报书，向所在省级工业和信息化主管部门提交申报材料。

（二）省级工业和信息化主管部门会同民政、卫计主管部门进行实地考察和专家评审，根据评审结果推荐满足评选条件的企业、街道（乡镇）和基地，出具三部门盖章的推荐意见函，连同申报材料于9月30日前以EMS邮寄或机要交换方式报送工业和信息化部（电子信息司）。报送材料包括纸质版一式两份和电子版光盘。

（三）原则上各省、自治区、直辖市推荐的示范企业不超过3家，示范街道（乡镇）不超过10个，示范基地不超过3个；计划单列市、新疆生产建设兵团推荐的示范企业不超过2家，示范街道（乡镇）不超过5个，示范基地不超过1个。

（四）工业和信息化部会同民政部、国家卫生计生委召开试点示范申报评审会，对申报的企业、街道（乡镇）和基地进行评选。

（五）评选结果在工业和信息化部、民政部、国家卫生计生委官方网站以及相关媒体上对社会公示，公示时间不少于10个工作日。对公示无异议的企业、街道（乡镇）和基地，工业和信息化部、民政部、国家卫生计生委正式发布智慧健康养老应用试点示范名单并授牌。

四、管理和激励措施

（一）示范企业、街道（乡镇）、基地应落实《智慧健康养老产业发展行动计划（2017—2020年）》，努力树立行业标杆，切实发挥示范带动作用。

（二）工业和信息化部联合民政部、国家卫生计生委适时组织对示范企业、街道（乡镇）和基地开展考核，根据考核结果对应用试点示范名单进行动态调整。

（三）鼓励各级政府部门和社会各界加大对应用试点示范工作的支持力度，从政策、资金、资源配套等多方面扶持示范企业做大做强，支持示范街道（乡镇）建设，加快示范基地产业集聚和应用试点。

（四）加大对示范企业、示范街道（乡镇）和示范基地的宣传推介力度，利用相关部门官网、电视报纸网络等新闻媒体，以及召开发布会、行业论坛等形式，扩大试点示范工作及其标准的影响力。

工业和信息化部办公厅

民政部办公厅

国家卫生和计划生育委员会办公厅

2017 年 7 月 27 日

工业和信息化部关于印发《公共互联网网络安全威胁监测与处置办法》的通知

（工信部网安〔2017〕202 号）

各省、自治区、直辖市通信管理局，中国电信集团公司、中国移动通信集团公司、中国联合网络通信集团有限公司，国家计算机网络应急技术处理协调中心、中国信息通信研究院、国家工业信息安全发展研究中心、中国互联网协会，域名注册管理和服务机构、互联网企业、网络安全企业。

为深入贯彻习近平总书记关于网络安全的重要讲话精神，积极应对严峻复杂的网络安全形势，进一步健全公共互联网网络安全威胁监测与处置机制，维护公民、法人和其他组织的合法权益，根据《中华人民共和国网络安全法》等有关法律法规，制定《公共互联网网络安全威胁监测与处置办法》。现印发给你们，请结合实际，切实抓好贯彻落实。

工业和信息化部

2017 年 8 月 9 日

公共互联网网络安全威胁监测与处置办法

第一条 为加强和规范公共互联网网络安全威胁监测与处置工作，消除安全隐患，制止攻击行为，避免危害发生，降低安全风险，维护网络秩序和公共利益，保护公民、法人和其他组织的合法权益，根据《中华人民共和国网络安全法》《全国人民代表大会常务委员会关于加强网络信息保护的决定》《中华人民共和国电信条例》等有关法律法规和工业和信息化部职责，制定本办法。

第二条 本办法所称公共互联网网络安全威胁是指公共互联网上存在或传播的、可能或已经对公众造成危害的网络资源、恶意程序、安全隐患或安全事件，包括：

（一）被用于实施网络攻击的恶意 IP 地址、恶意域名、恶意 URL、恶意电子信息，包括木马和僵尸网络控制端，钓鱼网站，钓鱼电子邮件、短信/彩信、即时通信等；

（二）被用于实施网络攻击的恶意程序，包括木马、病毒、僵尸程序、移动恶意程序等；

（三）网络服务和产品中存在的安全隐患，包括硬件漏洞、代码漏洞、业务逻辑漏洞、弱口令、后门等；

（四）网络服务和产品已被非法入侵、非法控制的网络安全事件，包括主机受控、数据泄露、网页篡改等；

（五）其他威胁网络安全或存在安全隐患的情形。

第三条　工业和信息化部负责组织开展全国公共互联网网络安全威胁监测与处置工作。各省、自治区、直辖市通信管理局负责组织开展本行政区域内公共互联网网络安全威胁监测与处置工作。工业和信息化部和各省、自治区、直辖市通信管理局以下统称为电信主管部门。

第四条　网络安全威胁监测与处置工作坚持及时发现、科学认定、有效处置的原则。

第五条　相关专业机构、基础电信企业、网络安全企业、互联网企业、域名注册管理和服务机构等应当加强网络安全威胁监测与处置工作，明确责任部门、责任人和联系人，加强相关技术手段建设，不断提高网络安全威胁监测与处置的及时性、准确性和有效性。

第六条　相关专业机构、基础电信企业、网络安全企业、互联网企业、域名注册管理和服务机构等监测发现网络安全威胁后，属于本单位自身问题的，应当立即进行处置，涉及其他主体的，应当及时将有关信息按照规定的内容要素和格式提交至工业和信息化部和相关省、自治区、直辖市通信管理局。

工业和信息化部建立网络安全威胁信息共享平台，统一汇集、存储、分析、通报、发布网络安全威胁信息；制定相关接口规范，与相关单位网络安全监测平台实现对接。国家计算机网络应急技术处理协调中心负责平台建设和运行维护工作。

第七条　电信主管部门委托国家计算机网络应急技术处理协调中心、中国信息通信研究院等专业机构对相关单位提交的网络安全威胁信息进行认定，并提出处置建议。认定工作应当坚持科学严谨、公平公正、及时高效的原则。电信主管部门对参与认定工作的专业机构和人员加强管理与培训。

第八条　电信主管部门对专业机构的认定和处置意见进行审查后，可以对网络安全威胁采取以下一项或多项处置措施。

（一）通知基础电信企业、互联网企业、域名注册管理和服务机构等，由其对恶意 IP 地址（或宽带接入账号）、恶意域名、恶意 URL、恶意电子邮件账号或恶意手机号码等，采取停止服务或屏蔽等措施。

（二）通知网络服务提供者，由其清除本单位网络、系统或网站中存在的可能传播扩散的恶意程序。

（三）通知存在漏洞、后门或已经被非法入侵、控制、篡改的网络服务和产品的提供者，由其采取整改措施，消除安全隐患；对涉及党政机关和关键信息基础设施的，同时通报其上级主管单位和网信部门。

（四）其他可以消除、制止或控制网络安全威胁的技术措施。

电信主管部门的处置通知应当通过书面或可验证来源的电子方式等形式送达相关单位，紧急情况下，可先电话通知，后补书面通知。

第九条 基础电信企业、互联网企业、域名注册管理和服务机构等应当为电信主管部门依法查询 IP 地址归属、域名注册等信息提供技术支持和协助，并按照电信主管部门的通知和时限要求采取相应处置措施，反馈处置结果。负责网络安全威胁认定的专业机构应当对相关处置情况进行验证。

第十条 相关组织或个人对按照本办法第八条第（一）款采取的处置措施不服的，有权在 10 个工作日内向做出处置决定的电信主管部门进行申诉。相关电信主管部门接到申诉后应当及时组织核查，并在 30 个工作日内予以答复。

第十一条 鼓励相关单位以行业自律或技术合作、技术服务等形式开展网络安全威胁监测与处置工作，并对处置行为负责，监测与处置结果应当及时报送电信主管部门。

第十二条 基础电信企业、互联网企业、域名注册管理和服务机构等未按照电信主管部门通知要求采取网络安全威胁处置措施的，由电信主管部门依据《中华人民共和国网络安全法》第五十六条、第五十九条、第六十条、第六十八条等规定进行约谈或给予警告、罚款等行政处罚。

第十三条 造成或可能造成严重社会危害或影响的公共互联网网络安全突发事件的监测

与处置工作，按照国家和电信主管部门有关应急预案执行。

　　第十四条　各省、自治区、直辖市通信管理局可参照本办法制定本行政区域网络安全威胁监测与处置办法实施细则。

　　第十五条　本办法自 2018 年 1 月 1 日起实施。2009 年 4 月 13 日印发的《木马和僵尸网络监测与处置机制》和 2011 年 12 月 9 日印发的《移动互联网恶意程序监测与处置机制》同时废止。

工业和信息化部关于进一步扩大宽带接入网业务开放试点范围的通告

（工信部通信〔2017〕237号）

为落实《国务院办公厅关于进一步做好民间投资有关工作的通知》（国办发明电〔2016〕12号）、《工业和信息化部　国资委关于实施深入推进提速降费、促进实体经济发展2017年专项行动的意见》（工信部联通信〔2017〕82号）等文件要求，进一步放开基础电信运营领域，激发民间投资潜力和创新活力，推动形成宽带市场多种主体相互竞争、优势互补、共同发展的市场格局，根据目前宽带接入网业务开放试点情况，我部决定继续扩大试点范围。现将有关事项通告如下。

一、在前期开放试点基础上，继续扩大试点范围。将吉林省、贵州省全部城市纳入宽带接入网业务试点范围；将保定市、张家口市、兰州市、张掖市、酒泉市、武威市、天水市等7个城市纳入试点范围。

二、自文件印发之日起，民营企业可根据《工业和信息化部关于向民间资本开放宽带接入市场的通告》（工信部通〔2014〕577号）等有关规定，向试点城市所在省（自治区、直辖市）通信管理局提出开展宽带接入网业务试点的申请。

三、各省（自治区、直辖市）通信管理局要进一步加大政策宣传解读力度，充分调动民间投资积极性，释放民间投资活力，通过有效竞争促进网速提升、网费下降。同时，加强对不正当竞争行为的监管，促进资源共享，保障用户的自由选择权和企业的公平接入。

四、其他事项按照《工业和信息化部关于向民间资本开放宽带接入市场的通告》（工信部通〔2014〕577号）等有关规定执行。

工业和信息化部

2017年9月27日

工业和信息化部关于第五代移动通信系统使用 3 300—3 600MHz 和 4 800—5 000MHz 频段相关事宜的通知

（工信部无〔2017〕276 号）

各省、自治区、直辖市无线电管理机构，相关单位：

为适应和促进第五代移动通信系统（以下简称 5G 系统）在我国的应用和发展，根据《中华人民共和国无线电频率划分规定》，结合我国频率使用的实际情况，现将 3 000MHz—5 000MHz 频段内 5G 系统频率使用事宜通知如下。

一、规划 3 300MHz—3 600MHz 和 4 800MHz—5 000MHz 频段作为 5G 系统的工作频段，其中，3 300MHz—3 400MHz 频段原则上限室内使用。

二、5G 系统使用上述工作频段，不得对同频段或邻频段内依法开展的射电天文业务及其他无线电业务产生有害干扰。

三、自发文之日起，不再受理和审批以下新申请的频率使用许可：

（一）3 400MHz—4 200MHz 和 4 800MHz—5 000MHz 频段内的地面固定业务频率；

（二）3 400MHz—3 700MHz 频段内的空间无线电台业务频率；

（三）3 400MHz—3 600MHz 频段内的空间无线电台测控频率。

四、上述工作频段内 5G 系统的频率使用许可，由国家无线电管理机构负责受理和审批，相关许可方案、设备射频技术指标和台站管理规定另行制定和发布。

特此通知。

工业和信息化部

2017 年 11 月 9 日

工业和信息化部关于印发《公共互联网网络安全突发事件应急预案》的通知

（工信部网安〔2017〕281号）

各省、自治区、直辖市通信管理局，中国电信集团公司、中国移动通信集团公司、中国联合网络通信集团有限公司，国家计算机网络应急技术处理协调中心、中国信息通信研究院、中国软件评测中心、国家工业信息安全发展研究中心，域名注册管理和服务机构、互联网企业、网络安全企业。

为进一步健全公共互联网网络安全突发事件应急机制，提升应对能力，根据《中华人民共和国网络安全法》《国家网络安全事件应急预案》等，制定《公共互联网网络安全突发事件应急预案》。现印发给你们，请结合实际，切实抓好贯彻落实。

工业和信息化部

2017年11月14日

公共互联网网络安全突发事件应急预案

1. 总则

1.1 编制目的

建立健全公共互联网网络安全突发事件应急组织体系和工作机制，提高公共互联网网络安全突发事件综合应对能力，确保及时有效地控制、减轻和消除公共互联网网络安全突发事件造成的社会危害和损失，保证公共互联网持续稳定运行和数据安全，维护国家网络空间安全，保障经济运行和社会秩序。

1.2 编制依据

《中华人民共和国突发事件应对法》《中华人民共和国网络安全法》《中华人民共和国电信条例》等法律法规和《国家突发公共事件总体应急预案》《国家网络安全事件应急预案》等相关规定。

1.3 适用范围

本预案适用于面向社会提供服务的基础电信企业、域名注册管理和服务机构（以下简称域名机构）、互联网企业（含工业互联网平台企业）发生网络安全突发事件的应对工作。

本预案所称网络安全突发事件是指突然发生的，由网络攻击、网络入侵、恶意程序等导致的，造成或可能造成严重社会危害或影响，需要电信主管部门组织采取应急处置措施予以应对的网络中断（拥塞）、系统瘫痪（异常）、数据泄露（丢失）、病毒传播等事件。

本预案所称电信主管部门包括工业和信息化部及各省（自治区、直辖市）通信管理局。

工业和信息化部对国家重大活动期间网络安全突发事件应对工作另有规定的，从其规定。

1.4 工作原则

公共互联网网络安全突发事件应急工作坚持统一领导、分级负责；坚持统一指挥、密切协同、快速反应、科学处置；坚持预防为主，预防与应急相结合；落实基础电信企业、域名机构、互联网服务提供者的主体责任；充分发挥网络安全专业机构、网络安全企业和专家学者等各方面力量的作用。

2. 组织体系

2.1 领导机构与职责

在中央网信办统筹协调下，工业和信息化部网络安全和信息化领导小组（以下简称部领导小组）统一领导公共互联网网络安全突发事件应急管理工作，负责特别重大公共互联网网络安全突发事件的统一指挥和协调。

2.2 办事机构与职责

在中央网信办下设的国家网络安全应急办公室统筹协调下，在部领导小组统一领导下，工业和信息化部网络安全应急办公室（以下简称部应急办）负责公共互联网网络安全应急管理事务性工作；及时向部领导小组报告突发事件情况，提出特别重大网络安全突发事件应对措施建议；负责重大网络安全突发事件的统一指挥和协调；根据需要协调较大、一般网络安全突发事件应对工作。

部应急办具体工作由工业和信息化部网络安全管理局承担，有关单位明确负责人和联络员参与部应急办工作。

2.3 其他相关单位职责

各省（自治区、直辖市）通信管理局负责组织、指挥、协调本行政区域相关单位开展公共互联网网络安全突发事件的预防、监测、报告和应急处置工作。

基础电信企业、域名机构、互联网企业负责本单位网络安全突发事件预防、监测、报告和应急处置工作，为其他单位的网络安全突发事件应对提供技术支持。

国家计算机网络应急技术处理协调中心、中国信息通信研究院、中国软件评测中心、国家工业信息安全发展研究中心（以下统称网络安全专业机构）负责监测、报告公共互联网网络安全突发事件和预警信息，为应急工作提供决策支持和技术支撑。

鼓励网络安全企业支撑参与公共互联网网络安全突发事件应对工作。

3．事件分级

根据社会影响范围和危害程度，公共互联网网络安全突发事件分为四级：特别重大事件、重大事件、较大事件、一般事件。

3.1 特别重大事件

符合下列情形之一的，为特别重大网络安全事件：

（1）全国范围大量互联网用户无法正常上网；

（2）.CN 国家顶级域名系统解析效率大幅下降；

（3）1 亿以上互联网用户信息泄露；

（4）网络病毒在全国范围大面积爆发；

（5）其他造成或可能造成特别重大危害或影响的网络安全事件。

3.2 重大事件

符合下列情形之一的，为重大网络安全事件：

（1）多个省大量互联网用户无法正常上网；

（2）在全国范围有影响力的网站或平台访问出现严重异常；

（3）大型域名解析系统访问出现严重异常；

（4）1 千万以上互联网用户信息泄露；

（5）网络病毒在多个省范围内大面积爆发；

（6）其他造成或可能造成重大危害或影响的网络安全事件。

3.3 较大事件

符合下列情形之一的，为较大网络安全事件：

（1）1个省内大量互联网用户无法正常上网；

（2）在省内有影响力的网站或平台访问出现严重异常；

（3）1百万以上互联网用户信息泄露；

（4）网络病毒在1个省范围内大面积爆发；

（5）其他造成或可能造成较大危害或影响的网络安全事件。

3.4 一般事件

符合下列情形之一的，为一般网络安全事件：

（1）1个地市大量互联网用户无法正常上网；

（2）10万以上互联网用户信息泄露；

（3）其他造成或可能造成一般危害或影响的网络安全事件。

4．监测预警

4.1 事件监测

基础电信企业、域名机构、互联网企业应当对本单位网络和系统的运行状况进行密切监测，一旦发生本预案规定的网络安全突发事件，应当立即通过电话等方式向部应急办和相关省（自治区、直辖市）通信管理局报告，不得迟报、谎报、瞒报、漏报。

网络安全专业机构、网络安全企业应当通过多种途径监测、收集已经发生的公共互联网网络安全突发事件信息，并及时向部应急办和相关省（自治区、直辖市）通信管理局报告。

报告突发事件信息时，应当说明事件发生时间、初步判定的影响范围和危害、已采取的应急处置措施和有关建议。

4.2 预警监测

基础电信企业、域名机构、互联网企业、网络安全专业机构、网络安全企业应当通过多种途径监测、收集漏洞、病毒、网络攻击最新动向等网络安全隐患和预警信息，对发生突发事件的可能性及其可能造成的影响进行分析评估；认为可能发生特别重大或重大突发事件的，应当立即向部应急办报告；认为可能发生较大或一般突发事件的，应当立即向相关省（自治区、直辖市）通信管理局报告。

4.3 预警分级

建立公共互联网网络突发事件预警制度，按照紧急程度、发展态势和可能造成的危害程度，公共互联网网络突发事件预警等级分为四级：由高到低依次用红色、橙色、黄色和蓝色标示，分别对应可能发生特别重大、重大、较大和一般网络安全突发事件。

4.4 预警发布

部应急办和各省（自治区、直辖市）通信管理局应当及时汇总分析突发事件隐患和预警信息，必要时组织相关单位、专业技术人员、专家学者进行会商研判。

认为需要发布红色预警的，由部应急办报国家网络安全应急办公室统一发布（或转发国家网络安全应急办公室发布的红色预警），并报部领导小组；认为需要发布橙色预警的，由部应急办统一发布，并报国家网络安全应急办公室和部领导小组；认为需要发布黄色、蓝色预警的，相关省（自治区、直辖市）通信管理局可在本行政区域内发布，并报部应急办，同时通报地方相关部门。对达不到预警级别但又需要发布警示信息的，部应急办和各省（自治区、直辖市）通信管理局可以发布风险提示信息。

发布预警信息时，应当包括预警级别、起始时间、可能的影响范围和造成的危害、应采取的防范措施、时限要求和发布机关等，并公布咨询电话。面向社会发布预警信息可通过网站、短信、微信等多种形式。

4.5 预警响应

4.5.1 黄色、蓝色预警响应

发布黄色、蓝色预警后，相关省（自治区、直辖市）通信管理局应当针对即将发生的网络安全突发事件的特点和可能造成的危害，采取下列措施：

（1）要求有关单位、机构和人员及时收集、报告有关信息，加强网络安全风险的监测；

（2）组织有关单位、机构和人员加强事态跟踪分析评估，密切关注事态发展，重要情况报部应急办；

（3）及时宣传避免、减轻危害的措施，公布咨询电话，并对相关信息的报道工作进行正确引导。

4.5.2 红色、橙色预警响应

发布红色、橙色预警后，部应急办除采取黄色、蓝色预警响应措施外，还应当针对即将发生的网络安全突发事件的特点和可能造成的危害，采取下列措施：

（1）要求各相关单位实行 24 小时值班，相关人员保持通信联络畅通；

（2）组织研究制定防范措施和应急工作方案，协调调度各方资源，做好各项准备工作，重要情况报部领导小组；

（3）组织有关单位加强对重要网络、系统的网络安全防护；

（4）要求相关网络安全专业机构、网络安全企业进入待命状态，针对预警信息研究制定应对方案，检查应急设备、软件工具等，确保处于良好状态。

4.6 预警解除

部应急办和省（自治区、直辖市）通信管理局发布预警后，应当根据事态发展，适时调整预警级别并按照权限重新发布；经研判不可能发生突发事件或风险已经解除的，应当及时宣布解除预警，并解除已经采取的有关措施。相关省（自治区、直辖市）通信管理局解除黄色、蓝色预警后，应及时向部应急办报告。

5．应急处置

5.1 响应分级

公共互联网网络安全突发事件应急响应分为四级：Ⅰ级、Ⅱ级、Ⅲ级、Ⅳ级，分别对应已经发生的特别重大、重大、较大、一般事件的应急响应。

5.2 先行处置

公共互联网网络安全突发事件发生后，事发单位在按照本预案规定立即向电信主管部门报告的同时，应当立即启动本单位应急预案，组织本单位应急队伍和工作人员采取应急处置措施，尽最大努力恢复网络和系统运行，尽可能减少对用户和社会的影响，同时注意保存网络攻击、网络入侵或网络病毒的证据。

5.3 启动响应

Ⅰ级响应根据国家有关决定或经部领导小组批准后启动，由部领导小组统一指挥、协调。

Ⅱ级响应由部应急办决定启动，由部应急办统一指挥、协调。

Ⅲ级、Ⅳ级响应由相关省（自治区、直辖市）通信管理局决定启动，并负责指挥、协调。

启动Ⅰ级、Ⅱ级响应后，部应急办立即将突发事件情况向国家网络安全应急办公室等报告；部应急办和相关单位进入应急状态，实行 24 小时值班，相关人员保持联络畅通，相关单位派员参加部应急办工作；视情在部应急办设立应急恢复、攻击溯源、影响评估、信息发布、跨部门协调、国际协调等工作组。

启动Ⅲ级、Ⅳ级响应后，相关省（自治区、直辖市）通信管理局应及时将相关情况报部应急办。

5.4 事态跟踪

启动Ⅰ级、Ⅱ级响应后，事发单位和网络安全专业机构、网络安全企业应当持续加强监测，跟踪事态发展，检查影响范围，密切关注舆情，及时将事态发展变化、处置进展情况、相关舆情报部应急办。省（自治区、直辖市）通信管理局立即全面了解本行政区域受影响情况，并及时报部应急办。基础电信企业、域名机构、互联网企业立即了解自身网络和系统受影响情况，并及时报部应急办。

启动Ⅲ级、Ⅳ级响应后，相关省（自治区、直辖市）通信管理局组织相关单位加强事态跟踪研判。

5.5 决策部署

启动Ⅰ级、Ⅱ级响应后，部领导小组或部应急办紧急召开会议，听取各相关方面情况汇报，研究紧急应对措施，对应急处置工作进行决策部署。

针对突发事件的类型、特点和原因，要求相关单位采取以下措施：带宽紧急扩容、控制攻击源、过滤攻击流量、修补漏洞、查杀病毒、关闭端口、启用备份数据、暂时关闭相关系统等；对大规模用户信息泄露事件，要求事发单位及时告知受影响的用户，并告知用户减轻危害的措施；防止发生次生、衍生事件的必要措施；其他可以控制和减轻危害的措施。

做好信息报送。及时向国家网络安全应急办公室等报告突发事件处置进展情况；视情况由部应急办向相关职能部门、相关行业主管部门通报突发事件有关情况，必要时向相关部门请求提供支援。视情况向外国政府部门通报有关情况并请求协助。

注重信息发布。及时向社会公众通告突发事件情况，宣传避免或减轻危害的措施，公布咨询电话，引导社会舆论。未经部应急办同意，各相关单位不得擅自向社会发布突发事件相关信息。

启动Ⅲ级、Ⅳ级响应后，相关省（自治区、直辖市）通信管理局组织相关单位开展处置工作。处置中需要其他区域提供配合和支持的，接受请求的省（自治区、直辖市）通信管理局应当在权限范围内积极配合并提供必要的支持；必要时可报请部应急办予以协调。

5.6 结束响应

突发事件的影响和危害得到控制或消除后，Ⅰ级响应根据国家有关决定或经部领导小组批准后结束；Ⅱ级响应由部应急办决定结束，并报部领导小组；Ⅲ级、Ⅳ级响应由相关省（自治区、直辖市）通信管理局决定结束，并报部应急办。

6. 事后总结

6.1 调查评估

公共互联网网络安全突发事件应急响应结束后，事发单位要及时调查突发事件的起因（包括直接原因和间接原因）、经过、责任，评估突发事件造成的影响和损失，总结突发事件防范和应急处置工作的经验教训，提出处理意见和改进措施，在应急响应结束后 10 个工作日内形成总结报告，报电信主管部门。电信主管部门汇总并研究后，在应急响应结束后 20 个工作日内形成报告，按程序上报。

6.2 奖惩问责

工业和信息化部对网络安全突发事件应对工作中作出突出贡献的先进集体和个人给予表彰或奖励。

对不按照规定制定应急预案和组织开展演练，迟报、谎报、瞒报和漏报突发事件重要情况，或在预防、预警和应急工作中有其他失职、渎职行为的单位或个人，由电信主管部门给予约谈、通报或依法、依规给予问责或处分。基础电信企业有关情况纳入企业年度网络与信息安全责任考核。

7. 预防与应急准备

7.1 预防保护

基础电信企业、域名机构、互联网企业应当根据有关法律法规和国家、行业标准的规定，建立健全网络安全管理制度，采取网络安全防护技术措施，建设网络安全技术手段，定期进行网络安全检查和风险评估，及时消除隐患和风险。电信主管部门依法开展网络安全监督检查，指导督促相关单位消除安全隐患。

7.2 应急演练

电信主管部门应当组织开展公共互联网网络安全突发事件应急演练，提高相关单位网络安全突发事件应对能力。基础电信企业、大型互联网企业、域名机构要积极参与电信主管部门组织的应急演练，并应每年组织开展一次本单位网络安全应急演练，应急演练情况要向电信主管部门报告。

7.3 宣传培训

电信主管部门、网络安全专业机构组织开展网络安全应急相关法律法规、应急预案和基本知识的宣传教育和培训，提高相关企业和社会公众的网络安全意识和防护、应急能力。基础电信企业、域名机构、互联网企业要面向本单位员工加强网络安全应急宣传教育和培训。鼓励开展各种形式的网络安全竞赛。

7.4 手段建设

工业和信息化部规划建设统一的公共互联网网络安全应急指挥平台，汇集、存储、分析有关突发事件的信息，开展应急指挥调度。指导基础电信企业、大型互联网企业、域名机构和网络安全专业机构等单位规划建设本单位突发事件信息系统，并与工业和信息化部应急指挥平台实现互联互通。

7.5 工具配备

基础电信企业、域名机构、互联网企业和网络安全专业机构应加强对木马查杀、漏洞检测、网络扫描、渗透测试等网络安全应急装备、工具的储备，及时调整、升级软件硬件工具。鼓励研制开发相关技术装备和工具。

8．保障措施

8.1 落实责任

各省（自治区、直辖市）通信管理局、基础电信企业、域名机构、互联网企业、网络安全专业机构要落实网络安全应急工作责任制，把责任落实到单位领导、具体部门、具体岗位和个人，建立健全本单位网络安全应急工作体制机制。

8.2 经费保障

工业和信息化部为部应急办、各省（自治区、直辖市）通信管理局、网络安全专业机构开展公共互联网网络安全突发事件应对工作提供必要的经费保障。基础电信企业、域名机构、大型互联网企业应当安排专项资金，支持本单位网络安全应急队伍建设、手段建设、应急演练、应急培训等工作开展。

8.3 队伍建设

网络安全专业机构要加强网络安全应急技术支撑队伍建设，不断提升网络安全突发事件预防保护、监测预警、应急处置、攻击溯源等能力。基础电信企业、域名机构、大型互联网企业要建立专门的网络安全应急队伍，提升本单位网络安全应急能力。支持网络安全企业提升应急支撑能力，促进网络安全应急产业发展。

8.4 社会力量

建立工业和信息化部网络安全应急专家组，充分发挥专家在应急处置工作中的作用。从网络安全专业机构、相关企业、科研院所、高等学校中选拔网络安全技术人才，形成网络安全技术人才库。

8.5 国际合作

工业和信息化部根据职责建立国际合作渠道，签订国际合作协议，必要时通过国际合作应对公共互联网网络安全突发事件。鼓励网络安全专业机构、基础电信企业、域名机构、互联网企业、网络安全企业开展网络安全国际交流与合作。

9．附则

9.1 预案管理

本预案原则上每年评估一次，根据实际情况由工业和信息化部适时进行修订。

各省（自治区、直辖市）通信管理局要根据本预案，结合实际制定或修订本行政区域公共互联网网络安全突发事件应急预案，并报工业和信息化部备案。

基础电信企业、域名机构、互联网企业要制定本单位公共互联网网络安全突发事件应急预案。基础电信企业、域名机构、大型互联网企业的应急预案要向电信主管部门备案。

9.2 预案解释

本预案由工业和信息化部网络安全管理局负责解释。

9.3 预案实施时间

本预案自印发之日起实施。2009 年 9 月 29 日印发的《公共互联网网络安全应急预案》同时废止。

（此文有删减）

工业和信息化部关于印发《促进新一代人工智能产业发展三年行动计划（2018—2020年）》的通知

（工信部科〔2017〕315号）

各省、自治区、直辖市及计划单列市、新疆生产建设兵团工业和信息化主管部门，各省、自治区、直辖市通信管理局，各相关单位：

为贯彻落实《中国制造 2025》和《新一代人工智能发展规划》，加快人工智能产业发展，推动人工智能和实体经济深度融合，制定《促进新一代人工智能产业发展三年行动计划（2018—2020年）》。现印发给你们，请结合实际认真贯彻落实。

附件：促进新一代人工智能产业发展三年行动计划（2018—2020年）

工业和信息化部

2017 年 12 月 13 日

促进新一代人工智能产业发展三年行动计划
（2018—2020年）

当前，新一轮科技革命和产业变革正在萌发，大数据的形成、理论算法的革新、计算能力的提升及网络设施的演进驱动人工智能发展进入新阶段，智能化成为技术和产业发展的重要方向。人工智能具有显著的溢出效应，将进一步带动其他技术的进步，推动战略性新兴产业总体突破，正在成为推进供给侧结构性改革的新动能、振兴实体经济的新机遇、建设制造强国和网络强国的新引擎。为落实《新一代人工智能发展规划》，深入实施《中国制造2025》，抓住历史机遇，突破重点领域，促进人工智能产业发展，提升制造业智能化水平，推动人工智能和实体经济深度融合，制订本行动计划。

一、总体要求

（一）指导思想

全面贯彻落实党的十九大精神，以习近平新时代中国特色社会主义思想为指导，按照"五位一体"总体布局和"四个全面"战略布局，认真落实党中央、国务院决策部署，以信息技术与制造技术深度融合为主线，推动新一代人工智能技术的产业化与集成应用，发展高端智能产品，夯实核心基础，提升智能制造水平，完善公共支撑体系，促进新一代人工智能产业发展，推动制造强国和网络强国建设，助力实体经济转型升级。

（二）基本原则

系统布局。把握人工智能发展趋势，立足国情和各地区的产业现实基础，顶层引导和区域协作相结合，加强体系化部署，做好分阶段实施，构建完善新一代人工智能产业体系。

重点突破。针对产业发展的关键薄弱环节，集中优势力量和创新资源，支持重点领域人工智能产品研发，加快产业化与应用部署，带动产业整体提升。

协同创新。发挥政策引导作用，促进产学研用相结合，支持龙头企业与上下游中小企业加强协作，构建良好的产业生态。

开放有序。加强国际合作，推动人工智能共性技术、资源和服务的开放共享。完善发展环境，提升安全保障能力，实现产业健康有序发展。

（三）行动目标

通过实施四项重点任务，力争到 2020 年，一系列人工智能标志性产品取得重要突破，在若干重点领域形成国际竞争优势，人工智能和实体经济融合进一步深化，产业发展环境进一步优化。

——人工智能重点产品规模化发展，智能网联汽车技术水平大幅提升，智能服务机器人实现规模化应用，智能无人机等产品具有较强全球竞争力，医疗影像辅助诊断系统等扩大临床应用，视频图像识别、智能语音、智能翻译等产品达到国际先进水平。

——人工智能整体核心基础能力显著增强，智能传感器技术产品实现突破，设计、代工、封测技术达到国际水平，神经网络芯片实现量产并在重点领域实现规模化应用，开源开发平台初步具备支撑产业快速发展的能力。

——智能制造深化发展，复杂环境识别、新型人机交互等人工智能技术在关键技术装备中加快集成应用，智能化生产、大规模个性化定制、预测性维护等新模式的应用水平明显提升。重点工业领域智能化水平显著提高。

——人工智能产业支撑体系基本建立，具备一定规模的高质量标注数据资源库、标准测试数据集建成并开放，人工智能标准体系、测试评估体系及安全保障体系框架初步建立，智能化网络基础设施体系逐步形成，产业发展环境更加完善。

二、培育智能产品

以市场需求为牵引，积极培育人工智能创新产品和服务，促进人工智能技术的产业化，推动智能产品在工业、医疗、交通、农业、金融、物流、教育、文化和旅游等领域的集成应用。发展智能控制产品，加快突破关键技术，研发并应用一批具备复杂环境感知、智能人机交互、灵活精准控制、群体实时协同等特征的智能化设备，满足高可用、高可靠、安全等要求，提升设备处理复杂、突发、极端情况的能力。培育智能理解产品，加快模式识别、智能语义理解、智能分析决策等核心技术研发和产业化，支持设计一批智能化水平和可靠性较高的智能理解产品或模块，优化智能系统与服务的供给结构。推动智能硬件普及，深化人工智能技术在智能家居、健康管理、移动智能终端和车载产品等领域的应用，丰富终端产品的智能化功能，推动信息消费升级。着重在以下领域率先取得突破：

（一）智能网联汽车

支持车辆智能计算平台体系架构、车载智能芯片、自动驾驶操作系统、车辆智能算法等关键技术、产品研发，构建软件、硬件、算法一体化的车辆智能化平台。到2020年，建立可靠、安全、实时性强的智能网联汽车智能化平台，形成平台相关标准，支撑高度自动驾驶（HA级）。

（二）智能服务机器人

支持智能交互、智能操作、多机协作等关键技术研发，提升清洁、老年陪护、康复、助残、儿童教育等家庭服务机器人的智能化水平，推动巡检、导览等公共服务机器人以及消防救援机器人等的创新应用。发展三维成像定位、智能精准安全操控、人—机协作接口等关键技术，支持手术机器人操作系统研发，推动手术机器人在临床医疗中的应用。到2020年，智能服务机器人环境感知、自然交互、自主学习、人机协作等关键技术取得突破，智能家庭服务机器人、智能公共服务机器人实现批量生产及应用，医疗康复、助老助残、消防救灾等机器人实现样机生产，完成技术与功能验证，实现20家以上应用示范。

（三）智能无人机

支持智能避障、自动巡航、面向复杂环境的自主飞行、群体作业等关键技术研发与应用，推动新一代通信及定位导航技术在无人机数据传输、链路控制、监控管理等方面的应用，开展智能飞控系统、高集成度专用芯片等关键部件研制。到2020年，智能消费级无人机三轴机械增稳云台精度达到0.005°，实现360°全向感知避障，实现自动智能强制避让航空管制区域。

（四）医疗影像辅助诊断系统

推动医学影像数据采集标准化与规范化，支持脑、肺、眼、骨、心脑血管、乳腺等典型疾病领域的医学影像辅助诊断技术研发，加快医疗影像辅助诊断系统的产品化及临床辅助应用。到2020年，国内先进的多模态医学影像辅助诊断系统对以上典型疾病的检出率超过95%，假阴性率低于1%，假阳性率低于5%。

（五）视频图像身份识别系统

支持生物特征识别、视频理解、跨媒体融合等技术创新，发展人证合一、视频监控、图像搜索、视频摘要等典型应用，拓展在安防、金融等重点领域的应用。到2020年，复杂动态场景下人脸识别有效检出率超过97%，正确识别率超过90%，支持不同地域人脸特征识别。

（六）智能语音交互系统

支持新一代语音识别框架、口语化语音识别、个性化语音识别、智能对话、音视频融合、语音合成等技术的创新应用，在智能制造、智能家居等重点领域开展推广应用。到 2020 年，实现多场景下中文语音识别平均准确率达到 96%，5m 远场识别率超过 92%，用户对话意图识别准确率超过 90%。

（七）智能翻译系统

推动高精准智能翻译系统应用，围绕多语言互译、同声传译等典型场景，利用机器学习技术提升准确度和实用性。到 2020 年，多语种智能互译取得明显突破，中译英、英译中场景下产品的翻译准确率超过 85%，少数民族语言与汉语的智能互译准确率显著提升。

（八）智能家居产品

支持智能传感、物联网、机器学习等技术在智能家居产品中的应用，提升家电、智能网络设备、水电气仪表等产品的智能水平、实用性和安全性，发展智能安防、智能家具、智能照明、智能洁具等产品，建设一批智能家居测试评价、示范应用项目并推广。到 2020 年，智能家居产品类别明显丰富，智能电视市场渗透率达到 90%以上，安防产品智能化水平显著提升。

三、突破核心基础

加快研发并应用高精度、低成本的智能传感器，突破面向云端训练、终端应用的神经网络芯片及配套工具，支持人工智能开发框架、算法库、工具集等的研发，支持开源开放平台建设，积极布局面向人工智能应用设计的智能软件，夯实人工智能产业发展的软硬件基础。着重在以下领域率先取得突破：

（一）智能传感器

支持微型化及可靠性设计、精密制造、集成开发工具、嵌入式算法等关键技术研发，支持基于新需求、新材料、新工艺、新原理设计的智能传感器研发及应用。发展市场前景广阔的新型生物、气体、压力、流量、惯性、距离、图像、声学等智能传感器，推动压电材料、磁性材料、红外辐射材料、金属氧化物等材料技术革新，支持基于微机电系统（MEMS）和互补金属氧化物半导体（CMOS）集成等工艺的新型智能传感器研发，发展面向新应用场景的基于磁感、超声波、非可见光、生物化学等新原理的智能传感器，推动智能传感器实现高精度、高可靠、低功耗、低成本。到 2020 年，压电传感器、磁传感器、红外传感器、气体传感器等的性能显著提高，信噪比达到 70dB、声学过载点达到 135dB 的声学传感器实现量产，绝对精度 100Pa 以内、噪声水平 0.6Pa 以内的压力传感器实现商用，弱磁场分辨率达到 1pT 的磁传感器实现量产。在模拟仿真、设计、MEMS 工艺、封装及个性化测试技术方面达到国际先进水平，具备在移动式可穿戴、互联网、汽车电子等重点领域的系统方案设计能力。

（二）神经网络芯片

面向机器学习训练应用，发展高性能、高扩展性、低功耗的云端神经网络芯片，面向终端应用发展适用于机器学习计算的低功耗、高性能的终端神经网络芯片，发展与神经网络芯片配套的编译器、驱动软件、开发环境等产业化支撑工具。到 2020 年，神经网络芯片技术取得突破进展，推出性能达到 128TFLOPS（16 位浮点）、能效比超过 1TFLOPS/w 的云端神经网络芯片，推出能效比超过 1T OPS/w（以 16 位浮点为基准）的终端神经网络芯片，支持卷积神经网络（CNN）、递归神经网络（RNN）、长短期记忆网络（LSTM）等一种或几种主流神经网络算法；在智能终端、自动驾驶、智能安防、智能家居等重点领域实现神经网络芯片的规模化商用。

（三）开源开放平台

针对机器学习、模式识别、智能语义理解等共性技术和自动驾驶等重点行业应用，支持面向云端训练和终端执行的开发框架、算法库、工具集等的研发，支持开源开发平台、开放技术网络和开源社区建设，鼓励建设满足复杂训练需求的开放计算服务平台，鼓励骨干龙头企业构建基于开源开放技术的软件、硬件、数据、应用协同的新型产业生态。到 2020 年，面向云端训练的开源开发平台支持大规模分布式集群、多种硬件平台、多种算法，面向终端执行的开源开发平台具备轻量化、模块化和可靠性等特征。

四、深化发展智能制造

深入实施智能制造，鼓励新一代人工智能技术在工业领域各环节的探索应用，支持重点领域算法突破与应用创新，系统提升制造装备、制造过程、行业应用的智能化水平。着重在以下方面率先取得突破：

（一）智能制造关键技术装备

提升高档数控机床与工业机器人的自检测、自校正、自适应、自组织能力和智能化水平，利用人工智能技术提升增材制造装备的加工精度和产品质量，优化智能传感器与分散式控制系统（DCS）、可编程逻辑控制器（PLC）、数据采集系统（SCADA）、高性能高可靠嵌入式控制系统等控制装备在复杂工作环境的感知、认知和控制能力，提高数字化非接触精密测量、在线无损检测系统等智能检测装备的测量精度和效率，增强装配设备的柔性。提升高速分拣机、多层穿梭车、高密度存储穿梭板等物流装备的智能化水平，实现精准、柔性、高效的物料配送和无人化智能仓储。

到 2020 年，高档数控机床智能化水平进一步提升，具备人—机协调、自然交互、自主学习功能的新一代工业机器人实现批量生产及应用；增材制造装备成形效率大于 450cm³/h，连续工作时间大于 240h；实现智能传感与控制装备在机床、机器人、石油化工、轨道交通等领域的集成应用；智能检测与装配装备的工业现场视觉识别准确率达到 90%，测量精度及速度满足实际生产需求；开发 10 个以上智能物流与仓储装备。

（二）智能制造新模式

鼓励离散型制造业企业以生产设备网络化、智能化为基础，应用机器学习技术分析处理现场数据，实现设备在线诊断、产品质量实时控制等功能。鼓励流程型制造企业建设全流程、智能化生产管理和安防系统，实现连续性生产、安全生产的智能化管理。打造网络化协同制造平台，增强人工智能指引下的人机协作与企业间协作研发设计与生产能力。发展个性化定制服务平台，提高对用户需求特征的深度学习和分析能力，优化产品的模块化设计能力和个性化组合方式。搭建基于标准化信息采集的控制与自动诊断系统，加快对故障预测模型和用户使用习惯信息模型的训练和优化，提升对产品、核心配件的生命周期分析能力。

到 2020 年，数字化车间的运营成本降低 20%，产品研制周期缩短 20%；智能工厂产品不良品率降低 10%，能源利用率提高 10%；航空航天、汽车等领域加快推广企业内外并行组织和协同优化新模式；服装、家电等领域对大规模、小批量个性化订单全流程的柔性生产与协作优化能力普遍提升；在装备制造、零部件制造等领域推进开展智能装备健康状况监测预警等远程运维服务。

五、构建支撑体系

面向重点产品研发和行业应用需求，支持建设并开放多种类型的人工智能海量训练资源库、标准测试数据集和云服务平台，建立并完善人工智能标准和测试评估体系，建设知识产权等服务平台，加快构建智能化基础设施体系，建立人工智能网络安全保障体系。着重在以下领域率先取得突破：

（一）行业训练资源库

面向语音识别、视觉识别、自然语言处理等基础领域及工业、医疗、金融、交通等行业领域，支持建设高质量人工智能训练资源库、标准测试数据集并推动共享，鼓励建设提供知识图谱、算法训练、产品优化等共性服务的开放性云平台。到 2020 年，基础语音、视频图像、文本对话等公共训练数据量大幅提升，在工业、医疗、金融、交通等领域汇集一定规模的行业应用数据，用于支持创业创新。

（二）标准测试及知识产权服务平台

建设人工智能产业标准规范体系，建立并完善基础共性、互联互通、安全隐私、行业应用等技术标准，鼓励业界积极参与国际标准化工作。构建人工智能产品评估评测体系，对重点智能产品和服务的智能水平、可靠性、安全性等进行评估，提升人工智能产品和服务质量。研究建立人工智能技术专利协同运用机制，支持建设专利协同运营平台和知识产权服务平台。到 2020 年，初步建立人工智能产业标准体系，建成第三方试点测试平台并开展评估评测服务；在模式识别、语义理解、自动驾驶、智能机器人等领域建成具有基础支撑能力的知识产权服务平台。

（三）智能化网络基础设施

加快高度智能化的下一代互联网、高速率大容量低时延的第五代移动通信（5G）网、快速高精度定位的导航网、泛在融合高效互联的天地一体化信息网部署和建设，加快工业互联网、车联网建设，逐步形成智能化网络基础设施体系，提升支撑服务能力。到 2020 年，全国 90% 以上地区的宽带接入速率和时延满足人工智能行业应用需求，10 家以上重点企业实现覆盖生产全流程的工业互联网示范建设，重点区域车联网网络设施初步建成。

（四）网络安全保障体系

针对智能网联汽车、智能家居等人工智能重点产品或行业应用，开展漏洞挖掘、安全测试、威胁预警、攻击检测、应急处置等安全技术攻关，推动人工智能先进技术在网络安全领域的深度应用，加快漏洞库、风险库、案例集等共享资源建设。到 2020 年，完善人工智能网络安全产业布局，形成人工智能安全防控体系框架，初步建成具备人工智能安全态势感知、测试评估、威胁信息共享以及应急处置等基本能力的安全保障平台。

六、保障措施

（一）加强组织实施

强化部门协同和上下联动，建立健全政府、企业、行业组织和产业联盟、智库等的协同推进机制，加强在技术攻关、标准制定等方面的协调配合。加强部省合作，依托国家新型工业化产业示范基地建设等工作，支持有条件的地区发挥自身资源优势，培育一批人工智能领军企业，探索建设人工智能产业集聚区，促进人工智能产业突破发展。面向重点行业和关键领域，推动人工智能标志性产品应用。建立人工智能产业统计体系，关键产品与服务目录，加强跟踪研究和督促指导，确保重点工作有序推进。

（二）加大支持力度

充分发挥工业转型升级（《中国制造 2025》）等现有资金以及重大项目等国家科技计划（专项、基金）的引导作用，支持符合条件的人工智能标志性产品及基础软硬件研发、应用试点示范、支撑平台建设等，鼓励地方财政对相关领域加大投入力度。以重大需求和行业应用为牵引，搭建典型试验环境，建设产品可靠性和安全性验证平台，组织协同攻关，支持人工智能关键应用技术研发及适配，支持创新产品设计、系统集成和产业化。支持人工智能企业与金融机构加强对接合作，通过市场机制引导多方资本参与产业发展。在首台（套）重大技术装备保险保费补偿政策中，探索引入人工智能融合的技术装备、生产线等关键领域。

（三）鼓励创新创业

加快建设和不断完善智能网联汽车、智能语音、智能传感器、机器人等人工智能相关领域的制造业创新中心，设立人工智能领域的重点实验室。支持企业、科研院所与高校联合开展人工智能关键技术研发与产业化。鼓励开展人工智能创新创业和解决方案大赛，鼓励制造业大企业、互联网企业、基础电信企业建设"双创"平台，发挥骨干企业引领作用，加强技术研发与应用合作，提升产业发展创新力和国际竞争力。培育人工智能创新标杆企业，搭建人工智能企业创新交流平台。

（四）加快人才培养

贯彻落实《制造业人才发展规划指南》，深化人才体制机制改革。以多种方式吸引和培养人工智能高端人才和创新创业人才，支持一批领军人才和青年拔尖人才成长。依托重大工程项目，鼓励校企合作，支持高等学校加强人工智能相关学科专业建设，引导职业学校培养产业发展急需的技能型人才。鼓励领先企业、行业服务机构等培养高水平的人工智能人才队伍，面向重点行业提供行业解决方案，推广行业最佳应用实践。

（五）优化发展环境

开展人工智能相关政策和法律法规研究，为产业健康发展营造良好环境。加强行业对接，推动行业合理开放数据，积极应用新技术、新业务，促进人工智能与行业融合发展。鼓励政府部门率先运用人工智能提升业务效率和管理服务水平。充分利用双边、多边国际合作机制，抓住"一带一路"建设契机，鼓励国内外科研院所、企业、行业组织拓宽交流渠道，广泛开展合作，实现优势互补、合作共赢。

工业和信息化部关于印发《无线电频率使用率要求及核查管理暂行规定》的通知

（工信部无〔2017〕322 号）

各省、自治区、直辖市无线电管理机构：

为促进无线电频谱资源的有效利用，加强对无线电频率使用的事中事后监管，根据《中华人民共和国无线电管理条例》《无线电频率使用许可管理办法》等相关要求，我部制定《无线电频率使用率要求及核查管理暂行规定》。现予印发，请各单位认真贯彻执行。

工业和信息化部

2017 年 12 月 15 日

无线电频率使用率要求及核查管理暂行规定

第一章 总则

第一条 为促进无线电频谱资源的有效利用，明确各类无线电业务的频率使用率要求及核查方法，根据《中华人民共和国无线电管理条例》《无线电频率使用许可管理办法》等相关要求，制定本规定。

第二条 国家无线电管理机构和省、自治区、直辖市无线电管理机构（以下统称无线电管理机构）作出无线电频率使用许可时，应当按照本规定提出频率使用率要求，并开展频率使用率核查管理工作。

第三条 无线电频率使用率采用频段占用度、年时间占用度、区域覆盖率以及用户承载率（用户规模）等指标进行评价。

频段占用度是指实际使用频率范围与行政许可批准的使用频率范围之比。

年时间占用度是指一年中实际使用频率的天数（或小时）与全年天数（或小时）之比。根据实际使用情况，可采用日、月时间占用度，或结合用户和无线电业务实际使用情况进行评价。

区域覆盖率是指取得许可的频率开展无线电业务的实际使用地域（以平方千米为单位）与行政许可批准的频率使用地域的面积之比。

用户承载率是指取得许可的频率开展无线电业务实际承载的用户数量与经专家评估论证应能承载的用户数量之比。

第四条　下列情况无线电频率使用许可不作频率使用率要求：

标准频率和时间信号业务、安全业务、特别业务、射电天文业务、卫星地球探测业务、空间研究业务、空间操作业务和卫星间业务使用的频率；应急、抢险救灾使用的频率；备用频率、试验频率（不含商用试验）、临时使用频率。

第五条　自无线电频率使用许可证发放之日起，无线电管理机构应当定期对频率使用率进行核查和管理。

除因不可抗力外，取得无线电频率使用许可后超过 2 年不使用或者使用率达不到无线电频率许可证规定要求的，由无线电管理机构责令改正，或撤销无线电频率使用许可，收回无线电频率。

第六条　频率使用率在频率使用许可证中有特别规定的，遵从其规定。

<h3 style="text-align:center">第二章　地面业务频率使用率通用要求</h3>

第七条　陆地移动业务的频率使用率采用频段占用度、区域覆盖率、用户承载率和年时间占用度四个指标进行评价。

公众移动通信业务：频段占用度不低于 80%，区域覆盖率不低于 60%，用户承载率不低于 60%。

组网运行的专用移动通信业务：频段占用度不低于 70%，区域覆盖率不低于 50%，用户承载率不低于 50%，年时间占用度不低于 60%。

对讲或单频点工作的移动通信业务：用户承载率不低于 60%，年时间占用度不低于 50%。

采用短波频段进行通信的陆地移动业务：年时间占用度不低于 60%。

第八条　水上移动业务的频率使用率采用年时间占用度和频段占用度两个指标进行评价。

采用短波频段进行通信的水上移动业务：年时间占用度不低于 60%。

其余水上移动业务：年时间占用度不低于60%，频段占用度不低于80%。

第九条 固定业务的频率使用率采用年时间占用度和频段占用度两个指标进行评价。

采用短波频段进行通信的固定业务：年时间占用度不低于60%。

其余固定业务：年时间占用度不低于60%，频段占用度不低于80%。

第十条 无线电测定业务（包括无线电定位业务、无线电导航业务等）的频率使用率采用年时间占用度和频段占用度两个指标进行评价。

年时间占用度不低于60%，频段占用度不低于80%。

第十一条 气象辅助业务的频率使用率采用年时间占用度和频段占用度两个指标进行评价。

年时间占用度不低于60%，频段占用度不低于80%。

第三章 空间业务频率使用率通用要求

第十二条 空间无线电台开展卫星固定业务的频率使用率采用年时间占用度和频段占用度两个指标进行评价。

年时间占用度不低于60%，频段占用度不低于50%。

第十三条 空间无线电台开展卫星移动业务的频率使用率采用频段占用度、区域覆盖率和用户承载率三个指标进行评价。

频段占用度不低于80%，区域覆盖率不低于60%，用户承载率不低于60%。

第十四条 空间无线电台开展卫星广播业务及其馈线链路的频率使用率采用年时间占用度和频段占用度两个指标进行评价。

年时间占用度不低于70%，频段占用度不低于60%。

第十五条 卫星通信网的频率使用率采用频段占用度、区域覆盖率和用户承载率三个指标进行评价。

频段占用度不低于70%，区域覆盖率不低于60%，用户承载率不低于50%。

第四章 附则

第十六条 本规定自2018年1月1日起施行。

工业和信息化部　国家标准化管理委员会关于印发《国家车联网产业标准体系建设指南（智能网联汽车）》的通知

（工信部联科〔2017〕332 号）

各省、自治区、直辖市及计划单列市工业和信息化主管部门、质量技术监督局（市场监管管理部门），有关标准化技术组织、行业协会：

车联网产业是汽车、电子、信息通信、道路交通运输等行业深度融合的新型产业，是全球创新热点和未来发展的制高点。为全面实施《中国制造 2025》，深入推进"互联网+"，推动相关产业转型升级，大力培育新动能，发挥标准在车联网产业生态环境构建中的顶层设计和引领规范作用，工业和信息化部、国家标准化管理委员会共同组织制定了《国家车联网产业标准体系建设指南》系列文件，根据标准化主体对象和行业属性分为总体要求、智能网联汽车、信息通信、电子产品与服务等部分。

根据产业发展需要，现发布《国家车联网产业标准体系建设指南（智能网联汽车）》。请在标准化工作中贯彻执行。

工业和信息化部　国家标准化管理委员会

2017 年 12 月 27 日

工业和信息化部关于规范互联网信息服务使用域名的通知

（工信部信管〔2017〕264 号）

各有关单位：

为贯彻落实《中华人民共和国反恐怖主义法》《中华人民共和国网络安全法》《互联网信息服务管理办法》《互联网域名管理办法》等法律法规和规章的要求，进一步规范互联网信息服务域名使用，现就有关事项通知如下。

一、互联网信息服务提供者从事互联网信息服务使用的域名应为其依法依规注册所有。

（一）个人从事互联网信息服务的，域名注册者应为互联网信息服务者本人。

（二）单位从事互联网信息服务的，域名注册者应为单位（含公司股东）、单位主要负责人或高级管理人员。

二、互联网接入服务提供者应当按照《中华人民共和国反恐怖主义法》《中华人民共和国网络安全法》的要求，对互联网信息服务提供者的身份进行查验。互联网信息服务提供者不提供真实身份信息的，互联网接入服务提供者不得为其提供服务。

三、域名注册管理机构、域名注册服务机构应当按照《互联网域名管理办法》和电信主管部门的要求，建设相应的信息管理系统，与"工业和信息化部 ICP/IP 地址/域名信息备案管理系统"（以下简称备案系统）进行对接，报送域名注册相关信息。

四、域名注册管理机构、域名注册服务机构应当进一步加强域名真实身份信息注册管理，不得为未提供真实身份信息的域名提供解析服务。

五、互联网接入服务提供者在为互联网信息服务提供者提供接入服务时，应通过备案系统查验域名注册者的真实身份信息，不提供真实身份信息的或者提供的身份信息不准确、不完整的，互联网接入服务提供者不得为其提供接入服务。本通知施行前已在备案系统中备案的域名除外。

互联网接入服务提供者应当定期通过备案系统核查互联网信息服务提供者使用域名的状

态，对于域名不存在、域名过期且未提供真实身份信息等情形的，互联网接入服务提供者应停止为其提供接入服务。

六、电信主管部门要督促互联网接入服务提供者、域名注册管理机构、域名注册服务机构按照上述要求开展业务，依法处理各类违法违规行为，将处理结果纳入企业信誉管理档案，并向社会公示。

七、本通知自 2018 年 1 月 1 日起施行。

特此通知。

附录三　全国数据中心应用发展指引

随着移动互联网、云计算、大数据的蓬勃发展，数据中心作为其重要基础设施，从规模到数量快速增长。为引导各区域数据中心供需对接，提升应用水平，方便用户从全国数据中心资源中合理选择，特编制本指引。各区域可参考本指引提供的供需情况，主动做好相关应用需求的转移和承接。用户可结合业务需求，参照本指引提供的数据和方法，科学合理地选择数据中心资源。

一、全国数据中心建设发展情况

近年来，我国数据中心规模快速增长。截至 2016 年年底，我国在用数据中心共计 1 641 个，总体装机规模达到 995.2 万台服务器，平均上架率为 50.69%；规划在建数据中心共计 437 个，规划装机规模约 1 000 万台服务器。具体情况如下。

1. 在总体规模方面，我国数据中心数量和规模增速较快

截至 2016 年年底，我国在用数据中心的机架总规模达到 124.4 万架，与 2014 年年底相比增长超过一倍。其中，超大型数据中心[2]共计 16 个，机架规模达到 14.1 万架；大型数据中心[3]共计 109 个，机架规模达到 35.2 万架。与 2014 年年底相比，大型和超大型数据中心数量增长超过 3 倍。我国规划在建数据中心总体规模达到 125 万架，与在用规模基本相当，其中规划在建的超大型数据中心 40 个，机架规模约 49.6 万架；大型数据中心 131 个，机架规模达到 56.2 万架。

2. 在地域分布方面，总体布局渐趋合理

一直以来，我国数据中心主要集中在北京、上海、广州、深圳等人口密集、经济发达的城市，自 2013 年工业和信息化部联合四部委发布《关于数据中心建设布局的指导意见》以来，我国数据中心布局渐趋合理。截至 2016 年年底，国内已有 27 个省、自治区、直辖市建有大

2　超大型数据中心是指规模大于等于 10 000 个标准机架，以功率 2.5 千瓦为一个标准机架。
3　大型数据中心是指规模大于等于 3 000 个标准机架小于 10000 个标准机架。

型或超大型数据中心。其中，内蒙古自治区、河北省、贵州省等能源充足、气候条件适宜地区的大型、超大型数据中心数量占到全国的 48%，规划在建数量占比进一步提高，占到全国的 53%。

我国在用及规划在建的大型、超大型数据中心具体分布情况见表 1-1。

表 1-1　　　　我国在用和规划在建的大型、超大型数据中心分布

省/直辖市/自治区	在用个数	规划个数
北京市	12	5
天津市	2	4
河北省	4	23
山西省	2	17
内蒙古自治区	10	8
辽宁省	4	0
吉林省	2	3
黑龙江省	3	3
上海市	16	22
江苏省	8	12
浙江省	9	13
安徽省	1	0
福建省	1	2
江西省	0	2
山东省	1	3
河南省	1	3
湖北省	2	2
湖南省	1	2
广东省	26	12
广西壮族自治区	0	0
海南省	0	1
重庆市	2	2
四川省	4	10
贵州省	6	5
云南省	0	2
西藏自治区	0	1
陕西省	3	1
甘肃省	1	2
青海省	1	0

（续表）

省/直辖市/自治区	在用个数	规划个数
宁夏回族自治区	1	5
新疆维吾尔自治区	2	6
合计	125	171

3. 在利用率方面，超大型数据中心利用率较低

截至 2016 年年底，国内数据中心总体平均上架率为 50.69%。其中，超大型数据中心的上架率为 29.01%，大型数据中心上架率为 50.16%，中小型数据中心上架率为 54.67%。北京、上海、广州和深圳的数据中心上架率达到 60%～70%，表现出相对饱和的局面，部分西部省份上架率低于 30%。

4. 在网络质量方面，大型规模以上数据中心接入网络层级较高

近年来，我国网络架构不断优化，国家级骨干直联点由 3 个增长到 13 个，网间流量疏导能力和互通效率得到明显提升。从接入网络层级看，截至 2016 年年底，全国在用数据中心有 47% 的直连骨干网，其中大型、超大型数据中心比例达到 76%，中小型数据中心这一比例为 44%，规划在建数据中心有 55% 的直连骨干网。从接入带宽来看，全国在用数据中心出口带宽平均为 332Gbit/s，折合平均每个机架带宽 500Mbit/s，基本能够满足业务需求；规划在建数据中心平均每机架带宽将进一步提升，达到 600Mbit/s。

5. 在能效方面，总体能效水平逐步提升

截至 2016 年年底，全国超大型数据中心平均 PUE 为 1.50，大型数据中心平均 PUE 为 1.69，2013 年后投产的大型、超大型数据中心平均 PUE 低于 1.50，最优水平达到 1.2 左右。全国规划在建数据中心平均设计 PUE 为 1.5 左右，超大型、大型数据中心平均设计 PUE 为 1.45。

综合上述五个方面，全国在用和规划在建数据中心概况见表 1-2。

表 1-2 我国在用、规划在建数据中心概况

规模分类		在用数据中心	规划在建数据中心
数据中心个数	超大型	16	40
	大型	109	131
	中小型	1 516	266
	总数	1 641	437

规模分类		在用数据中心	规划在建数据中心
标准机架规模（万）	超大型	14.1	49.6
	大型	35.2	56.2
	中小型	75.1	19.2
	总数	124.4	125
上架率（%）	超大型	29.01	—
	大型	50.16	
	中小型	54.67	
	平均	50.69	
直连骨干网比例（%）	平均	47	55
能效水平 PUE（平均）	超大型	1.5	1.45
	大型	1.69	

二、分区域数据中心应用发展指引

从全国分区域情况来看，北京、上海、广州、深圳等一线城市数据中心资源最集中，但受限于地区承载能力，新建增速正在逐步放缓，可用资源有限，租用价格相对较高。相比而言，其周边地区尚有充足的可用数据中心资源，网络质量、建设等级及运维水平也较高，总体租用价格成本相对较低。此外，中部、西部、东北地区可用数据中心资源丰富，规模较大，价格优势明显。

1. 北京及周边地区

北京地区数据中心资源紧缺，相关应用需求可转移至河北省、内蒙古自治区、天津市等地数据中心承接。截至 2016 年年底，北京在用数据中心机架规模为 14.6 万架，规划在建数据中心规模为 4 万架。根据预测，2018 年北京地区可用数据中心规模将达到 18.6 万架左右，需求规模将超过 30 万架，供应存在较大缺口。与此同时，河北省、内蒙古自治区、天津市等距离北京较近地区，预计 2018 年可用数据中心规模将达到 49.2 万机架，具体数据见表 1-3。上述地区数据中心网络质量较好，大部分直连或经一次跳转到达北京骨干节点，半数以上为多线网络接入，基本按照较高可用等级建设，在规模和能力上具备承接北京外溢需求的条件。

表1-3　　　　　　　北京及周边地区数据中心规模统计及预测

地区	2016年在用机架数（万）	2016年在建机架数（万）	2017年测算可用机架数（万）	2018年预计可用机架数（万）
北京市	14.6	4.0	16.6	18.6
河北省	4.5	20.4	14.7	24.9
天津市	7.2	4.0	9.2	11.2
内蒙古自治区	8.1	5.0	10.6	13.1
合计	34.4	33.4	51.1	67.8

2. 上海及周边地区

上海地区数据中心供应紧张，本地主要承载实时性要求较高的业务，对实时性要求相对较低的应用需求可转移至江苏省、浙江省等地数据中心承接。截至2016年年底，上海在用数据中心机架规模为18.3万架，规划在建数据中心规模约11.2万架。根据预测，2018年上海可用数据中心规模将达到29.5万架左右，需求规模可能超过35万架，存在一定供应缺口。与此同时，江苏省、浙江省等距离上海较近地区，预计2018年数据中心供给规模将达到24万机架，具体数据见表1-4。上述地区数据中心网络质量较好，基本直连上海、杭州或南京骨干节点，半数为多线网络接入，基本按照较高可用等级建设，在规模和能力上具备承接上海外溢需求的条件。

表1-4　　　　　　　上海及周边地区数据中心规模统计及预测

地区	2016年在用机架数（万）	2016年在建机架数（万）	2017年测算可用机架数（万）	2018年预计可用机架数（万）
上海市	18.3	11.2	23.9	29.5
浙江省	4.5	4.0	6.5	8.5
江苏省	7.7	7.8	11.6	15.5
合计	30.5	23	42	53.5

3. 广州、深圳及周边地区

广州、深圳地区数据中心存在一定供应缺口，本地主要承载实时性要求较高的业务，对实时性要求相对较低的相关应用需求可转移至周边地区数据中心承接。截至2016年年底，广州及深圳在用数据中心机架规模近13万架，规划在建数据中心约1.6万架。根据预测，2018年两地可用数据中心规模将达到14.6万架左右，预计需求规模可能超过18.2万架，存在一定供应缺口。与此同时，两地周边地区预计 2018 年数据中心供给规模将达到 15.3 万架，具体数据见表 1-5。上述地区数据中心网络质量较好，大部分直连广州骨干节点，且按照较高可用等级建设，在规模和能力上具备承接广州、深圳外溢需求的条件。

表 1-5　　　　　　　　广州、深圳及周边地区可用数据中心规模统计及预测

环广州地区	2016 年在用机架数（万）	2016 年在建机架数（万）	2017 年测算可用机架数（万）	2018 年预计可用机架数（万）
广州及深圳	13.0	1.6	13.8	14.6
除广州、深圳外的广东其他地区	7.3	2.3	8.5	9.6
福建	2.5	3.2	4.1	5.7
合计	22.8	7.1	26.4	29.9

4. 中部地区

截至 2016 年年底，山西省、安徽省、江西省、河南省、湖北省、湖南省等中部地区，数据中心在用规模约 10 万机架，规划在建数据中心 30 万架，预计 2018 年可用数据中心规模将超过 40 万架，2018 年需求近 22 万架，具体数据见表 1-6，供给余量较大，具备承接北京、上海、广州、深圳地区对时延要求中等的应用需求的条件。

表 1-6　　　　　　　　　　中部地区数据中心规模统计及预测

地区	2016 年在用机架数（万）	2016 年在建机架数（万）	2017 年测算可用机架数（万）	2018 年预计可用机架数（万）
安徽省	1.8	1.7	2.7	3.6
湖北省	3.3	10.2	8.4	13.5
湖南省	1.0	2.2	2.1	3.2
河南省	1.8	5.4	4.5	7.2
江西省	0.5	1.7	1.4	2.2
山西省	1.9	9.1	6.5	11.0
合计	10.4	30.3	25.5	40.7

5. 西部地区

截至 2016 年年底，贵州省、宁夏回族自治区、新疆维吾尔自治区、甘肃省、四川省、云南省等西部地区，在用数据中心机架规模为 16 万架，在建规模 24 万余架。根据预测，2018 年西部地区可用数据中心规模将达到 41.1 万架，预计需求规模为 23 万机架，具体数据见表

1-7，供给余量较大。西部地区大型、超大型数据中心主要分布在贵州、四川、新疆等省，基本都连接至就近的骨干网节点或省网节点，按照较高可用等级建设，在能效及能源供给方面具有优势，价格较低，具备承接北京、上海、广州、深圳地区对时延要求较低的应用需求的条件。

表 1-7 西部地区数据中心规模统计及预测

地区	2016 年在用机架数（万）	2016 年在建机架数（万）	2017 年测算可用机架数（万）	2018 年预计可用机架数（万）
宁夏回族自治区	0.8	1.4	1.4	2.1
新疆维吾尔自治区	3.1	4.6	5.4	7.7
青海省	0.5	0.1	0.6	0.6
陕西省	2.6	1.0	3.1	3.6
甘肃省	0.5	5.4	3.2	5.9
四川省	2.5	5.0	5.0	7.5
西藏自治区	0.1	0.7	0.4	0.7
贵州省	3.4	3.6	5.2	7.0
云南省	0.9	2.3	2.0	3.2
重庆市	2.1	0.7	2.4	2.8
合计	16.5	24.6	28.8	41.1

6. 东北地区

截至 2016 年年底，东北地区在用数据中心机架规模为 7.4 万架，在建规模为 4 万余架。预计 2018 年需求规模在 6 万架左右，可用数据中心规模将超过 11 万架，具体数据见表 1-8。东北地区可用数据中心存在一定供给余量，具备承接北京、上海等地区对时延要求较低的应用需求的条件。

表 1-8 东北地区在用、在建数据中心规模

地区	2016 年在用机架数（万）	2016 年在建机架数（万）	2017 年测算可用机架数（万）	2018 年预计可用机架数（万）
黑龙江省	1.3	1.9	2.3	3.3
吉林省	2.7	2.3	3.8	4.9
辽宁省	3.4	0.2	3.5	3.6
合计	7.4	4.4	9.6	11.8

三、用户选择数据中心指引

网络质量、价格成本、建设运维水平是选择数据中心时重点考虑的因素，用户可结合业务需求，综合考虑上述三方面因素，科学合理地选择数据中心资源。

1. 网络质量方面

网络质量主要由网络带宽、时延两方面来评价。网络带宽代表网络的吞吐能力，目前国内数据中心平均接入带宽水平能够达到每机架 500Mbit/s，基本能够满足需求。网络时延是数据信号从数据中心传输到用户之间需要的来回时间，时延如果过大，用户会明显感觉业务卡顿、体验下降，因此网络时延是选择数据中心的主要考虑因素。网络时延主要包括信号传输时延和网络跳转时延，不同网络节点的跳转对应的时延也存在差异，具体见表 1-9（表中数据为经验值，由于网络传输情况较为复杂，网络时延应以实测数据为准）。

表 1-9　　　　　　　　　　不同网络节点的跳转对应的时延

产生时延的因素	时延
信号传输时延	每 1 000 千米产生 10ms 网络时延
同一运营商网络内部跳转	每次跳转产生 2～3ms 网络时延
不同运营商骨干网间跳转时延	每次跳转产生 10ms 网络时延
不同运营商城域网网间跳转	每次跳转产生 40ms 网络时延

根据上述经验值，可大致圈定不同类型业务对应的可选数据中心的地域范围，具体见表 1-10。

表 1-10　　　　　　　　　不同类型业务对应可选数据中心的范围

业务种类	时延要求	地域范围
网络时延要求较高的业务（如网络游戏、付费结算等）	10ms 以内	骨干直联点城市或周边 200 千米范围内
网络时延要求中等的业务（如网页浏览、视频播放等）	50ms 以内	骨干直联点城市或省级节点周边 400 千米范围内
网络时延要求较低的业务（如数据备份存储、大数据运算处理等）	200ms 以内或更长	骨干直联点城市或省级节点周边 1 000 千米范围内

2. 价格成本方面

数据中心租用价格主要是由建设投入、运营成本及供需关系决定的。在数据中心资源供应紧张的地区，租用价格受供需关系影响较大，总体价格水平较高；在资源供应充足的地区，租用价格受运营成本（主要是电力成本）影响较大，地处不同区位数据中心租用价格大致水平见表1-11。

表1-11 不同地区数据中心租用价格

地区	资源情况	价格水平
北京、上海、广州、深圳	供应紧张	总体较高
北京、上海、广州、深圳周边地区	供应相对充足	比北京、上海、广州、深圳低约20%~30%
中西部及东北地区	供应充足	比北京、上海、广州、深圳低约50%

3. 建设运维水平方面

数据中心的建设等级主要体现其设备运行环境、供配电设施、机房布线、安全监控等方面的综合水平，属于硬件条件指标。数据中心的运维水平则体现在运维人员团队、运维管理制度等方面，属于软性条件。在选择数据中心时，可通过软硬件两方面综合进行考量。对于硬件条件，可根据其建设等级判断；对于软性条件，可将其获得的权威第三方机构的运维水平评测认证情况作为判断的依据。

总体来说，在选择数据中心时，可从网络质量、价格成本、建设运维水平等三方面因素综合考虑：首先考虑网络质量因素，如果开展的业务对网络时延的要求较高，可根据时延要求圈定一定的地域范围，进而综合考虑数据中心的价格成本及软硬件条件，合理进行选择；如果开展的业务可以容忍一定程度的网络时延，则可以考虑将业务部署在可用数据中心资源更为充足的地区，避免集中在一线城市，以合理配置资源，提升使用性价比，享受质优价廉的数据中心服务。

为方便用户查询国内可用数据中心资源情况，我们列出了各地区部分可用数据中心的主要信息[4]，具体情况见附表1至附表6。

---

4 根据2016年年底各地区报送的数据统计，供参考。

附表 1　　　　　　　　　　　　　北京及周边地区可用数据中心

序号	规模	名称	地点	可用机架数量（个）	设计PUE	出口带宽（Gbit/s）	接入网络级别	链接的运营商
1	超大型	国际信息港一期数据中心	北京市	1 775	1.5	400	骨干网	移动+多线
2	超大型	北京市永丰IDC	北京市	6 065	—	340	骨干网、城域网	电信
3	超大型	北七家机房	北京市	7 832	—	560	骨干网	电信
4	超大型	瀛海机房	北京市	9 341	—	400	骨干网	电信
5	大型	中国移动（呼和浩特）数据中心	内蒙古自治区	8 380		540		
6	大型	润泽合作机房	河北省廊坊市	3 715	—	400	骨干网	电信
7	大型	空港国家数据中心	天津市	6 950	1.5	骨干 1 638 城域 720	骨干网、城域网	联通
8	大型	北京基地	北京市	2 700	1.5	1 000	骨干网、城域网	移动
9	中小型	大白楼数据中心	北京市	1 219	1.7	800	骨干网	移动
10	中小型	国家超级计算天津中心	天津市	1 140				电信、联通
11	中小型	太平洋电信	天津市	1 310	1.5	4	骨干网	电信、联通、移动、教育网、科技网
12	中小型	天津中安华典数据安全科技有限公司	天津市	1 060	1.3	100	骨干网	BGP多线（电信、联通、移动、教育网）
13	中小型	有线电视传输机房	河北省邯郸市	1 200		23	城域网	电信、联通
14	中小型	亦庄瀛海IDC	北京市	1 632		400	骨干网	电信

附表 2　　　　　　　　　　　　　上海及周边地区可用数据中心

序号	规模	名称	地点	可用机架数量（个）	设计PUE	出口带宽（Gbit/s）	接入网络级别	链接的运营商
1	大型	南京吉山数据中心	江苏省南京市	2 072	1.5	400	骨干网、城域网	电信
2	大型	南京河西数据中心	江苏省南京市	1 032	1.7	1 000	骨干网、城域网	电信

（续表）

序号	规模	名称	地点	可用机架数量（个）	设计PUE	出口带宽（Gbit/s）	接入网络级别	链接的运营商
3	大型	中国移动（江苏无锡）数据中心	江苏省无锡市	1 800	1.5	4 000	骨干网	移动
4	大型	周浦二期	上海市浦东新区	2 400	1.5	400	城域网	
5	大型	浙江信息通信产业园一期	浙江省杭州市	1 003	1.8			
6	大型	浙江杭州兴议IDC	浙江省杭州市	1 214	1.8	900	骨干网	电信
7	大型	上海数据中心三号数据中心	上海市浦东新区	4 000	1.45	—	—	电信、移动、联通、方是通信
8	大型	扬州西电信数据中心	江苏省扬州市	2 800	1.6	2 252	骨干网	电信、联通、移动
9	大型	杭州石桥移动通信枢纽楼	浙江省杭州市	1 003	1.8			移动
10	大型	浙江杭州滨江IDC	浙江省杭州市	1 005	1.8	720	骨干网	电信
11	大型	宝之云IDC二期	上海市宝山区	4 793	1.5		骨干网	上海移动
12	大型	宝之云IDC三期1号楼	上海市宝山区	4 843	1.5		骨干网	上海电信
13	大型	宝之云IDC三期2号楼	上海市宝山区	5 367	1.5		骨干网	上海电信
14	大型	宝之云IDC三期3号楼	上海市宝山区	3 382	1.5		骨干网	上海电信
15	中小型	南通国际数据中心	江苏省南通市	1 310	1.47	500	骨干网	电信、联通
16	中小型	中国电信天目湖国际数据中心	江苏省常州市	2 118	1.5	400	骨干网	电信
17	中小型	苏州工业园区金鸡湖IDC	江苏省苏州市	1 013	1.8	140	骨干网	电信
18	中小型	溧水机房	江苏省南京市	1 000	1.5	200	城域网	联通
19	中小型	金桥二期	上海市浦东新区	1 900	1.6	480	城域网	

序号	规模	名称	地点	可用机架数量（个）	设计PUE	出口带宽（Gbit/s）	接入网络级别	链接的运营商
20	中小型	金桥三期	上海市浦东新区	2 400	1.6		城域网	
21	中小型	周浦一期	上海市浦东新区	2 560	1.6	1 600	城域网	
22	中小型	铁山路一期	上海市宝山区	1 800	1.6	200	城域网	
23	中小型	铁山路二期	上海市宝山区	1 000	1.6		城域网	
24	中小型	无锡物联网基地（数据中心）一期	江苏省无锡市	1 727	1.4	400	骨干网	联通、电信
25	中小型	上海漕盈IDC	上海市	1 056		200		电信
26	中小型	江苏苏州金鸡湖国际IDC	江苏省苏州市	1 111		40	接入网	电信

附表3　　　　　　　　广州、深圳及周边地区可用数据中心

序号	规模	名称	地点	可用机架数量（个）	设计PUE	出口带宽（Gbit/s）	接入网络级别	链接的运营商
1	超大型	中国联通华南数据中心（一期）	广东省东莞市	9 000	1.6	800	骨干网	联通、部分模块多线
2	大型	EC产业园数据中心-2	福建省泉州市	3 324	1.6		骨干网	电信
3	大型	中国移动（广东汕头）数据中心一期工程	广东省汕头市	2 668	1.5	300	中国移动CMNET广东省网	移动
4	大型	广东广州市加速器云计算数据中心	广东省广州市	4 030	1.6	100	骨干网	电信
5	大型	深圳福永数据中心	广东省深圳市	1 042	1.8	10	骨干网	电信
6	中小型	中国联通广东云数据中心深圳盐田基地	广东省深圳市	1 085	1.55	80	城域网	联通
7	中小型	中国联通深圳盐田数据中心	广东省深圳市	1 200		80	城域网	联通
8	中小型	深圳沙河数据中心	广东省深圳市	1 411	1.8	80	骨干网	电信、联通、移动、三线BGP

（续表）

序号	规模	名称	地点	可用机架数量（个）	设计PUE	出口带宽（Gbit/s）	接入网络级别	链接的运营商
9	中小型	广州番禺石楼数据中心	广东省广州市	1 360	1.6	80	骨干网	电信、联通、移动、三线BGP
10	中小型	广州华新园数据中心	广东省广州市	2 000	2	80	骨干网	电信、联通、移动、三线BGP
11	中小型	广东深圳雅力嘉9号楼	广东省深圳市	1 249	1.65	80	骨干网	电信
12	中小型	广东深圳雅力嘉8号楼	广东省深圳市	1 853	1.65	80	骨干网	电信

附表4　　　　　　　　　　西部地区可用数据中心

序号	规模	名称	地点	可用机架数量（个）	设计PUE	出口带宽（Gbit/s）	接入网络级别	链接的运营商
1	超大型	中国电信云计算贵州信息园	贵州省贵安新区	1 411	1.3	550	骨干网	电信
2	超大型	钟山北斗大数据产业园	贵州省六盘水市	6 700			城域网	电信、联通、广电
3	超大型	中国移动（新疆）云计算和大数据中心	新疆维吾尔自治区克拉玛依市	19 000	1.395	600	骨干网	移动
4	大型	兰州新区IDC	甘肃省兰州市	2 158	1.5	4 600	骨干网	移动
5	大型	中电西南云计算中心	贵州省贵阳市	4 350	1.45		城域网	联通
6	大型	中国联通贵安云数据中心	贵州省贵安新区	2 373	1.3	400	骨干网	联通
7	大型	贵州国际金贸云基地数据中心	贵州省贵阳市	2 656	1.6		城域网	电信、联通、移动
8	大型	海东大数据中心	青海省海东市	3 070	1.4	120	骨干网	移动
9	大型	万国数据（成都）数据中心	四川省成都市	1 510	1.7	1 024	骨干网	电信、联通、移动
10	大型	成都温江数据中心	四川省成都市	1 000	1.6	40	骨干网	电信、联通、移动、三线
11	大型	中国移动（贵州）数据中心一期工程	贵州省贵阳市	1 564	1.36	1 600	骨干网	移动

序号	规模	名称	地点	可用机架数量（个）	设计PUE	出口带宽（Gbit/s）	接入网络级别	链接的运营商
12	大型	中国移动（新疆克拉玛依）数据中心	新疆维吾尔自治区克拉玛依市	2 364	1.395	600	骨干网	移动
13	中小型	华为西南大区黔西南云计算中心	贵州省义龙新区	2 227	1.25	3	城域网	电信、移动、联通
14	中小型	贵州申黔互联数据中心有限公司	贵州省凯里市	1 500		10	骨干网	三网通
15	中小型	中国电信新疆公司云基地数据中心	新疆维吾尔自治区昌吉市	1 722	1.6	200	骨干网	电信
16	中小型	克拉玛依华为云服务	新疆维吾尔自治区克拉玛依市	1 112	1.6	2.6	城域网	电信、联通、移动
17	中小型	中国电信互联网数据中心72分局	云南省昆明市	1 116		1 800	骨干网	电信
18	中小型	四川联通天府新区IDC	四川省成都市	1 760	1.8		骨干网	

附表5　　　　　　　　　　中部地区可用数据中心

序号	规模	名称	地点	可用机架数量（个）	设计PUE	出口带宽（Gbit/s）	接入网络级别	链接的运营商
1	大型	吕梁云计算中心天河二号数据机房	山西省吕梁市	1 800	1.3	6	城域网	电信、联通、移动、科技、教育
2	大型	中光电信云计算（陕西）基地	陕西省咸阳市	4 651	1.47	1 580	骨干网、城域网	电信
3	大型	中国联通西安数据中心	陕西省西安市	6 200	1.5	380	骨干网城域网	电信、联通
4	大型	西安西咸数据中心	陕西省西安市	4 300	1.5	500	骨干网	电信、联通
5	大型	中国移动（武汉东湖高新）数据中心一期	湖北省武汉市	1 000	1.5		骨干网、城域网	移动
6	大型	中国移动（安徽淮南）数据中心	安徽省淮南市	4 800	1.5	1 600	CMNET省网和骨干网双跨	移动
7	中小型	宿州世纪互联数据中心	安徽省宿州市	2 000	1.5	100	城域网	电信、联通、移动

（续表）

序号	规模	名称	地点	可用机架数量（个）	设计PUE	出口带宽（Gbit/s）	接入网络级别	链接的运营商
8	中小型	迈异光谷核心机房	湖北省武汉市	1 800		200	骨干网	多线
9	中小型	襄阳IDC机房	湖北省襄阳市	1 100		240	骨干网	多线
10	中小型	湖北移动（襄阳）数据中心	湖北省襄阳市	1 600	1.36	1 080	省干	移动
11	中小型	太原联通综改区数据中心	山西省太原市	1 440	1.51	400	骨干网	联通
12	中小型	大同御东数据中心	山西省大同市	1 015	1.5	200	骨干网	联通
13	中小型	八一二枢纽	山东省济南市	1 174	2	1 600	骨干网	联通
14	中小型	滨海IDC	山东省青岛市	1 216	1.5	800	IDC专用城域网	联通

附表6　　　　　　　　东北地区可用数据中心

序号	规模	名称	地点	可用机架数量（个）	设计PUE	出口带宽（Gbit/s）	接入网络级别	链接的运营商
1	超大型	东北区域大数据中心	辽宁省沈阳市	816	1.3	12	城域网	电信、联通
2	超大型	中国移动（哈尔滨）数据中心	黑龙江哈尔滨市	2 661	1.5	4 505	骨干网	移动
3	大型	长春高新区吉林移动生产中心IDC机房	吉林省长春市	2 000	1.349	600	骨干网	移动、联通
4	大型	吉林省数据灾备中心	吉林省长春市	2 616	1.6		骨干网	电信、联通、移动
5	大型	名气通大连1号数据中心	辽宁省大连市	2 968	1.6	360	省骨干网	电信、联通、移动、鹏博士、铁通
6	中小型	吉林数据中心	吉林省吉林市	748	1.537	2.5	城域网、广域网	电信、联通、铁通
7	中小型	辽宁电信数据中心	辽宁省沈阳市浑南新区	402	1.4	200	骨干网	电信
8	中小型	中国电信（大连）数据中心	辽宁省大连市高新园区	497	1.4	120	城域网	电信

（续表）

序号	规模	名称	地点	可用机架数量（个）	设计PUE	出口带宽（Gbit/s）	接入网络级别	链接的运营商
9	中小型	嘉隆数据中心	辽宁省大连市高新园区	402	1.5	120	骨干网	电信
10	中小型	沈阳百科机房	辽宁省沈阳市浑南新区	305	1.5	200	骨干网	电信
11	中小型	中国联通软件园机房	辽宁省大连市	384		50	直联省网骨干	联通
12	中小型	大连联通IDC云数据机房	辽宁省大连市	672	1.8	1 400	骨干网	联通
13	中小型	辽宁大连高新园区IDC	辽宁省大连市	469		240		电信
14	中小型	辽宁沈阳电信数据中心	辽宁省沈阳市	387		740	城域网	电信

附录四　2017 年中国信息通信业大事记

2017.01.02	工业和信息化部推动的"第四代移动通信系统（TD-LTE）关键技术与应用"荣获国家科学技术进步奖特等奖。
2017.01.03	印发《卫星网络申报协调与登记维护管理办法（试行）》（工信部无〔2017〕3 号）。
2017.01.15	中共中央办公厅　国务院办公厅印发《关于促进移动互联网健康有序发展的意见》。
2017.01.17	印发《工业和信息化部办公厅关于开展 2017 年电信业务经营许可证年检工作的通知》（工信厅信管函〔2017〕29 号）。
2017.01.17	印发《工业和信息化部关于清理规范互联网网络接入服务市场的通知》（工信部信管函〔2017〕32 号）。
2017.01.20	全国电信普遍服务试点工作现场交流会在宁夏召开，工业和信息化部党组成员、总工程师张峰出席会议并讲话。
2017.02.12	2017 中国互联网企业领袖座谈会在北京召开，工业和信息化部副部长陈肇雄出席会议并讲话。
2017.02.14	信息通信行业"十三五"发展规划宣贯电视电话会议在京召开。工业和信息化部党组成员、副部长陈肇雄出席会议并发表讲话，部党组成员、总工程师张峰主持会议。
2017.02.16	2017 年全国无线电管理工作座谈会在广西召开，工业和信息化部副部长刘利华出席会议并讲话。
2017.02.27	工业和信息化部副部长陈肇雄率团赴西班牙出席 2017 年世界移动通信大会并发表主旨演讲。
2017.03.03	网络强国和实体经济论坛在京召开，工业和信息化部党组成员、总工程师张峰出席论坛并致辞。

2017.03.06　　　工业和信息化部副部长陈肇雄出席国务院政策例行吹风会，介绍网络提速降费工作有关情况。

2017.03.28　　　工业和信息化部副部长陈肇雄出席 2017 大数据产业峰会并致辞。

2017.04.06　　　工业和信息化部部长苗圩出席在德国杜塞尔多夫举行的二十国集团（G20）数字化部长会议。

2017.04.13　　　工业和信息化部关于发布《电信网编号计划（2017 年版）》的通告（工信部信管〔2017〕68 号）。

2017.04.17　　　工业和信息化部召开全国电信行业行风建设和纠风工作电视电话会议，部党组成员、副部长陈肇雄出席会议并讲话。

2017.04.21　　　刘利华出席中国面向南亚东南亚辐射中心——国际信息通信枢纽发展论坛并致辞。

2017.04.25　　　第七届电信和互联网行业网络安全年会在安徽召开，工业和信息化部党组成员、总工程师张峰出席会议并致辞。

2017.04.26　　　2017 年中国 SDN/NFV 大会在京召开，工业和信息化部党组成员、总工程师张峰出席会议并致辞。

2017.04.27　　　工业和信息化部在京召开全国诈骗电话防范系统建设工作总结会议，部党组书记、部长苗圩出席会议并讲话，部党组成员、副部长陈肇雄主持会议，部党组成员、总工程师张峰出席会议。

2017.05.03　　　国务院办公厅印发《政务信息系统整合共享实施方案》（国办发〔2017〕39 号）。

2017.05.05　　　促进大数据发展部际联席会议第二次会议在北京召开，部际联席会议副召集人、工业和信息化部副部长陈肇雄出席会议。

2017.05.16　　　工业和信息化部副部长刘利华出席瑞士日内瓦国际电信联盟 2017 年理事会并致辞。

2017.05.16　　　印发《工业和信息化部　国务院国有资产监督管理委员会关于实施深入推进提速降费、促进实体经济发展 2017 专项行动的意义》（工信部联通信

〔2017〕82 号）。

2017.05.17	2017 年世界电信和信息社会日大会在北京召开，工业和信息化部党组成员、总工程师张峰出席会议并致辞。
2017.05.23	2017 年中国网络安全年会（第 14 届）在中国青岛召开，工业和信息化部副部长陈肇雄出席大会开幕式并致辞。
2017.05.26	工业和信息化部部长苗圩出席 2017 年中国国际大数据产业博览会并宣读李克强总理的贺信。
2017.05.31	印发《工业和信息化部关于开展宽带接入服务行为专项整治工作的通知》（工信部信管函〔2017〕238 号）。
2017.06.05	发布《中华人民共和国工业和信息化部公告 2017 年第 27 号》，公布 NB-IoT 系统频率使用要求。
2017.06.06	印发《工业和信息化部办公厅关于全面推进移动物联网（NB-IoT）建设发展的通知》（工信厅通信函〔2017〕351 号）。
2017.06.12	2017 年 IMT-2020（5G）峰会在北京举行，工业和信息化部副部长陈肇雄出席会议并致辞。
2017.06.14	第九届中国云计算大会在北京开幕，工业和信息化部副部长陈肇雄出席会议并致辞。
2017.06.14	工业和信息化部党组成员、总工程师张峰出席量子通信与信息技术特设任务组（ST7）成立大会暨第一次会议并致辞。
2017.07.11	工业和信息化部副部长刘利华出席《中华人民共和国无线电管理条例（修订）》重要制度落实及执法座谈会并讲话。
2017.07.11	工业和信息化部副部长陈肇雄在比利时主持召开了第八次中欧信息技术、电信和信息化对话会议，期间，陈肇雄还出席了由中欧 5G 推进组织共同举办的中欧 5G 发展研讨会并致辞。
2017.07.21	印发《无线电干扰投诉和查处工作暂行办法》（工信部无〔2017〕170 号）。
2017.07.22	印发《工业和信息化部关于开展 2017 年电信和互联网行业网络安全试点示

范工作的通知》（工信部网安函〔2017〕310号）。

| 2017.07.26 | 2017年可信云大会在北京召开，工业和信息化部党组成员、总工程师张峰出席大会并致辞。 |

2017.07.27　第三届金砖国家通信部长会议在浙江杭州成功举行，中国工业和信息化部副部长刘利华发表讲话。

2017.07.31　中共中央政治局常委、国务院总理李克强到中国电信、中国移动、中国联通考察并主持召开座谈会。

2017.08.02　全国无线电管理系统援藏工作座谈会在拉萨召开，工业和信息化部副部长刘利华发表讲话。

2017.08.09　工业和信息化部印发《公共互联网网络安全威胁监测与处置办法》的通知（工信部网安〔2017〕202号）。

2017.08.12　工业和信息化部党组书记、部长苗圩赴新疆主持召开部网络信息安全工作座谈会。

2017.08.13　国务院印发《关于进一步扩大和升级信息消费持续释放内需潜力的指导意见》（国发〔2017〕40号）。

2017.08.18　陈肇雄出席福州国家级互联网骨干直联点开通仪式。

2017.08.24　第三届中国互联网企业发展论坛在北京召开，工业和信息化部副部长陈肇雄出席论坛并致辞。

2017.08.24　无线电管理重点工作推进座谈会暨十九大无线电安全保障动员部署会在内蒙古自治区召开，工业和信息化部副部长刘利华出席会议并讲话。

2017.09.01　三家基础电信运营企业全面取消国内手机长途和漫游费。

2017.09.01　工业和信息化部副部长陈肇雄、刘利华分别率队到厦门检查指导金砖会晤无线电安全保障工作。

2017.09.10　2017年世界物联网博览会在无锡召开，工业和信息化部副部长罗文出席峰会并发表讲话。

2017.09.12　工业和信息化部部长苗圩赴北京市通信管理局检查党的十九大信息通信和

网络信息安全保障工作。

2017.09.13 科技部、工业和信息化部、江西省人民政府在江西南昌举行了两部一省《共同推进新一代宽带无线移动通信网国家科技重大专项成果转移转化试点示范框架协议》签约仪式，工业和信息化部副部长辛国斌出席签约仪式并代表工业和信息化部签字。

2017.09.16 2017 年国家网络安全宣传周开幕式在上海举行，中共中央政治局常委、中央书记处书记、中央网络安全和信息化领导小组副组长刘云山在开幕式上发表讲话。

2017.09.18 工业和信息化部与国际电信联盟举行《关于协助国际电信联盟执行空间业务有害干扰监测活动的谅解备忘录》签字仪式，工业和信息化部副部长刘利华出席。

2017.09.26 2017 年中国国际大数据大会在北京召开，工业和信息化部党组成员、总工程师张峰出席大会并致辞。

2017.09.26 2017 年中国信息通信业发展高层论坛在北京召开，工业和信息化部党组成员、总工程师张峰出席论坛并致辞。

2017.09.27 工业和信息化部副部长陈肇雄出席 2017 年（第五届）江苏互联网大会并致辞。

2017.09.27 2017 年中国国际信息通信展览会在京开幕，工业和信息化部副部长陈肇雄出席开幕式并致辞，总工程师张峰主持开幕论坛。

2017.09.27 印发《工业和信息化部关于进一步扩大宽带接入网业务开放试点范围的通告》（工信部通信〔2017〕237 号）。

2017.09.29 李克强总理主持召开营改增工作座谈会，中共中央政治局常委、国务院副总理张高丽出席。

2017.10.09 工业和信息化部副部长刘利华出席国际电信联盟 2017 年世界电信发展大会开幕式并在高级别会议上作政策性发言。

2017.10.11 工业和信息化部副部长陈肇雄出席全国云计算工作交流会暨企业上云现场会并讲话。

2017.10.17	工业和信息化部部长苗圩发表署名文章《制造强国和网络强国建设迈出坚实步伐》。
2017.11.03	国务院政策例行吹风会举行，工业和信息化部副部长陈肇雄介绍《深化"互联网+先进制造业"发展工业互联网的指导意见》有关情况。
2017.11.07	西部省区电信监管工作座谈会在云南昆明举行，工业和信息化部党组成员、副部长陈肇雄出席会议。
2017.11.09	印发《工业和信息化部关于第五代移动通信系统使用 3300—3600MHz 和 4800—5000MHz 频段相关事宜的通知》（工信部无〔2017〕276 号）。
2017.11.14	工业和信息化部副部长刘利华出席无线电管理高层次人才能力建设高级研修班并讲话。
2017.11.14	工业和信息化部印发《公共互联网网络安全突发事件应急预案》（工信部网安〔2017〕281 号）。
2017.11.14	2017 年未来信息通信技术峰会在北京举行。工业和信息化部副部长陈肇雄出席会议并致辞。
2017.11.16	印发《无线电监测设施测试验证工作规定（试行）》（工信部无〔2017〕283 号）。
2017.11.16	2017 年第二届通信网络安全管理员技能大赛决赛在北京举行，工业和信息化部党组成员、总工程师张峰出席大赛颁奖活动并致辞。
2017.11.17	工业和信息化部副部长陈肇雄在人民日报发表署名文章《加快推进新时代网络强国建设》。
2017.11.19	国务院发布《深化"互联网+先进制造业"发展工业互联网的指导意见》。
2017.11.21	2017 年中国工业互联网大会在广州召开，工业和信息化部副部长陈肇雄出席开幕式并致辞。
2017.11.26	中共中央办公厅 国务院办公厅印发《推进互联网协议第六版（IPv6）规模部署行动计划》。
2017.11.27	中国无线电协会第三次会员代表大会在北京召开，工业和信息化部党组成

员、总工程师张峰出席大会并致辞。

2017.11.27　工业和信息化部发布《关于规范互联网信息服务使用域名的通知》（工信部信管〔2017〕264号）。

2017.12.01　工业和信息化部与上海市政府签署工业互联网创新发展战略合作框架协议，工业和信息化部副部长陈肇雄代表工业和信息化部签约。

2017.12.01　工业和信息化部党组成员、总工程师张峰出席并与柬埔寨邮电部长共同主持了第十二次中国—东盟电信部长会议。

2017.12.02　工业和信息化部与浙江省人民政府签署共同推进工业互联网发展合作协议，工业和信息化部副部长陈肇雄出席签字仪式。

2017.12.03　习近平总书记致信祝贺第四届世界互联网大会开幕。

2017.12.04　工业和信息化部副部长陈肇雄出席第四届世界互联网大会人工智能论坛、"数字丝绸之路"国际合作论坛和互联网人才培养和交流论坛，并分别致辞。

2017.12.06　李克强总理主持召开国务院常务会议，部署加快推进政务信息系统整合共享等。

2017.12.12　首届中国网络安全产业高峰论坛在北京开幕，工业和信息化部党组成员、副部长陈肇雄出席并致辞。

2017.12.14　由中国信息通信研究院主办的2018年ICT深度观察报告会暨白皮书发布会在北京举行，工业和信息化部党组成员、总工程师张峰出席大会并致辞。

2017.12.15　工业和信息化部印发《无线电频率使用率要求及核查管理暂行规定》（工信部无〔2017〕322号）。

2017.12.21　工业和信息化部副部长陈肇雄出席基础电信运营企业行风建设和纠风工作座谈会。

2017.12.28　工业和信息化部批复新增6条国际互联网数据专用通道。

（信息来源：工信部网站新闻动态频道）